Führe uns ins Licht

Führe uns ins Licht

Eine Sammlung aus den Lehren von
Sri Mata Amritanandamayi

Zusammengestellt von Swami Jnanamritananda

Mata Amritanandamayi Center, San Ramon
Kalifornien, Vereinigte Staaten

Führe uns ins Licht

Eine Sammlung aus den Lehren von Sri Mata Amritanandamayi
Zusammengestellt von Swami Jnanamritananda
Englische Übersetzung vom Malayalam von Dr. M.N. Namboodiri

Herausgegeben von:
Mata Amritanandamayi Center
P.O. Box 613
San Ramon, CA 94583
Vereinigte Staaten

—————————— *Lead us to the Light (German)* ————————

Erstausgabe vom MA Center: September 2016

In Deutschland: www.amma.de

In der Schweiz: www.amma-schweiz.ch

In Indien:
inform@amritapuri.org
www.amritapuri.org

O höchstes Wesen,
führe uns von der Unwahrheit zur Wahrheit,
von der Dunkelheit zum Licht,
und vom Tod zur Unsterblichkeit.
Om, Friede, Friede, Friede.

Brihadaranyaka Upanishad (1: 3: 28)

Inhaltsverzeichnis

Vorwort

Die englische Ausgabe ist eine Übersetzung des Originals ‚Jyotirgamaya' aus der indischen Sprache Malayalam. In dem Buch sind Ammas monatliche Botschaften, die während der letzten 10 Jahre in dem Magazin *Matruvani* erschienen sind, in Form von Fragen und Antworten zusammen gefasst.

Alle Worte Ammas vermitteln das Licht wahrer Erkenntnis und vertreiben die Wolken der Konfusion, die sich möglicherweise im Geist ihrer Kinder ansammelt. Einige Gespräche drehen sich um ein bestimmtes Thema. Andere Fragen beziehen sich auf Unklarheiten, die in Zuhörern auftauchen. Amma gibt auf alles eine angemessene Antwort. Ihr einziges Ziel besteht im spirituellen Wachstum ihrer Kinder.

Fragen zu stellen ist ein Zeichen geistiger Weiterentwicklung. Aber wenn Zweifel nicht beseitigt werden, behindern sie den Fortschritt und sollten daher sofort geklärt werden. Erst dann ist weiteres Fortkommen möglich. Man kann sich darauf verlassen, dass die Worte eines Mahatmas (große Seele) die Unklarheiten derjenigen beseitigen, die nach spirituellem Wissen dürsten.

Jedes Wort Ammas wirft Licht auf den weiteren Weg. In den nachfolgenden Seiten können wir ihre Antworten auf Fragen und Unsicherheiten lesen, die die jetzige Zeit betreffen. Die Antworten entspringen der Kraft ihrer vollkommenen Sichtweise und der Autorität ihrer Erfahrung.

Swami Jnanamritananda
Amritapuri, 24. August 2000

Bei Nacht mit Amma an den 'Backwaters'

Der widerhallende Klang des Muschelhorns kündigte das Ende des 'Devi Bhava *darshans*' an. Es war zwei Uhr morgens. Die Ashrambewohner waren den ganzen Vortag damit beschäftigt gewesen, Sand zu schleppen. Durch Auffüllen wurde den 'Backwaters' Land abgewonnen. Amma hatte ebenfalls an dieser Arbeit teilgenommen – wodurch alle begeistert mitmachten. An diesem Tag hatte sie in der großen Hütte Darshan gegeben, und nach knapp zwei Stunden war sie um fünf Uhr wieder heraus gekommen, um religiöse Lieder zu singen und 'Devi Bhava *darshan*' zu geben. Erst jetzt – nachdem alle *darshan* erhalten hatten – erhob sie sich wieder.

Aber anstatt sich auf ihr Zimmer zu begeben, ging sie direkt zum Ufer der 'Backwaters'. Der vorhandene Sand war noch nicht ganz aufgebraucht worden. Am kommenden Morgen wurde eine weitere Barke mit Sand erwartet. Die Bewohner und Ashrambesucher kamen herbei geeilt, um mit Amma Sand zu tragen.

Für diejenigen, die Amma auch nur ein wenig kannten, war solche harte Arbeit, verbunden mit Verzicht auf Essen und Schlaf, nichts Neues. Aber für Mark aus Deutschland, der Amma zum ersten Mal besuchte, war dieser Anblick unerträglich. Viele Male versuchte er, ihr den Sandsack zu entwinden. Aber würde sie jemals darauf eingehen?

Sie veranlasste eine kleine Pause und rief Mark zu sich. Sobald er in ihr herrliches Gesicht blickte, kamen ihm die Tränen. "Sohn, Amma hatte bis jetzt noch keine Gelegenheit, mit dir zu sprechen. Bist du unglücklich darüber?" erkundigte sie sich. "Es stimmt mich nicht traurig, dass du noch nicht mit mir gesprochen hast, sondern zu sehen, wie hart du und deine Kinder arbeiten. Amma, wenn du es segnest, möchte ich all mein Vermögen geben. Ich wünsche nur, dass du dich ausruhst und nicht Tag und Nacht wie jetzt schuftest!" Amma lachte über Marks Antwort.

Amma: Sohn, dies ist ein Ashram und kein Ferienort. Es ist ein Ort für Selbstaufopferung. Die Ashrambewohner haben sich für ihr Ideal sehr einzusetzen. Bei spiritueller Neigung ist das der Himmel. Diese Kinder haben schon seit langem ein Leben mit harter Arbeit geführt, aber nichts davon erscheint ihnen als Härte! Amma teilte ihnen von Anfang an, als sie herkamen, mit, dass sie wie Kerzen sein müssten. Eine Kerze lässt es zu zu schmelzen, damit sie anderen Licht geben kann. Unsere Selbstaufopferung entspricht dem Licht der Welt; es ist das Licht des Selbst.

Überleg einmal, wie viele Menschen in dieser Welt leiden. Denke an all die kranken, verarmten Leute, die mit Schmerzen leben, weil sie kein Geld für Behandlungen oder Medikamente haben; die zahllosen Notleidenden, die um ein Überleben ringen und nicht einmal eine Mahlzeit (am Tag) bekommen. Außerdem gibt es viele Kinder, die ihre Ausbildung abbrechen müssen, weil ihre Familien die Kosten dafür nicht aufbringen können. Was von unserem Gehalt übrig bleibt, können wir für Bedürftige sparen. In unserem Waisenhaus gibt es ungefähr fünfhundert Kinder. Die Bereitschaft, anderen zu helfen, ist notwendig, selbst wenn das Härten für uns selbst bedeutet.

Jeder mag eine Tätigkeit, bei der man auf einem Stuhl in einem Büro sitzt und arbeitet. Sollten wir nicht ein Beispiel für andere sein? Sagte der Herr nicht in der *Bhagavad Gita*: 'Gleichmut ist Yoga'. Wir sollten jede Art von Arbeit als Gottesdienst betrachten. Wenn diese Kinder hier Amma heute bei dieser Arbeit sehen, zögern sie nicht, morgen jede Art von Arbeit auszuführen. Das Selbst ist ewig. Um das Selbst zu erkennen, muss das Körper-Bewusstsein völlig ausgelöscht werden. Aber das ist nur durch Verzicht möglich. Wer selbstlos lebt, kann jede Situation in eine positive verwandeln.

Sohn, wer ist schon fähig, rund um die Uhr spirituelle Übungen auszuführen? Die Zeit, die danach übrig bleibt, sollte für gute Handlungen genutzt werden. Das hilft, die Gedanken zu reduzieren. Diese Welt, die du siehst, ist in der Tat der Körper des *satgurus*. Den Meister zu lieben bedeutet, gemäß seinen Anweisungen zu arbeiten. Uneigennütziges Arbeiten stellt eine Art der spirituellen Übung dar. Wer völlig selbstlos lebt, benötigt keine weiteren spirituellen Praktiken. Sohn, nur durch Entsagung kann Unsterblichkeit gewonnen werden.

Frage: Hat Gott uns diesen Körper und die geschaffenen Dinge nicht gegeben, damit wir uns daran erfreuen und ein glückliches Leben führen können?

Amma: Fährst du dein Auto gerade so wie es dir gefällt, ohne dich an die Verkehrsregeln zu halten, wird vermutlich ein Unfall die Folge sein, und du könntest dabei sogar das Leben einbüßen. Es gibt Verkehrsregeln, und sie müssen befolgt werden. In ähnlicher Weise hat Gott nicht nur alles erschaffen, sondern für alles Regeln erlassen. Wir müssen uns danach richten, ansonsten wird es uns teuer zu stehen kommen.

Esst nur, was der Körper braucht; sprecht nur, wenn es notwendig ist. Schlaft nicht mehr als nötig. Nutzt die verbleibende Zeit, um Gutes zu tun. Verschwendet keinen einzigen Augenblick im Leben. Bemüht euch, euer Leben auch für andere nützlich sein zu lassen.

Wenn ihr nach Herzenslust Schokolade esst, sind Bauchschmerzen die Folge. Zuviel von irgendetwas verursacht Probleme. Es ist notwendig zu begreifen, dass weltliche Freuden Leid verursachen.

Frage: Verursacht Gott nicht all unser Handeln?

Amma: Gott hat uns Verstand gegeben – die Intelligenz, unsere Unterscheidungskraft einzusetzen. Gott hat auch Gift geschaffen, aber niemand würde es grundlos zu sich nehmen. Hierbei zögern wir nicht, unsere Unterscheidungskraft zu benutzen. Es ist notwendig, in der gleichen Weise jede einzelne Handlung abzuwägen.

Frage: Amma, sind diejenigen, die sich einem spirituellen Meister übergeben nicht innerlich schwach?

Amma: Durch Knopfdruck entfaltet sich der Schirm. In ähnlicher Weise kann unser kleiner menschlicher Geist in kosmisches Bewusstsein transformiert werden, indem man seinen Kopf vor dem spirituellen Meister beugt. Solcher Gehorsam und solche Demut sind kein Zeichen der Schwäche. Wie ein Wasserfilter reinigt der Meister das Innenleben und beseitigt das Ego. Leute werden in allen möglichen Situationen zum Sklaven ihres Egos. Sie gehen nicht mit Unterscheidungskraft vor.

Eines Nachts brach ein Dieb in ein Haus ein. Als er in das Gebäude kam, erwachten die Leute und er floh. Die Ortsbewohner liefen ihm nach und riefen: "Dieb! Dort läuft ein Dieb! Ergreift ihn!" Als sich ein Menschenauflauf bildete, mischte sich der Dieb unter sie. Er rannte mit ihnen mit und schrie lauthals: "Dieb! Dieb!" Auf diese Weise agiert auch ständig unser Ego. Selbst wenn Gott uns die Gelegenheit bietet, es abzulegen, nähren wir es stattdessen und machen es zu unserem Begleiter. Nur selten bemühen sich Menschen, das Ego durch Demut los zu werden. Heutzutage ist der menschliche Geist schwach – wie eine Topfpflanze: Wird sie nicht täglich gegossen, welkt sie am nächsten Tag. Ohne Disziplin und bestimmte Regeln ist es nicht möglich, innere Selbstbeherrschung zu lernen. Solange wir uns selbst noch nicht unter Kontrolle haben, ist es notwendig, sich an bestimmte vom Meister gegebene Regeln und Einschränkungen zu halten. Sobald wir uns voll und ganz unter Kontrolle haben, gibt es nichts mehr zu befürchten, denn dann erwacht die innere Unterscheidungskraft und führt uns weiter.

Ein Mann begab sich einmal auf die Suche nach einem Meister. Er wünschte jemanden, der ihn gemäß seiner eigenen Wünsche anleitete. Aber kein Guru war dazu bereit. Außerdem waren ihre Bedingungen für ihn unakzeptabel. Er war schließlich müde und legte sich in ein Feld, um sich auszuruhen. Er dachte: "Es gibt keinen Guru, der mich so führt, wie ich es gerne hätte. Ich weigere mich jedoch, Sklave von irgendjemandem zu werden! Zu welchem Handeln ich mich auch immer entschließe, ist es nicht sowieso Gott, der mich dazu veranlasst? " Er drehte seinen Kopf zur Seite und sah ein Kamel in der Nähe stehen und mit dem Kopf nicken. "Oh ja! Hier ist ein geeigneter Meister für mich!" dachte er.

"Oh Kamel, möchtest du mein Meister sein?" fragte er. Das Kamel nickte. So nahm er das Kamel als seinen spirituellen Meister an. "Oh Meister, darf ich dich mit nachhause nehmen?" erkundigte er sich. Wiederum erfolgte ein Nicken. So führte er es heim und band es an einen Baum. Einige Tage vergingen, dann stellte er die nächste Frage: "Oh Meister, ich habe mich in ein Mädchen verliebt, kann ich es heiraten?" Das Kamel nickte. "Oh Meister, ich habe keine Kinder…" Wieder ein Nicken. Kinder wurden geboren.

Die nächste Frage lautete: "Darf ich mit meinen Freunden etwas Alkohol trinken?" Das Kamel nickte. Schon bald wurde er zum Trinker und begann, mit seiner Frau zu streiten. Dann fragte er: "Oh Meister, meine Frau nervt mich, kann ich sie umbringen?" Erneutes Nicken. Er tötete seine Frau. Die Polizei kam und nahm ihn fest. Er erhielt lebenslängliche Gefängnishaft.

Sohn, wenn du einen Guru findest, der dich tun lässt, was immer dir beliebt, oder wenn du so lebst, wie es dir gerade gefällt, endest du in Gebundenheit. Wir alle verfügen über gottgegebene Unterscheidungskraft. Wir sollten sie bei unseren Handlungen einsetzen. Es ist wichtig, den Anweisungen des Meisters zu folgen. Ein wahrer Meister lebt ausschließlich für seine (ihre) Jünger.

Nur die Nicht-Dualität ist real. Aber das lässt sich nicht wirklich in Worte fassen. Es handelt sich um Leben als solches, das im eigenen Inneren erfahren werden muss. Wenn eine Pflanze blüht, strömt sie von selbst einen Duft aus.

Frage: Ich verstehe nicht, was falsch daran sein soll, mich an den von Gott geschaffenen Sinnesobjekten zu erfreuen. Hat er uns denn die Sinne nicht verliehen, damit wir uns an den Dingen erfreuen können?

Amma: Wie Amma schon erwähnt hat, gibt es Regeln und Grenzen für alles, und wir sollten in Harmonie mit diesen Regeln leben. Allem ist eine bestimmte innere Natur zu Eigen. Gott hat Menschen nicht nur Sinne, sondern auch intelligente Unterscheidungskraft verliehen. Wer sie nicht einsetzt, sondern den Sinnesfreuden nachläuft, findet niemals Frieden oder Glück und wird in Leid enden.

Ein Reisender kam in ein fremdes Land. Es war sein erster Besuch dort. Alle Menschen waren fremd. Er kannte weder die Sprache noch die Essgewohnheiten oder örtlichen

Gepflogenheiten. Er ging die Straßen entlang und nahm alles, was er sah in sich auf. Schließlich gelangte er zu einem Marktplatz mit vielen Einkäufern. Es gab viele verschiedene Früchte unterschiedlicher Größe und Farbe, wovon ihm die meisten unbekannt waren. Ihm fiel auf, dass viele Leute eine bestimmte Frucht kauften. Er meinte, dass sie besonders süß und saftig sein müsse, wenn sie sich solcher Beliebtheit erfreute. So erstand er eine Tasche voll. Er setzte sich unter einen Baum, nahm eine der Früchte heraus und biss hinein. Aber sie schmeckte ganz und gar nicht süß! Sein Mund brannte wie Feuer! Er probierte den Mittelteil, aber auch der war scharf. In der Annahme, dass die andere Seite süß sein müsse, biss er dort ebenfalls hinein – das gleiche Resultat! Dann versuchte er es mit einer anderen Frucht, aber auch die brannte wie Feuer. Er dachte, dass mindestens eine der Früchte in dem Packet süß sein müsse und probierte eine weitere. Aber auch die war keineswegs süß, sondern scharf. Aber er wollte nicht aufgeben. Tränen strömten aus seinen Augen, aber er machte hartnäckig weiter, bis er alle probiert hatte, da er der Ansicht war, dass wenigstens eine süß und saftig sein müsse. Der arme Mann litt Qualen! Er sehnte sich nach Süßem, erhielt jedoch nur brennende Schärfe. Was er für Früchte hielt, waren reife Chili-Schoten! Es wäre nicht so schlimm geworden, wenn er nur ein oder zwei probiert hätte und sich dann davon getrennt hätte, als er feststellte, wie scharf sie waren. Es war unnötig, so zu leiden. Aber in der Hoffnung, die ersehnte Süße zu finden, aß er bis zur letzten weiter. So litt er. Feurige Schärfe ist die Grundeigenschaft von Chili. Das einzige Vergnügen, das ihm diese Früchte bereiteten, war ihr schöner Anblick.

Die Menschen suchen nach Glück in Dingen, die keines bringen können, weil es nicht in ihnen liegt. So wenden sich die Leute von einem zum nächsten. Die Annahme, Glück durch irgendetwas in der Außenwelt zu finden, beruht nur auf Illusion.

In Wahrheit lässt sich kein Glück in irgendetwas Äußerem finden. Das Ersehnte befindet sich in uns. Gott hat uns Körper, Sinne und Verstand verliehen, damit wir diese Lektion lernen und nach der wirklichen Quelle der Freude suchen. Folgen wir blind unseren Sinnen, erfahren wir nur Leid statt des erwarteten Glücks.

Körper und Sinne können auf zweierlei Weise verwendet werden. Streben wir nach Gotterkenntnis, so können wir uns an ewiger Glückseligkeit erfreuen. Laufen wir aber nur Sinnesfreuden nach, ohne zu erkennen, dass ihre innewohnende Natur zu Leid führt, wird unsere Erfahrung der des Reisenden gleichen, der in brennend scharfen Chilis nach Süße suchte – wir müssen das Übel erleiden, das daraus entsteht. Verstehen wir die grundlegende Natur der äußeren Objekte, wird uns kein Leid zusetzen.

Die Meereswellen erheben sich und brechen sich kurz darauf am Strand. Sie können nicht oben bleiben. In ähnlicher Weise fällt ein Mensch, der in der Hoffnung auf Glück eifrig äußeren Dingen nachläuft, in einen Zustand des Leidens. Der Geist erhebt sich in Suche nach Freude, findet aber kein wahres Glück, sondern nur Leid. Davon können wir lernen, dass es nicht außen gefunden werden kann.

Die Suche nach Glück in der materiellen Welt ist die Ursache für das Leid und den Mangel an innerem Frieden der Menschen. Das wirkt sich nicht nur auf den Einzelnen, sondern auf die Gesellschaft insgesamt aus. Da die Menschheit Freude in äußeren Dingen sucht, ist wahre Liebe verschwunden. Die Menschen haben die Fähigkeit verloren, andere von ganzem Herzen zu lieben und ihnen zu dienen. Männer wünschen sich andere Frauen und Frauen andere Männer. Der exzessive Wunsch nach Vergnügen geht so weit, dass es Männer gibt, die vergessen, dass Töchter ihre Töchter sind. Selbst die Bruder-Schwester-Beziehung ist am bröckeln. Zahllose Kinder werden ermordet. Die Ursache für all dies Übel heutzutage in der Welt ist der Irrtum, dass Glück äußerlich gefunden werden kann.

Amma möchte damit nicht sagen, dass man sich jegliches Vergnügen versagen sollte. Aber man sollte sich über dessen wahre Natur im Klaren sein. Nichts sollte übertrieben werden. Niemals sollte die Rechtschaffenheit (*dharma*) aufgegeben werden. Nicht-Rechtschaffenheit (*adharma*) sollte vermieden werden.

Wer nur eigensüchtig nach Vergnügungen trachtet und ohne Zurückhaltung lebt, geht seinem eigenen Ruin entgegen. Es ist natürlich, dass Wünsche und Gefühle auftauchen, aber ein gewisses Maß an Selbstbeherrschung ist notwendig. Es ist natürlich, Hunger zu verspüren, aber wir essen nicht jedes Mal, wenn wir etwas Essbares sehen. Täten wir das, würden wir erkranken. Ebenso führt exzessives Verlangen nach Vergnügungen zu Leid. Den Menschen ist dies nicht klar. Die Freude, die sie durch die Sinne erhalten, kommt eigentlich von innen. Die Leute laufen wie verrückt äußerem Glück nach, bis sie in einem Zustand von Leid und Verzweiflung zusammenbrechen. Aber später machen sie wieder weiter – bis zum nächsten Zusammenbruch. Trachtet man ausschließlich nach äußeren Vergnügen, wird man keinen Frieden im Leben finden. Es ist notwendig zu lernen, nach innen zu schauen, denn dort ist echte Glückseligkeit zu finden. Sie lässt sich jedoch nicht finden, bis der Geist aufhört, sich nach außen zu wenden und still wird. In der Tiefe des Ozeans gibt es keine Wellen. Ebenso wird der Geist automatisch still, wenn er in die Tiefe taucht. Dann gibt es nur noch Glückseligkeit.

Frage: Spirituelle Meister scheinen dem Herzen mehr Bedeutung beizumessen als dem Verstand. Aber ist der Intellekt nicht eigentlich wichtiger? Wie kann man irgendein Ziel ohne ihn erreichen?

Amma: Der Verstand ist notwendig. Amma sagt niemals, dass er nicht gebraucht wird. Aber er scheint im Menschen oft nicht zu funktionieren, wenn die Umstände nach einer guten Tat rufen. Herz und Verstand sind nicht voneinander getrennt zu sehen. Wer über gute Unterscheidungskraft verfügt, dessen Bewusstsein weitet sich in natürlicher Weise. Daraus ergeben sich von selbst eine Haltung der Unschuld, Kompromissbereitschaft, Bescheidenheit, sowie die Bereitschaft, anderen zu helfen. Das Wort "Herz" steht für Weite. Schon wenn wir das Wort "Herz" hören, fühlen wir eine beruhigende Sanftheit. In den meisten Menschen finden wir heute allerdings nur einen gewöhnlichen Verstand ohne Unterscheidungskraft. Was wir sehen, ist in Wirklichkeit nicht der Intellekt, sondern das Ego – die Ursache allen Leids im Leben. Je mehr das Ego wächst, desto stärker nimmt die innere Weite ab und die Kompromissbereitschaft verschwindet. Aber auf diese Qualitäten kann weder im weltlichen, noch im spirituellen Leben verzichtet werden.

Sohn, erlaube Amma, dir eine Frage zu stellen. Nehmen wir einmal an, du stellst in deiner Familie Regeln auf: "Meine Frau sollte auf bestimmte Weise leben, sprechen und sich verhalten, weil sie zu mir gehört." Wird im Hause Frieden herrschen, wenn du darauf bestehst, dass sie sich nach diesen Regeln richtet? Nein. Nehmen wir an, du kehrst vom Büro heim und sprichst kein Wort mit deiner Frau oder den Kindern, sondern gehst direkt auf dein Zimmer und arbeitest weiter, verhältst du dich wie der Beamte im Büro. Wird deine Familie damit zufrieden sein? Wenn du erklärst, dass dies einfach deine Art ist, werden sie es akzeptieren können? Wird Frieden herrschen?

Wenn du bei der Heimkehr deine Frau hingegen warmherzig begrüßt und etwas Zeit mit den Kindern verbringst – wenn du bereit bist, etwas von dir selbst zu geben und nicht so einseitig – dann werden alle zufrieden sein. Wenn wir einander die Mängel und Schwächen vergeben und Toleranz aufbringen, kann die Familie in Frieden und Freude leben. Nimmst du die Mängel des Ehepartners leicht, geschieht das aus Liebe zu dieser Person. Selbst wenn der geliebten Person ein Fehler unterläuft, liebst du sie weiter. Bedeutet das nicht, dem Herzen mehr Gewicht beizumessen? Geschieht es nicht aus dem Gefühl heraus, ein Herz zu sein, aus dem Gefühl heraus, dass es möglich ist, das ganze Leben miteinander zu verbringen? Eine solche Haltung ist es, die Amma als "Herz" bezeichnet.

Wäre es praktisch in unserem Verhalten unseren Kindern gegenüber auf einer Liste von Regeln zu bestehen? Ob unsere Kinder bereit wären, sich nach unseren Vorlieben und Abneigungen zu richten? Würden sie nicht mit Trotz darauf reagieren? Aufgrund unserer Liebe für unsere Kinder tolerieren wir ihre Fehler und erziehen sie in angemessener Weise. Hierbei spielt das Herz eine größere Rolle als der Verstand, nicht wahr? Wenn das der Fall ist, genießen wir jeden Augenblick in der Gegenwart unserer Kinder und machen sie ebenfalls glücklich.

Glückliches Familienleben kann es nur geben, wenn sich die Herzen füreinander öffnen. Erlaubt man dem Verstand, die Rolle des Herzens zu überschatten, können wir keine Freude erfahren. Unseren Verstand können wir auf dem Marktplatz oder bei der Arbeit einsetzen, wo er erforderlich ist. Aber das funktioniert nicht im Familienleben. Selbst im Büro ist ein gewisses Maß an Kompromissfähigkeit und Offenherzigkeit notwendig. Ignorieren wir dies, so gibt es nur Zwist und Freudlosigkeit.

Geben wir dem Herzen in unserem Leben Raum, so ergibt sich daraus Kompromissbereitschaft und eine flexible Haltung des Gebens und Nehmens. Verbunden mit Unterscheidungskraft entstehen auf natürliche Weise innere Weite und Kompromissbereitschaft. Heutzutage bleibt der Verstand in die Begrenztheit der Egozentrierung eingeschlossen. Es fehlt die Entwicklung der

Unterscheidungskraft. Das erzeugt einen großen Mangel in den Leben der Menschen. Fortschritte in der Gesellschaft sind ohne Kompromisse schwerlich möglich. Kompromissbereitschaft führt zu Frieden.

So wie eine rostige Maschine Öl benötigt, um richtig zu funktionieren, so brauchen wir Bescheidenheit und Kompromissbereitschaft, um ungehindert Fortschritte machen zu können. Aber diese Eigenschaften bilden sich in uns nur, wenn wir unser Herz entfalten. Es gibt Situationen, die den Verstand erfordern. Aber dabei sollte man es bewenden lassen. Bei jeder Gegebenheit, bei der das Herz Vorrang erhalten sollte, ist es wichtig, dass wir dies nicht versäumen.

Je tiefer das Fundament bei einem Hausbau ist, desto höher kann das Gebäude sein. Ähnlich sind Demut und Weitherzigkeit das Fundament für unsere Weiterentwicklung. Bescheidenheit und Kompromissbereitschaft entwickeln sich in uns, wenn wir dem Herzen in unserem Leben den Vorrang einräumen. Unsere Beziehungen gestalten sich positiv und friedlich.

Das spirituelle Ziel beinhaltet ebenfalls eine Weitung des Herzens, denn nur Großherzige können Gott erkennen. Die Essenz unseres Wesens liegt außerhalb von Logik und Intellekt. Egal, wie viel Zucker wir essen, man kann die Süße denen, die noch nie welchen gegessen haben nicht genau beschreiben. Ebenso wenig lässt sich der unendliche Himmel in Worte fassen und der Duft einer Blume messen. Spiritualität entzieht sich der Beschreibung – es handelt sich um eine Erfahrung. Die Süße kann man nicht genießen, ohne über den Intellekt hinaus zum Herzen zu gehen.

Es gibt die Geschichte eines armen Bauers, der eines Tages gerade vor seiner Hütte stand, als viele Menschen vorbeikamen. Auf die Frage hin, wo sie hingingen, erhielt er folgende Antwort: "In der Nähe beginnt ein dreitägiger Vortrag über die *Bhagavad Gita*. Dort gehen wir alle hin." Da der Mann ihn ebenfalls gerne anhören wollte, schloss er sich der Menge an. Als sie ankamen, war es sehr voll dort. Die meisten Teilnehmer waren wohlhabend und trugen teure Kleidung und Juwelen. Der Bauer war schmutzig von seiner Arbeit und er trug seine abgetragene, dreckige, alte Kleidung. An der Tür ließ man ihn nicht ein. Darüber war er höchst bekümmert. Er betete: "Herr, ich bin hierher gekommen, um deine Geschichte zu hören. Aber man lässt mich nicht ein. Bin ich so wertlos, dass ich es nicht einmal verdiene, deine Lebensgeschichte zu hören? Bin ich solch ein Sünder? Wenn das der Fall ist, möchte ich es akzeptieren. Dann sitze ich einfach hier draußen und höre von dir."

So setzte er sich unter einen Mangobaum und hörte von dort aus dem Vortrag zu. Aber er konnte nichts verstehen, da alles auf Sanskrit war. Das brach dem armen Mann das Herz. Er rief aus: "Oh Herr, ich kann nicht einmal deine Sprache verstehen! Bin ich solch ein großer Sünder?" In diesem Augenblick fiel sein Blick auf ein großes Bild vor der Halle. Es zeigte Krishna mit den Zügeln in einer Hand, während er Arjuna, der hinter ihm in der Kutsche saß, die *Bhagavad Gita* vortrug. Der Bauer saß da und betrachtete das Gesicht des Herrn. Seine Augen füllten sich mit Tränen. Er verlor das Zeitgefühl. Als er schließlich aufblickte, hatte der Vortrag geendet und die Teilnehmer gingen. Er kehrte ebenfalls heim. Am nächsten Tag erschien er wieder. Ihm kam ständig das Antlitz des Herrn in den Sinn. Er hatte nur noch die Absicht, unter dem Baum zu sitzen und das Bild zu betrachten. Auch am dritten Vortragstag kam er wieder, setzte sich unter den Baum und schaute verzückt auf das Bild. Tränen strömten aus seinen Augen. Er erlebte die strahlende Gestalt Krishnas in seinem Inneren. Er schloss seine Augen und vergaß sich im Anblick Krishnas.

Als die Menschen nach dem Ende des Vortrags fortgegangen waren und der Vortragende herauskam, sah er den Farmer bewegungslos unter dem Mangobaum sitzen. Tränen strömten über seine Wangen. Der Gelehrte war erstaunt. Er dachte: „Wie kommt es, dass dieser Mann hier selbst nach Vortragsende noch sitzt und weint? Haben meine Worte ihn so berührt?" Er näherte sich dem Bauern, der sehr still dasaß. Der Gesichtsausdruck verriet überströmende Glückseligkeit. Vollkommener Friede umgab ihn. Der Gelehrte brachte den Farmer in die Außenwelt zurück und fragte: "Hat dich mein Vortrag so erfreut?"

Er antwortete: "Ich habe kein einziges Wort in den drei Tagen verstanden, Sir! Ich verstehe kein Sanskrit. Aber ich fühle mich von Kummer überwältigt, wenn ich an die Situation denke, in der sich der Herr befand. Hat er nicht alles gesprochen, während er nach hinten schaute? Wie muss seine Schulter geschmerzt haben, wenn er seinen Kopf so rückwärts gehalten hat. Deshalb weine ich so." Es heißt, dass der Farmer bei diesen Worten erleuchtet wurde.

Es war das Mitgefühl und seine Unschuld, die den Bauern für die Selbstverwirklichung bereit machten. Als er die Worte des Farmers vernahm, füllten sich auch die Augen des Gelehrten mit Tränen und er verspürte einen noch nie zuvor erlebten Frieden.

Der Vortragende war ein hochintelligenter Mann. Die Zuhörer waren ebenfalls sehr gebildet. Aber es war der arme, unschuldige Bauer, der die Süße von Hingabe erfahren konnte und bereit war für die Selbstverwirklichung. Er verfügte über beispielhaftes, uneigennütziges Mitgefühl. Sein Kummer galt nicht ihm selbst, sondern der wahrgenommenen Härte für den Herrn.

Bei Tempelbesuchen beten die Menschen oft um dieses und jenes. Der Bauer verspürte jedoch ein Mitgefühl, das jenseits von all dem lag. Er war frei von Ego. Normalerweise ist es sehr schwer, das Ichgefühl zu verlieren. Aber aufgrund seiner Unschuld verlor er seine Individualität. Er erlebte *parabhakti* (höchste Hingabe). Das ist der höchste Zustand. Er war bereit dafür, da er im Gegensatz zu den anderen Verstandes-Orientierten aus dem Herzen lebte. Als Ergebnis davon tauchte er spontan und mühelos in Glückseligkeit ein und war imstande, etwas von diesem Frieden auf seine Umgebung auszustrahlen. Wir sollten uns bemühen, Gott über unser Herz zu erfahren, denn das ist der Ort, wo er hervorleuchtet. Er wohnt in unserem Herzen.

Ammas Worte verebbten und gingen in ein Meer der Stille über. Ihre Augen, die sich mittlerweile mit Tränen der Glückseligkeit gefüllt hatten, schlossen sich langsam. Die Tränen benetzten dieses Antlitz des Mitgefühls. Eine kleine Gruppe Gläubiger saß um sie herum; niemand sprach ein Wort. Mark sagte nichts mehr und schloss seine Augen in Meditation. Alle anderen stellten ihre Arbeit ein und nahmen in Ammas Nähe Platz. In dieser Atmosphäre reiner Glückseligkeit klangen die Gedanken ab und lösten sich auf. Der Geist der Anwesenden tauchte in eine unbeschreiblich erhabene Erfahrung ein.

Später wurden die Gespräche fortgeführt.

Frage: Wenn der Wunsch, dem spirituellen Meister zu dienen, größer ist, als das Verlangen nach Selbstverwirklichung, wird dann der Meister in allen zukünftigen Leben mit dem Betreffenden zusammensein?

Amma: Wenn das der Wunsch eines Jüngers ist, der sich ganz dem Meister hingegeben hat, wird er mit Sicherheit mit der betreffenden Person zusammensein. Aber der Jünger darf nicht einmal eine Sekunde verschwenden, sondern muss wie ein Räucherstäbchen sein, das abbrennt, um anderen Duft zu schenken. Selbst der Atem sollte für die Welt sein. Jede einzelne Handlung sollte als Dienst für den Meister ausgeführt werden. Wer vollständige Zuflucht bei einem spirituellen Meister gesucht hat, muss sich nicht mehr inkarnieren, es sei denn, der Meister wünscht es.

Aber es gibt viele Arten von Lehrern. Es gibt jene, die nach dem Studium der Schriften und der Puranen lehren. Sie sind

Gurus. Heutzutage gelten allerdings schon Menschen als Gurus, die irgendein Buch gelesen haben und etwas von sich geben. Aber ein echter *satguru* ist ganz etwas anderes. Ein wahrer Meister hat die Wahrheit durch Enthaltsamkeit und Entsagung verwirklicht. Er verfügt über direkte Erfahrung des in den Schriften beschriebenen höchsten Zustandes. Äußerlich gesehen mag diese Person im Vergleich zu anderen keine besonderen Merkmale aufweisen. Aber was man von ihr bekommen kann, erhält man nicht von Scheingurus. Diejenigen mit großem äußeren Auftreten haben innerlich vielleicht nicht viel zu bieten. Wer sich auf sie verlässt, zieht keinen großen Nutzen daraus. Der Unterschied zwischen ihnen und einem *satguru* lässt sich mit der Differenz zwischen einer Birne mit 10 W und 1000 W vergleichen. Schon allein die Gegenwart eines wahren Meisters füllt mit Glückseligkeit und schwächt die *vasanas*.

Die Lehren von *satgurus* beschränken sich nicht auf ihre Worte. Sie spiegeln sich in ihren Handlungen. Die Worte der Schriften werden in ihrem Leben lebendig. Befasst man sich eingehend mit ihrem Leben, besteht keine wirkliche Notwendigkeit für das Studium der Schriften. Die *satgurus* sind absolut selbstlos. Man kann sie mit einer Figur aus Schokolade oder Kandiszucker vergleichen, da von ihnen nur reine Süße ausgeht – und nichts, was nicht anzunehmen wäre. *Satgurus* inkarnieren sich einzig und allein für die Höherentwicklung der Welt. Sie sind keine individuellen Persönlichkeiten, sondern repräsentieren ein Ideal. Wir brauchen ihnen nur zu folgen. Die großen Meister öffnen unsere Augen der Weisheit und entfernen die Dunkelheit.

Gott ist in allem gegenwärtig, aber der *satguru* korrigiert unsere Fehler und erhebt uns zur göttlichen Ebene. Aus diesem Grunde heißt es, der Meister sei Brahma, Vishnu und

Maheshwara[1]. Der *satguru* bedeutet für den Jünger mehr als Gott. Sobald man einen *satguru* gefunden hat, ist es nicht mehr nötig, an Selbstverwirklichung zu denken oder sich hinsichtlich Wiedergeburt zu sorgen. Es reicht, dem Pfad des Meisters zu folgen. So wie ein Teich, der mit einem Fluss verbunden ist, der ins Meer mündet, so hat man den Zielort erreicht, wenn man zum Meister gekommen ist. Der Meister wird sich um den Rest kümmern und zum Ziel führen. Für den Jünger ist nicht mehr nötig, als sich von ganzem Herzen dem Meister hinzugeben. Der Meister lässt einen Jünger niemals im Stich.

Frage: Amma, welcher Pfad ist in diesem Zeitalter am besten geeignet, um die Selbstverwirklichung zu erreichen?

Amma: Die Selbstverwirklichung ist nicht etwas, was sich irgendwo draußen befindet. Nach Krishnas Aussage ist Gleichmut Yoga. Wir sollten fähig sein, alles als göttliches Bewusstsein zu betrachten. Eine Honigbiene konzentriert sich bei der Blume ganz auf den Nektar und erfreut sich an der Süße. Nur diejenigen, die die gute Seite von allem sehen, kommen für die Selbstverwirklichung in Frage.

Sehnen wir uns wirklich nach Selbstverwirklichung, sollten wir fähig sein, den Körper ganz zu vergessen. Wir müssen überzeugt davon sein, das (höhere) Selbst zu sein. Gott hat nicht einen speziellen Wohnort; er wohnt in unserem Herzen. Es ist notwenig, alle Bindungen und das Körperbewusstsein zu überwinden. Das ist alles. Erreichen wir dies, so erwächst in uns ein tiefes Verstehen darüber, dass es für das Selbst weder Geburt noch Tod, weder Glück noch Leid gibt. Alle Todesfurcht verschwindet und wir werden von Glückseligkeit erfüllt.

---

[1] Im Hinduismus gibt es die göttliche Trinität: Brahma der Schöpfer, Vishnu der Erhalter und Shiva oder Maheshwara der Zerstörer.

Ein Gottsucher sollte lernen, jede Situation mit Geduld anzunehmen. Bei einer Mischung aus Honig und Salz kann man durch ständige Zugabe von Honig schließlich den salzigen Geschmack beseitigen. In der gleichen Weise müssen wir jede Spur von Feindseligkeit und Ichgefühl in uns überwinden. Das geschieht durch gute Gedanken. Ein reiner Geist ist fähig, jeder Situation mit Freude entgegen zu treten. Auf diese Weise machen wir spirituelle Fortschritte, selbst wenn wir uns dessen nicht bewusst sind.

Im Zustand der Selbstverwirklichung erleben wir andere als unser eigenes Selbst. Wenn wir auf etwas ausrutschen, fallen und unseren Fuß verletzen, werfen wir nicht den Augen Achtlosigkeit vor und zerstören sie nicht, sondern bemühen uns, dem Fuß Erleichterung zu verschaffen. Wird unsere linke Hand verletzt, hilft die rechte. In ähnlicher Weise entspricht es der Selbstverwirklichung, denen, die Fehler machen zu vergeben, da man das eigene Selbst in anderen erlebt.

Für den Selbstverwirklichten ist nichts vom Selbst getrennt. Aber ohne diesen Zustand erreicht zu haben, ist alles Reden darüber nicht mehr als leere Worte, weil sie nicht von der Kraft der Erfahrung durchdrungen sind. Allerdings ist es unmöglich, diese Bewusstseins- und Erfahrungsebene ohne die Hilfe eines *satgurus* zu erreichen. Es reicht dann, den Anweisungen des Meisters folgen.

Selbstverwirklichung ist nicht etwas, was man irgendwo käuflich erwerben kann. Die Einstellung muss geändert werden, das ist alles. Die Menschen halten irrtümlicherweise ihre Gebundenheit für etwas Reales. Es gibt die Geschichte einer Kuh, die normalerweise im Kuhstall angebunden war. Eines Tages wurde sie nicht angebunden, sondern nur in den Stall geführt und die Tür geschlossen. Das Band wurde am Boden liegen gelassen. Am nächsten Tag, als der Eigentümer die Tür öffnete, um die Kuh hinaus zu lassen, rührte sie sich nicht von der Stelle. Er schob sie, aber sie verweigerte, sich zu bewegen. Und selbst Stockschläge nützten nichts. Dann kam ihm der Gedanke: "Ich binde sie normalerweise los, wenn ich komme, aber gestern Abend habe ich sie nicht angebunden. Ich versuche es einmal damit, so zu tun, als ob ich sie losbinde." Er nahm das Seilende und tat so, als bände er sie wie üblich vom Pfosten los. Die Kuh verließ sofort den Stall. Die Situation der Menschen lässt sich damit vergleichen – sie halten sich für gebunden, obwohl sie es nicht wirklich sind. Diese Illusion muss überwunden werden. Es ist notwenig, zu begreifen, dass man eigentlich gar nicht gebunden ist. Allerdings lässt sich diese Täuschung ohne die Hilfe eines echten Meisters nicht beseitigen. Das bedeutet nicht, dass er die Selbstverwirklichung bringen würde. Die Aufgabe des Meisters besteht darin, zu überzeugen, dass der Mensch in Wirklichkeit frei ist. Nur bei tatsächlicher Gebundenheit müsste ein Losbinden erfolgen.

Nur wenn die Wellen abklingen, können wir das Bild der Sonne auf dem Wasser sehen. Ebenso können wir das Selbst nur erblicken, wenn die Gedankenwellen sich beruhigen. Es besteht keine Notwendigkeit, ein Bild zu erzeugen. Wir müssen lediglich unsere inneren Wellen zur Ruhe bringen, damit das Bild auftauchen kann. Bei klarem durchsichtigem Glas ist keine Spiegelung möglich. Eine Seite des Glases muss mit einer bestimmten Farbe angestrichen werden. Ähnlich können wir Gott nur erblicken, wenn wir in uns die Farbe der Selbstlosigkeit anbringen.

Solange das Ego vorhanden ist, können wir nicht selbstlos werden. Der Meister führt den Jünger durch Situationen, die zur Beseitigung des Egos notwendig sind. Der Jünger lernt, das Ego weg zu meißeln. Aufgrund der Nähe zum Meister und aufgrund der Ratschläge, die dieser erteilt, entwickelt der Jünger Geduld, ohne es überhaupt zu bemerken. Er wird in Situationen geführt, in denen die Geduld geprüft wird und ob Ärger entsteht oder nicht. Es wird Arbeit gegeben, die der Betreffende nicht mag. Das weckt im Jünger Verärgerung und Ungehorsam. Der Meister regt dann zum Nachdenken an und in sich die notwendige Kraft zur Überwindung schwieriger Situationen zu finden. So nutzt der Meister verschiedene Gegebenheiten, um die Schwächen des Jüngers zu beseitigen, ihn stark werden zu lassen. Dadurch wird man fähig, das Ego zu transzendieren. Der Sinn, Zuflucht bei einem Meister zu suchen, besteht in der Vernichtung des Egos.

Nur wenn das Fleisch aus einem Muschelhorn entfernt wird, kann ein Ton erklingen, wenn geblasen wird. In ähnlicher Weise können wir uns durch Befreiung vom Ego zum spirituellen Ziel erheben. Sobald man sich vollständig übergeben hat, endet das Ichgefühl – es gibt nur noch Gott. Dieser Zustand entzieht sich der Beschreibung in Worten.

Wessen Denken sich noch darum dreht, wann die Selbstverwirklichung erreicht wird, nachdem er zu einem Meister gekommen ist, der hat sich ihm nicht vollständig anvertraut. Es bedeutet, dass das Vertrauen in den Meister unvollständig ist. Wenn man beim Meister lebt, sollte man den Anweisungen genau folgen und alle anderen Gedanken vergessen. Mehr wird vom Jünger nicht erwartet. Ein wahrer Jünger überlässt dem Meister ebenfalls den Wunsch nach Selbstverwirklichung. Der Meister repräsentiert die Vollkommenheit als solche. Die Liebe und Ehrerbietung für den Meister entzieht sich der Beschreibung in Worten.

Frage: Wenn wir zu Fall kommen, obwohl wir bei einem Meister leben, wird der Meister uns im nächsten Leben retten?

Amma: Folg stets den Worten des Meisters. Ergib dich ihm vollständig, und betrachte dann alles als den Willen des Meisters. Als Jünger sollte man nicht einmal die Möglichkeit eines Falles in Erwägung ziehen. Auf diese Weise zu denken, zeugt von Schwäche, denn es bedeutet, dass kein echtes Selbstvertrauen vorhanden ist. Wie kann man sonst an den Meister glauben? Er wendet sich von niemandem ab, der aufrichtig zu ihm betet, aber der Jünger sollte sich voll und ganz dem Meister anvertrauen.

Frage: Was ist mit wahrem Dienst am Guru gemeint?

Amma: Wenn wir von einem wahren Meister sprechen, dann bezieht sich das nicht auf eine Einzelperson, sondern auf das göttliche Bewusstsein – die Wahrheit. Der Meister durchdringt das ganze Universum. Es ist notwendig, das zu verstehen, denn nur dann können wir spirituell weiterkommen. Es ist nicht gut für einen Jünger, am physischen Körper des zu Meisters hängen. Unser Bewusstsein sollte so weit werden, dass wir alle Lebensformen als den Meister ansehen, und anderen mit Hingabe dienen. Durch unsere Verbindung mit dem Meister dehnt sich unser Bewusstsein aus. Der Geist eines Jüngers, der durch das Anhören der Worte und Beobachtung des Handelns des Meisters reift, erhebt sich unbemerkt zu dessen Ebene. Andererseits kann der Dienst eines Menschen, der aus rein selbstsüchtigen Motiven heraus die physische Nähe der Meisters wünscht, nicht als echtes Dienen bezeichnet werden.

Die Bindung zum Meister sollte so sein, dass es unmöglich wird, auch nur einen Augenblick von ihm fort zu sein. Gleichzeitig sollte man weitherzig genug sein, anderen zu dienen, und zwar bis zur Selbstvergessenheit. Am besten ist es, sich für andere mit der Einstellung einzusetzen, es sei es für den Meister. Der echte Jünger hat das wahre Sein (die Essenz) des Meisters absorbiert. Der Meister wird stets bei ihm sein.

Wenn wir einen Mangobaum sehen, gilt unsere Aufmerksamkeit nicht dem Baum, sondern den Früchten. Trotzdem versäumen wir es nicht, uns um den Baum zu kümmern. Ebenso ist einem Jünger klar, dass der Körper des Meisters wertvoll ist, obwohl er nicht mit seinem Körper zu identifizieren ist, da er wahrhaft das all-durchdringende Bewusstsein ist. Persönlicher Dienst liegt ihm trotzdem mehr am Herzen, als das Leben. Ein echter Jünger verfügt über die Bereitschaft, für den Meister sein Leben aufzugeben. Aber man betrachtet den Meister nicht als begrenzte Persönlichkeit, sondern man sieht ihn in allen Lebewesen. Dadurch ergibt sich, dass Einsatz für irgendeine Person mit Dienst am Meister gleich zu setzen ist. Der wahre Jünger verspürt darüber Zufriedenheit und Freude.

Frage: Wenn der Meister nicht verwirklicht ist, welchen Nutzen bringt es dann, sich ihm zu ergeben? Wird der Jünger nicht betrogen? Wie können wir erkennen, ob ein spiritueller Lehrer die Selbstverwirklichung erreicht hat oder nicht?

Amma: Das ist nicht so leicht zu sagen. Jeder möchte wie der zurzeit gerade größte Filmstar sein. Die Menschen sind bereit, alles dafür zu tun. Sie versuchen es mit allen Arten der Nachahmung. Ähnlich gibt es viele Leute, die gern als Meister gelten möchten, wenn sie sehen, wie viel Verehrung und Respekt diesen entgegen gebracht wird. Wenn wir eine Liste der Zeichen eines vollkommenen Meisters aufstellen, so würde das eine Erleichterung für diejenigen sein, die gern in die Rolle eines Meisters schlüpfen möchten. Gewöhnliche Menschen würden auf ihre Darstellung hereinfallen. Daher ist es am besten, nicht im Detail die Natur eines *satgurus* zu erläutern. Es sollte nicht in der Öffentlichkeit erörtert werden.

In den Schriften werden bestimmte Charakteristiken eines Meisters erwähnt. Es gestaltet sich jedoch schwierig, wenn wir die Eigenschaften, die wir bei einem Meister wahrnehmen, als Kriterium für die Beurteilung der Echtheit eines anderen heranziehen, weil jeder auf seine Weise handelt. Wie viel man auch liest und studiert, ohne reines Herz ist es schwierig, einen vollkommenen Meister zu finden. Entsagung, Liebe, Mitgefühl und Selbstlosigkeit können wir generell in allen Meistern finden. Ein Meister spielt jedoch unterschiedliche Rollen, um den Jünger zu prüfen. Nur bei Vorhandensein eines reinen Herzens werden diese verkraftet. Sucht jemand mit echter Sehnsucht und reinem Herzen, wird der Betreffende einem wirklichen Meister begegnen – allerdings prüft dieser auch.

Selbst wenn ein Sucher in die Hände eines falschen Meister fällt, erreicht er das Ziel trotzdem aufgrund seiner Unschuld, wenn das Herz rein ist. Gott wird dafür den Weg bereiten. Anstatt Zeit damit zu vergeuden, Meister zu vergleichen und zu prüfen, ist es besser, Gott um Hilfe zu bitten, ein vollkommener Jünger zu werden und zu einem vollkommenen Meister zu führen. Nur wenn Herz und Verstand zusammen spielen, kann der wahre Meister erkannt werden.

Frage: Amma, in welcher Weise prüft der Meister (ihre oder seine) Jünger?

Amma: Dafür gibt es keine allgemeingültigen Richtlinien, wie z.B. für den Erfolg in einer Prüfung. Der Meister führt gemäß den *Vasanas*, die sich in vielen Leben angesammelt haben. Selbst in gleichen Situationen kann sich der Meister verschiedenen Jüngern gegenüber unterschiedlich verhalten. Ihr könnt nicht unbedingt einen Sinn darin erkennen. Nur ihm sind die Gründe bekannt. Er entscheidet über die Methode, die zur Schwächung der *vasanas* der jeweiligen Person angewendet wird, damit das Ziel erreicht werden kann. Ein wesentlicher Faktor für den spirituellen Fortschritt besteht darin, sich der Entscheidung des Meisters zu fügen.

Wenn zwei Jünger denselben Fehler begehen, kann es geschehen, dass er dem einen gegenüber Verärgerung zeigt und mit dem anderen sehr liebevoll umgeht. Er kennt die innere Kraft und Reife eines jeden. Aus Unkenntnis heraus kann ein Betrachter des Vorfalls mit Kritik reagieren, weil lediglich die äußere Situation beurteilt wird. Es mangelt an Einblick hinsichtlich der Veränderung im Inneren der Jünger.

Der Baum kann nicht entstehen, bevor nicht die äußere Schale der Saat bricht. In vergleichbarer Weise kann man die Wahrheit nicht erkennen, bevor das Ego nicht vollständig zerstört wurde. Der Meister wird den Schüler auf die unterschiedlichsten Arten testen, um festzustellen, ob der Betreffende nur aus kurzlebigem Enthusiasmus heraus gekommen ist oder ob das spirituelle Ziel wirklich am Herzen liegt. Sie können mit Klassenarbeiten in der Schule ohne vorherige Ankündigung verglichen werden. Es ist die Pflicht des Meisters, das Maß an Geduld, Entsagung und Mitgefühl zu prüfen und zu sehen, ob Schwäche in bestimmten Situationen auftritt oder ob die Kraft zur Überwindung vorhanden ist. Eines Tages kommen vielleicht Tausende von Menschen, die den Betreffenden Vertrauen entgegen bringen. Die Jünger müssen über ausreichend innere Kraft, Reife und Mitgefühl verfügen, um diesem Vertrauen zu entsprechen. Gehen sie ohne diese Qualitäten in die Welt hinaus und verfügen über unzureichende innere Reinheit, so entspricht das größtem Betrug. Als Ergebnis könnte die Person, von der Schutz für die Welt erwartet wird, ein zerstörerischer Gegner werden.

Der Meister lässt den Jünger zahlreiche Tests durchlaufen, um ihn richtig zu formen. Ein Meister gab einem Jünger einmal einen Stein mit der Bitte, daraus eine Skulptur zu fertigen. Unter Verzicht auf Nahrung und Schlaf machte sich dieser gehorsam an die Arbeit. Als er fertig war, brachte er das Bildnis zu den Füßen des Meisters dar. Demütig stand er mit gefalteten Händen und gebeugtem Kopf daneben. Der Meister warf einen Blick darauf, nahm die Skulptur und schleuderte sie fort, so dass sie in mehrere Stücke zerbrach. "Ist das die Art und Weise, ein Bildnis zu fertigen?" fragte er ärgerlich. Der Jünger betrachtete die zerbrochenen Teile und dachte: "Er sprach nicht ein freundliches Wort, obwohl ich tagelang ohne Nahrung und Schlaf hart gearbeitet habe!" Der Meister wusste um seine Gedanken und reichte ihm einen anderen Stein mit der Aufforderung, eine neue Skulptur herzustellen. Der Jünger ging fort und schuf ein neues, noch schöneres Bildnis. Dann ging er erneut zum Meister in der Annahme, dass er dieses Mal sicherlich zufrieden sein würde. Aber sobald dieser es zu Gesicht bekam, lief sein Gesicht rot an und sagte: "Willst du mich zum Narren halten? Dies hier ist schlechter als das Vorhergehende!" Auch diese Skulptur zerbrach er. Er betrachtete den Jünger, der mit demütig gebeugtem Kopf dastand und dieses Mal keine Verärgerung empfand, jedoch etwas Trauer. Erneut erhielt er einen Stein mit der Aufforderung, ein neues Bildnis zu machen. Der Jünger arbeitete mit großer Sorgfalt. Es wurde ein großes Kunstwerk, das er wieder zu Füßen des Meisters darbrachte, aber dieser zerschmetterte es schimpfend. Dieses Mal empfand der Jünger weder Zorn, noch Trauer, sondern dachte: "Wenn das der Wunsch des Meisters ist, akzeptiere ich es. Alles, was er tut, ist zu meinem eigenen Besten." Zu diesem Zeitpunkt brachte er soviel Ergebenheit auf. Trotzdem erhielt er einen weiteren Stein, den er freudig entgegen nahm. Er kehrte erneut mit einer außergewöhnlich schönen Skulptur zurück. Aber auch diese wurde zerbrochen. Noch immer zeigte sich im Gemüt des Jüngers nicht die leiseste Veränderung. Der Meister war erfreut. Er legte seine Hand auf den Kopf des Jüngers und segnete ihn. Ein Beobachter hätte den Meister vielleicht für grausam oder verrückt halten können. Nur der Meister und der völlig ergebene Jünger konnten wissen, was tatsächlich stattfand. Jedes Mal, als der Meister ein Bildnis zerbrach, das der Jünger ihm gebracht hatte, formte er ein wahres Bild in dessen Herzen. Sein Ego wurde zerstört. Nur ein *satguru* kann dies, und nur dem wahren Jünger kann Glückseligkeit daraus erwachsen.

Der Jünger benötigt die Einsicht, dass der Meister weitaus besser als er selbst weiß, was gut oder schlecht für ihn ist, und was der Betreffende benötigt und was nicht. Man sollte sich einem Meister niemals mit dem Wunsch nach Position oder Ruhm nähern, sondern mit dem Wunsch, sich hin zu geben. Tauchen Verärgerung oder Verübelung auf, wenn der Meister euch oder eure Handlungen nicht lobt, fehlt es an den notwendigen Voraussetzungen. Betet um Beseitigung von Wut. Gelangt zur Einsicht, dass jegliches Vorgehen des Meisters zu eurem besten ist.

Manche denken: "Wie viele Jahre bin ich schon hier und trotzdem behandelt mich der Meister in dieser Weise!" Das enthüllt den Mangel an Hingabe. Wahre Jünger sind diejenigen, die sich nicht lediglich einige Jahre, sondern ein ganzes Leben lang dem Meister völlig ergeben. Durch Fortbestehen der Identifikation mit Körper, Fühlen und Denken entstehen Wut, Abneigung und Egoismus. Sinn und Zweck der Überantwortung an einen Meister besteht in der Beseitigung negativer Eigenschaften. Ohne völlige Ergebenheit gelingt es nicht, die negativen Neigungen zu überwinden. Die Einstellung, dass alles, was der Meister tut, zu unserem Besten ist, muss sich in unserem Denken festsetzen. Wir sollten es dem Verstand niemals erlauben, irgendwelche Handlungen des Meisters zu beurteilen.

Meine Kinder, niemand kann vorhersagen, welche Form die Prüfungen des Meisters annehmen werden. Nur durch vollständige Hingabe können sie bestanden werden. Sie sind ein Beweis für sein Mitgefühl, denn sie schwächen die *vasanas*. Nur durch Hingabe kann die Gnade des Meisters gewonnen werden.

Ein Jugendlicher kam zu einem Meister und bat um Annahme. Dieser antwortete: "Sohn, du verfügst nicht über die innere Reife, um ein völlig spirituelles Leben zu führen. Du hast noch einiges *prarabdha*, das zu erledigen ist. Warte noch etwas."

Aber der junge Mann wollte nicht nachgeben. Aufgrund seiner Hartnäckigkeit nahm der Meister ihn schließlich. Nach einiger Zeit gab der Meister allen Jüngern - mit Ausnahme von ihm - die *sannyasa*-Einweihung. Das war unerträglich für ihn. Er war verärgert. Er zeigte dies zwar nicht äußerlich, begann aber zu Ashrambesuchern schlecht über den Meister zu reden. Dieser wusste davon, sagte aber nichts. Nach einer Weile kritisierte er den Meister sogar in dessen Gegenwart. Dieser kannte das Naturell des Jüngers sehr gut und wusste, dass noch so viele Ratschläge nichts bewirken konnten. Er würde nur durch Erfahrung lernen. Daher schwieg er.

Zu diesem Zeitpunkt beschloss der Meister, ein großes *yajna* (Opfer) zum Wohle der Welt auszuführen. Für das heilige Opferfeuer waren viele Dinge notwendig. Eine Familie aus der Umgebung des Ashrams bot an, für alles zu sorgen. Dem jungen Mann wurde aufgetragen, die Dinge während des Opfers jeden Tag zu holen. Eine junge Frau der Familie übergab ihm täglich die Materialien. Das erste Mal, als er sie sah, fühlte er sich zu ihr hingezogen. Mit jedem Tag verstärkte sich sein Gefühl. Eines Tages konnte er nicht mehr an sich halten und ergriff ihre Hand. Die junge Frau zögerte keinen Augenblick, ergriff einen Stock auf dem Boden und schlug ihm ins Gesicht.

Als der Meister den Jünger mit bedecktem Gesicht zurückkehren sah, war ihm sofort klar, war geschehen war. Er sagte: "Begreifst du nun, warum ich dich nicht gleich als Jünger annehmen wollte und dich nicht zu einem *sannyasi* gemacht habe? Denke, wie beschämend dein Handeln mit einem orangefarbenen Gewand gewesen wäre! Es wäre ein großer Betrug gegenüber der Welt und dem Geschlecht der *sannyasis* gewesen. Geh und lebe einige Zeit in der Welt, Sohn. Ich werde dich rufen, wenn die Zeit gekommen ist." Erst dann verstand der Jünger seinen Fehler und verbeugte sich vor dem Meister.

Nur durch den Titel eines Mediziners wird man noch nicht zu einem erstklassigen Arzt. Zunächst muss man praktische Erfahrungen mit erfahrenen Ärzten und durch Behandlung von verschiedenen Krankheiten sammeln. Nur durch harte Arbeit und ständige Übung kann man zu einem wirklich guten Arzt werden. Ebenso gibt es unschätzbare Lektionen in der Welt und durch ständige Arbeit mit Menschen zu lernen – ganz gleich wie viel Studium spiritueller Schriften man betreibt. Auf diese Weise lernt man am meisten. Der *satguru* sorgt für die Umstände, die für den Fortschritt des Jüngers notwendig sind, der spirituelle Unterweisung von ihm (ihr) sucht. Die *vasanas* verschwinden nicht, indem man die Augen schließt und meditiert. Die inneren Unreinheiten lassen sich nur durch völliges Vertrauen in den Meister beseitigen - verbunden mit der notwendigen Demut und Bewusstseinsweite, um sich zu hinzugeben. Selbstaufgabe wirkt wie ein Bleichmittel, das die Flecken in der Kleidung beseitigt. Hingabe vernichtet die inneren Unreinheiten und *vasanas*. Entgegen der Vorstellung der Leute ist Hingabe gegenüber dem *satguru* keine Form der Sklaverei, sondern ein Tor zu wahrer Unabhängigkeit und Freiheit.

Gleich welcher Art die Versuchungen auch sein mögen, der Jünger sollte innerlich ruhig bleiben – dadurch zeigt sich wahre Hingabe an den Meister. Diese Haltung kann nicht mit irgendeiner Geldsumme erworben werden, sondern muss sich auf natürliche Weise entwickeln.

Hat der Jünger diese Art der Ergebenheit entwickelt, so ist er oder sie in jeder Hinsicht vollständig.

Frage: Versteht der spirituelle Meister nicht das Naturell des Jüngers, sobald er den Betreffenden sieht? Warum sind dann all die Prüfungen notwendig?

Amma: Der Meister kennt das Wesen des Jüngers besser als dieser selbst, der jedoch auf seine (ihre) Mängel aufmerksam gemacht werden muss. Nur dann kann der Aspirant sie überwinden und vorwärts kommen.

Heutzutage ist es schwierig, Jünger zu finden, die ihrem spirituellen Meister wirklich gehorchen und über ein echtes Zielbewusstsein verfügen. In der heutigen Zeit wird der Meister beschuldigt und kritisiert, wenn er den selbstsüchtigen Interessen des Jüngers nicht entspricht. Aber aufgrund ihres unendlichen Mitgefühls werden die Meister ihr Äußerstes versuchen, um die Jünger auf den rechten Weg zu bringen. In den alten Zeiten wartete der Jünger geduldig vor dem Meister, heute ist es anders herum. Das einzige Ziel des Meisters besteht darin, den Jünger mit den jeweils notwendigen Mitteln in den höchsten Zustand zu erheben. Dafür ist der Meister zu jeglichem Opfer bereit. Man mag die Frage stellen, ob es nicht Sklaverei sei, dem Meister aufs Wort zu gehorchen. Aber durch diese "Sklaverei" erwächst keinerlei Schaden; im Gegenteil, der Jünger wird für immer befreit! Ihm wird geholfen, das innere Selbst zu erwecken. Damit ein Saatkorn zu einem majestätischen Baum heranwachsen kann, muss es zunächst in die Erde.

Verschwenden wir Samen durch Essen, so wird für kurze Zeit unser Hunger damit gestillt. Sie bringen sehr viel mehr Nutzen, wenn wir sie sähen und zu Bäumen heranwachsen lassen. Diese bringen dann ausreichend Früchte, um Menschen jahrelang damit zu versorgen. Sie spenden Passanten kühlenden Schatten, die von der sengenden Sonne ermüdet sind. Selbst während ein Baum gefällt wird, spendet er dem Betreffenden noch Schatten.

Statt unserem Ego nachzugeben, sollten wir uns lieber dem Meister hingeben. Dann werden wir fähig sein, später zahllosen Leidenden zu helfen. Hingabe, bzw. Gehorsam gegenüber dem Meister ist niemals Sklaverei, sondern ein Zeichen von Mut. Ein wirklich mutiger Mensch ergibt sich dem spirituellen Meister, um das Ego auszulöschen.

Wir hängen an einem kleinen Stückchen Land, zäunen es ein und nennen es unser eigen. Aufgrund dieser Bindung verzichten wir auf unsere Herrschaft über das gesamte Universum. Es bedarf nur der Aufgabe des Ichgefühls. Dann verneigen sich alle drei Welten vor uns. Die größte Schwierigkeit besteht heutzutage darin, würdige Jünger zu finden. Viele sind von der Art, die eine kurze Zeit mit dem Meister verbringen und dann einen eigenen Ashram gründen wollen, um als Meister zu posieren. Gibt es zwei Leute, die sich vor ihnen verneigen, steigt es ihnen zu Kopfe. Aus diesem Grund bemüht sich der Meister darum, das Ego vollständig zu vernichten. Man sollte sich dessen bewusst sein, dass jede Situation, die von einem vollkommenen Meister geschaffen wird, ein Gnadengeschenk ist, das dazu gedacht ist, das persönlichkeitsverzerrende Ego zu beseitigen und die innere Schönheit des Betreffenden zu offenbaren. Das ist der Pfad zur höchsten Freiheit, Göttlichkeit und zu ewigem Frieden.

Interviews mit Amma

Ein Interview einer englischsprachigen Zeitschrift

Frage: Welche Botschaft hat Ammas Leben?

Amma: Ihr Leben ist ihre Botschaft – und das ist Liebe.

Frage: Wer Amma begegnet ist, wird niemals müde, ihre Liebe zu preisen. Wie kommt das?

Amma: Amma zeigt niemandem gegenüber besondere Liebe. Liebe geschieht einfach, natürlich und spontan. Amma kann niemanden ablehnen. Sie kennt nur eine Sprache, das ist die Liebe. Diese Sprache versteht jeder. Die größte Armut in der heutigen Welt ist der Mangel an selbstloser Liebe.

Alle sprechen von Liebe und behaupten, einander zu lieben. Aber das kann nicht als wirkliche Liebe bezeichnet werden. Was die Leute für Liebe halten, ist von Selbstsucht gefärbt – wie billiger Schmuck mit Vergoldung der Oberfläche. Es ist vielleicht angenehm zu tragen, aber da er von schlechter Qualität ist, wird er nicht lange halten.

Es gibt die Geschichte eines Mädchens, das erkrankte und ins Krankenhaus eingeliefert wurde. Als es an der Zeit war, nach Hause zu kehren, sagte sie zu ihrem Vater: "Papa, die Leute hier sind alle so gut zu mir! Liebst du mich so sehr wie sie? Der Arzt und die Schwestern haben sich so liebevoll um mich gekümmert – sie haben mich alle so lieb!

Sie erkundigen sich, wie es mir geht. Sie kümmern sich um alle meine Bedürfnisse, machen mein Bett, servieren mir pünktlich das Essen und schimpfen nie mit mir, wie du und Mama immer!" In diesem Augenblick reichte jemand vom Büro dem Vater ein Stück Papier. Das Mädchen erkundigte sich, was es sei. Der Vater antwortete: "Hast du mir nicht gerade erzählt, wie sehr all die Menschen hier dich lieben? Nun, das ist die Rechnung für ihre Liebenswürdigkeit!"

Kinder, das zeigt die Natur der Liebe, die es in der heutigen Welt gibt. Hinter jeder Liebe versteckt sich eine Variante von Selbstsucht. Die Handelsmentalität eines Marktplatzes hat sich in die persönlichen Beziehungen eingeschlichen. Bei einer Begegnung ist der erste Impuls in den Menschen, welchen Vorteil sie davon haben könnten. Bringt sie keinen Nutzen, ist ihnen die Beziehung unwichtig. Nehmen die Vorteile in einer bestehenden Beziehung ab, schlägt sich das entsprechend in ihrem Verhältnis nieder. So viel Eigennützigkeit wohnt heute in den Menschen. Als Folge davon leidet die Menschheit.

Leben heute drei Familienmitglieder zusammen, ist es, als lebten sie auf drei verschiedenen Inseln. Die Welt ist so weit degeneriert, dass die Menschen überhaupt nicht mehr wissen, was echter Frieden und Harmonie sind. Das muss sich ändern. Selbstlosigkeit muss an die Stelle von Egoismus treten. Es ist notwendig, dass die Menschen aufhören, im Namen von Beziehungen miteinander zu handeln. Liebe sollte keine fesselnde Kette sein, sondern lebendiger Atem. Das ist Ammas Wunsch.

Entwickeln wir die Einstellung: "Ich bin Liebe, die Verkörperung von Liebe", brauchen wir nicht nach Frieden zu suchen, er wird sich zu uns begeben. In einem solch geweiteten Bewusstsein verschwinden alle Konflikte - so wie die Nebel in der aufgehenden Sonne.

Frage: Jemand äußerte einmal: "Wenn man wissen will, wie Liebe aussieht, wenn sie menschliche Gestalt annimmt, muss man sich nur Amma anschauen!" Könnte Amma etwas dazu sagen?

Amma: (lachend) Gibt man jemandem von hundert Rupien zehn, bleiben nur neunzig übrig. Aber mit Liebe verhält es sich anders. Wie viel man auch gibt, sie kann nie verbraucht werden. Je mehr man liebt, desto mehr Liebe wird man haben. Es gleicht einer nie versiegenden Quelle, die stets in den Brunnen nachfließt, wenn man Wasser heraus nimmt. Amma weiß nur so viel: Ihr Leben sollte eine Botschaft der Liebe sein. Das ist Ammas einziges Anliegen. Menschen werden geboren, um geliebt zu werden. Sie leben für die Liebe. Trotzdem ist es die eine Sache, die heute nicht verfügbar ist. Eine Hungersnot der Liebe hat die Welt heimgesucht.

Frage: Amma spendet allen zu ihr kommenden Menschen Trost, indem sie jeden in ihre Arme nimmt. Ist das für Indien nicht ungewöhnlich?

Amma: Nehmen Mütter nicht ihre Kinder hoch und umarmen sie? Unser Land hat stets die Mutter-Kind-Beziehung in Ehren gehalten. Amma sieht die Menschen, die zu ihr kommen, nicht als getrennt von sich selbst an. Schmerzt irgendein Körperteil, geht die Hand dort instinktiv hin, um Linderung zu verschaffen. Für Amma sind Kummer und Leid der anderen ihre eigene Last. Kann eine Mutter, die ihr Kind weinen sieht, einfach nur dastehen und zuschauen?

Frage: Fühlt Amma mehr Liebe für die Armen und Verlassenen?

Amma: Amma kann in ihrer Liebe nicht parteiisch sein. Brennt eine Lampe vor einem Haus, spendet sie jedem, der kommt, gleich viel Licht – für niemanden leuchtet sie mehr als für einen anderen. Lässt man aber die Türen zu und geht nicht hinaus, bleibt man weiterhin im Dunkeln. Dort zu verharren und dann das Licht beschuldigen, bringt nichts. Um Licht zu erhalten, ist es notwendig, die Türen des Herzens zu öffnen und heraus zu kommen.

Die Sonne benötigt keine Kerze, um den Weg zu beleuchten. Manche Menschen sind der Ansicht, Gott sei jemand, der irgendwo oben im Himmel thront. Sie geben großzügig Geld, um Gott zu erfreuen, aber dadurch allein kann man die göttliche Gnade nicht empfangen. Ihm liegt der Dienst an den Armen besonders am Herzen. Wenn Er sieht, dass ein Bedürftiger Trost und Hilfe erhält, erfreut Ihn das mehr, als wenn große Summen für pompöse Festivals ausgegeben werden. Gottes Gnade strömt, wenn Er sieht, dass die Tränen eines Bekümmerten getrocknet werden. Wo immer Er eine solch reine Seele entdeckt, eilt Er um dort zu wohnen. Gott hält sich viel lieber in einem mitfühlenden Herzen auf, als auf einer seidenen Couch oder einem goldenen Thron.

Amma schaut nur auf die Herzen ihrer Kinder. Sie bewertet sie nicht nach ihren materiellen Verhältnissen oder dem Status in der Welt. Keine wirkliche Mutter würde das tun. Kommt jedoch eine kummervolle Person zu Amma, ist sie angesichts des Leides von Mitgefühl erfüllt. Amma verspürt es als ihr eigenes Leid, und wird tun, was sie kann, um dem Betreffenden zu helfen.

Frage: Ermüdet es Amma nicht, wenn sie so viel Zeit mit ihren Anhängern verbringt?

Amma: Wo Liebe ist, gibt es keine Müdigkeit. Eine Mutter trägt ihr Kind stundenlang. Empfindet sie es als eine Last?

Frage: In der Anfangszeit ist Amma auf viel Opposition gestoßen. Könnte sie etwas dazu sagen?

Amma: Amma maß dem nicht zu viel Gewicht bei. Sie kannte die Natur der Welt. Nehmen wir einmal an, wir betrachten ein Feuerwerk. Weiß man, dass sehr laute Knallkörper explodieren werden, wird man nicht erschrecken, wenn sie losgehen. Wer gelernt hat, im Meer zu schwimmen, wird sich an dem Spiel mit den Wellen erfreuen und sich nicht aus Furcht vor ihnen schwach werden. Da Amma die Natur der Welt schon kannte, konnten die Hindernisse ihr nicht die innere Freude verderben. Für sie waren die Gegner wie Spiegel. Sie wurde dadurch veranlasst, nach innen zu schauen. So war Ammas Einstellung ihnen gegenüber.

Beschwerden und Kummer entstehen nur, wenn man sich mit dem Körper identifiziert. Im Reich des Selbst ist kein Raum für Leid. Als Amma über das Wesen des Selbst kontemplierte, wurde ihr klar, dass sie kein stehendes Gewässer war, sondern ein frei fließender Fluss.

Viele Menschen kommen an diesen Fluss – sowohl Kranke, als auch Gesunde. Manche trinken davon, andere baden darin, waschen ihre Kleidung oder spucken sogar hinein. Für den Fluss ist es unerheblich, wie ihn die Menschen behandeln – er fließt weiter. Ob das Wasser zur Andacht oder zum Baden benutzt wird – es beschwert sich niemals. Es fließt dahin, umspült und reinigt diejenigen, die hinein gehen. Das Wasser eines Teiches hingegen ist stehend, unsauber und wird unvermeidlich faul riechen.

Als Amma dies klar wurde, konnte weder die Opposition, noch die Liebe, die ihr entgegengebracht wurden, den geringsten Einfluss auf sie nehmen. Nichts davon erschien wichtig. Leid entsteht durch das Gefühl, der Körper zu sein. Die Ebene des Selbst kennt kein Leid. Niemand war von ihr getrennt. Für sie waren die Mängel der anderen ihre eigenen. Daher erschienen Amma jene Härten nicht als solche. Man warf Dreck auf diesen Baum, aber für Amma wurde er zum Dünger. Alles war letztendlich zum Besten.

Frage: Lebt Amma nicht in der Erfahrung ihres Selbst? Warum betet sie dann? Warum braucht sie spirituelle Übungen?

Amma: Amma nahm diesen Körper zum Wohle der Welt an, nicht für sie selbst. Sie ist nicht in diese Welt gekommen, um nur dazusitzen und zu erklären: "Ich bin eine göttliche Inkarnation." Was für einen Nutzen bringt es, untätig herumzusitzen? Es ist Ammas Ziel, die Menschen zu führen und dadurch die Welt zu erheben. Sie ist da, um den richtigen Weg zu zeigen.

Für Taube benutzen wir Zeichensprache, nicht wahr? Weigern wir uns, die Hände für die Zeichensprache einzusetzen, weil wir selbst nicht taub sind, so versteht der Taube nicht, was wir sagen wollen. Sie benötigen die Zeichen. Möchte man diejenigen, die sich ihrer wahren Natur nicht bewusst sind, weiterbringen, muss man sich auf deren Ebene hinunterbegeben. Indem man mit ihnen zusammenlebt und durch die eigene Lebensweise ein Beispiel setzt, zeigt man ihnen alles – z.B., dass es nötig ist, sich selbstlos einzusetzen, zu meditieren und hingebungsvolle Lieder zu singen. Um andere zur Weiterentwicklung anzuregen, nimmt Amma viele Rollen an. Sie werden alle zum Heil der Welt gespielt.

Um zum Ashram zu kommen, benutzen die Leute Auto, Bus, Flugzeug oder Boot. Amma fragt nicht, mit welchem Transportmittel sie gekommen sind. Sie fordert nicht auf, nur per Flugzeug zu kommen. Jeder benutzt das Verkehrsmittel, das für ihn am geeignetesten ist. Ebenso führen viele Wege zur Selbstverwirklichung. Amma rät jedem zu dem Pfad, der für seine Art am besten geeignet ist. Wer eine Befähigung für Mathematik hat, wählt am College am besten eine der Wissenschaften.

Er wird sich diese Fächer leichter aneignen können als andere und schneller vorankommen. Wer über das intellektuelle Begriffsvermögen verfügt, um die Bedeutung von Texten der Heiligen Schriften zu verstehen, kann eventuell über "Nicht dieses, nicht jenes" (*neti, neti*) auf der intellektuellen Ebene meditieren und dadurch Fortschritte machen. Allerdings ist ein verfeinerter Intellekt und beachtliche Kenntnis der Schriften dazu erforderlich. Dem Durchschnittsmenschen wird es nicht gelingen.

Viele Menschen, die zum ersten Mal in den Ashram kommen, kennen nicht einmal das Wort "Spiritualität." Was werden solche Kinder machen? Man braucht ein bestimmtes Bildungsniveau oder Kontakt zu einem spirituellen Meister, um Schriften wie die *Bhagavad Gita* wirklich zu verstehen. Diejenigen, die diese Möglichkeit nicht haben, müssen auch weiterkommen können, nicht wahr? Nur wer über die entsprechende Unterscheidungskraft verfügt, kann den *"neti, neti"*-Weg gehen. Und nur diejenigen, die die Schriften studiert haben, können für alle Gegebenheiten die entsprechenden Aussagen dort finden und tief darüber nachsinnen. Nur sehr wenigen ist das möglich. Wie könnte Amma jene zurückweisen, die nicht dazu befähigt sind? Sollten sie nicht auch weiterkommen können? Dazu ist es notwendig, das Niveau eines jeden zu erfassen und sich auf die jeweilige Ebene zu begeben.

Viele, die hierher kommen sind Analphabeten. Es gibt auch Menschen, die nicht über die Mittel verfügen, um Bücher zu kaufen, auch wenn sie lesen können. Einige kommen mit etwas Buchwissen. Andere wiederum haben viel gelesen, können aber nichts davon in ihr Leben umsetzen. Jeder benötigt außerdem die Führung, die seiner Kultur entspricht, in der er aufgewachsen ist. Brahman (die absolute Realität, das höchste Sein) lässt sich nicht in Worten übermitteln. Es ist reine Erfahrung – Leben. Es handelt sich um einen Zustand, in dem jeder als eigenes Selbst erlebt wird; dies sollte für alle zur eigenen Natur werden. Wir *werden* zur Blume selbst, statt über sie zu kontemplieren. Es ist wichtig, dass jeder sich darum bemüht aufzublühen, es zum Lebensinhalt macht und die Studien darauf ausrichtet. Sich etwas zu merken, ist nicht so schwer. Das Gelernte in die Praxis umzusetzen, ist hingegen nicht so leicht. Die *rishis* (weise Seher) aus alten Zeiten demonstrierten große spirituelle Wahrheiten durch das Beispiel ihres Lebens. Heutzutage diskutieren die Leute, wenn sie die Worte von Weisen gelesen und behalten haben.

Pujas (heilige Rituale) und Gebete entsprechen verschiedenen Facetten Brahmans (Gott)

Frage: Amma, in deinem Ashram wird viel Wert auf selbstloses Dienen *(seva)* gelegt. Stellt Handlung nicht ein Hindernis zur wahren Kontemplation des Selbst dar?

Amma: Die Stufen, die nach oben führen, bestehen aus Steinen und Zement, ebenso die oberste Etage. Nur wenn man ganz oben angekommen ist, erkennt man, dass es keinen Materialunterschied zwischen der Treppe und der obersten Etage gibt. Trotzdem sind Stufen notwendig, um dorthin zu gelangen. Ebenso sind bestimmte Mittel für die Selbstverwirklichung nötig.

Ein Mann mietete sich einmal einen Palast und lebte dort, als wäre er der König des Gebietes. Als eines Tages ein Heiliger zu Besuch kam, verhielt er sich arrogant. Er tat so, als sei er König. Der Heilige sagte zu ihm: "Du behauptest, dieser Palast gehöre dir. Ich rate dir, dein Gewissen nach der Wahrheit zu befragen. Du weißt sehr gut, dass der Palast nur gemietet ist. Es gibt hier nichts, was du dein Eigen nennen könntest – nicht den kleinsten Gegenstand. Trotzdem stellst du dir vor, alles gehöre dir und du wärst der König!"

So verhalten sich die meisten heute – sie lesen eine Reihe Bücher und plappern das Gelesene hinaus wie die Krähen, die am Strand[2] krächzen. Was sie sagen, hat nichts mit dem zu tun, was sie leben. Wer die Schriften wenigstens etwas verstanden hat, verschwendet seine Zeit nicht mit Argumentieren, erteilt

---

[2] Viele der Küstenstriche Keralas sind von Krähen bevölkert.

nur denen Ratschläge, die darum bitten und bemüht sich deren Weiterkommen zu unterstützen.

Jeder braucht einen Weg, der seinem Naturell am besten entspricht. Deshalb gibt es im *Sanatana Dharma*, der Ewigen Religion, so viele Pfade. Sie beginnen auf dem Niveau eines jeden, und sind darauf ausgelegt, jeden einzelnen weiter zu führen. *Advaita* (Nicht-Dualität) ist nicht dazu gedacht, in den Kopf gestopft zu werden, sondern zur Umsetzung ins Leben. Nur dann kann sie wirklich erfahren werden.

Manche, die hierher kommen, behaupten, *Vedanta*-Experten zu sein. Sie behaupten, reines Bewusstsein zu sein und fragen: "Wo gibt es ein anderes Selbst, dem das Selbst dienen soll? Welche Notwendigkeit zu helfen besteht in einem Ashram, in dem die Aspiranten nach Selbstverwirklichung streben? Studium und Kontemplation sind sicherlich ausreichend!" In den alten Zeiten wandten sich selbst große Seelen erst nach einem spirituell orientierten Familienleben (*grihasthashrama) vanaprastha*[3] und *sannyasa* zu (Entsagung). Das meiste *prarabda*-Karma (die Aufgabe, die man zu erfüllen hat, um seine karmischen Schulden abzutragen) ist bis dahin erledigt, und die noch verbleibenden Lebenstage waren gezählt. In den Ashrams, die sie aufsuchten, gab es viel selbstloses Dienen. Die Jünger, die Vedanta dort studierten, dienten dem Veda-Meister mit völliger Hingabe. Sie gingen hinaus, um Feuerholz zu sammeln und die Kühe zu hüten.

Ist nicht die Geschichte von Aruni bekannt, der die Felder schützte? Um zu verhindern, dass das Wasser durch einen beschädigten Damm die Felder überflutet und die Ernte zerstört, dichtete er das Loch, indem er sich selbst hinein legte. Für ihn war alles *Vedanta*. Aruni dachte nicht: "Dies ist nur ein Feld aus

---

[3] *Vanaprastha* ist der traditionelle dritte Lebensabschnitt, für den sich Mann und Frau zwecks spiritueller Übungen in den Wald zurückziehen und alle weltlichen Pflichten hinter sich lassen.

Erde und Matsch; und ich hingegen bin das Selbst." Für ihn war alles das Selbst.

Dieser Art waren die Jünger damals. *Karma Yoga* (selbstlose Tätigkeit) gab es also sogar in jenen Tagen. Nur drei oder vier Schüler lebten mit einem spirituellen Meister zusammen. In diesem Ashram leben fast tausend Menschen. Sind sie fähig, die ganze Zeit zu meditieren? Nein. Gedanken werden auftauchen. Ob sie arbeiten oder nicht – es kommen viele Gedanken. Warum nicht diese Gedanken in die richtige Richtung lenken und die Arme und Beine für uneigennützige Tätigkeit einsetzen, die anderen hilft?

Krishna sagte zu Arjuna: "O Arjuna, in all den drei Welten gibt es nichts, was ich tun müsste oder zu erreichen habe, trotzdem bin ich nie untätig." Kinder, unser Denken ist auf der Ebene des Körper-Bewusstseins verhaftet, es muss darüber erhoben werden – ausgedehnt, um universelles Bewusstsein zu werden. Mitgefühl für die Welt erzeugt die ersten Schösslinge für solches Wachstum.

Diejenigen, die stolz verkünden, Vedanta zu leben, glauben, sie allein seien Brahman und alles andere *Maya* – Illusion. Aber sind die fähig, diese Haltung aufrecht zu erhalten? Niemals! Sie erwarten, dass das Mittagessen genau um zwölf oder ein Uhr fertig ist. Wenn sie hungrig sind, betrachten sie das Essen nicht als Maya! Und sind sie krank, wollen sie ins Krankenhaus eingeliefert werden. Dann ist das Spital nicht Illusion, sondern eine Notwendigkeit und sie bedürfen der Hilfe anderer.

Wer über Maya und reines Bewusstsein spricht, sollte verstehen, dass ebenso wie sie bestimmte Dinge benötigen, dasselbe für andere gilt. Zu erwarten, dass andere einen bedienen, aber selbst mit Meditation über Brahman zu beginnen, wenn es ansteht, sich für andere einzusetzen, ist ein Zeichen von Bequemlichkeit.

In diesem Ashram gibt es Ärzte, Ingenieure und viele andere Berufe. Jeder arbeitet gemäß seiner Fähigkeit. Die Bewohner hier befassen sich jedoch auch mit Meditation und dem Studium der Schriften. Sie üben sich darin, ohne Anhaftung zu handeln. Arbeit ohne Bindung hilft, sich von Egoismus und Körper-Identifikation zu befreien. Wird ohne Verhaftung gehandelt, entsteht keine Gebundenheit. Es ist dann ein Weg zur Befreiung. Die Ashrambewohner hegen kein Verlangen nach dem Himmel. Neunzig Prozent möchten der Welt dienen. Selbst wenn man ihnen den Himmel anböte, würden sie abwinken, da sie ihn schon in ihren Herzen erleben und kein Bedürfnis nach einem anderen haben. Ihr Himmel ist ihr eigenes mitfühlendes Herz. So sieht die Haltung der meisten Kinder Ammas aus.

In der Vergangenheit haben sich viele von der Gesellschaft mit der Behauptung zurückgezogen, sie seien reines Bewusstsein. Sie waren nicht bereit, sich unter Menschen zu begeben und ihnen zu dienen. Dadurch ist unsere Gesellschaft so weit degeneriert. Wir leiden heute an den Folgen dieser Gleichgültigkeit. Bedeutet die Frage, dass wir erlauben sollten, dass unsere Kultur noch weiter verarmt?

Es ist notwendig, zu begreifen, dass *Advaita* gelebt werden sollte. Es ist ein Zustand, in dem wir alle anderen als uns selbst ansehen.

Welche Bedeutung hat der Mahabharata-Krieg? Legt man ungeschliffene Steine in eine Trommel, verlieren sie ihre scharfen Kanten und werden glatt. Ebenso werden durch Dienst an der Welt unsere inneren Verformungen geglättet und somit die Natur des Selbst erreicht – das Einzelbewusstsein wird eins mit dem Universellen Bewusstsein. Durch den Einsatz für andere bekämpft man die inneren Schatten; dazu gehört das Ego mit all seiner Selbstsucht. Darin liegt die wahre Bedeutung des Mahabharata-Krieges und warum Krishna Arjuna bat, um des *dharma* willen zu kämpfen.

Spiegeln sich die Lehren in unseren Handlungen, so ist das für andere leichter zu verstehen als Erklärungen in Worten. Das zu bewirken, ist Ammas Ziel.

Frage: Amma ist in deinem Ashram Hingabe am wichtigsten? Wenn ich die Gebete und hingebungsvollen Lieder beobachte, kommt es mir wie eine Show vor.

Amma: Sohn, angenommen du hast eine Freundin. Käme es dir wie eine Show vor, wenn du zu ihr sprichst? Bei echter Liebe würde dieser Gedanke niemals auftauchen. Für jemand anderen sieht es vielleicht so aus. Das gleiche gilt hier. Uns könnte es niemals wie eine Show vorkommen. Unsere Gebete sind ein Ausdruck der Verbindung mit Gott. Wir verspüren dabei in jedem Augenblick nichts anderes als Seligkeit. Wer von den beiden Liebenden auch zum anderen spricht – es gibt ihnen Freude. Sie verspüren keinerlei Unzufriedenheit. Selbst nach stundenlangem Gespräch würden sie sich nicht langweilen. Eine vergleichbare Freude empfinden wir beim Beten.

Gebet ist ein Gespräch mit dem Geliebten in uns selbst – mit unserem wahren Selbst. Wir sind das Selbst – *Atman* – oder das höchste Wesen. Unsere eigentliche Natur ist Glückseligkeit. Darin liegt Sinn und Zweck von Gebet. Echtes Gebet besteht nicht nur aus leeren Worten.

Sohn, wenn du unter Hingabe Beten und Lobgesang verstehst, so findet man das in allen Religionen. Moslems beten und verneigen sich in Richtung Mekka. Die Christen beten vor einem Abbild Christi, einem Kreuz oder einer brennenden Kerze. Jains, Buddhisten und Hindus beten ebenfalls. In all diesen Glaubensrichtungen gibt es auch die Meister-Jünger-Beziehung. Von Zeit zu Zeit erscheinen unter uns Propheten und Meister, die sehr verehrt werden. Sind das nicht alles Ausdrucksformen von Hingabe? Wer die Schriften studiert hat, meditiert über vedantische Prinzipien und kommt dadurch auf dem geistigen Pfad weiter. Ist es nicht Hingabe an diese Prinzipien, die ihnen das ermöglicht?

Sohn, wahre Hingabe bedeutet, Gott in allen zu sehen und jedem Respekt entgegen zu bringen. Wir sollten eine solche Haltung kultivieren und unseren Geist erheben, damit wir das Göttliche überall sehen können. Hier in Indien stellen wir uns Gott nicht im Himmel vor, sondern als überall gegenwärtig. Es gibt im Leben nichts Wichtigeres, als Gott zu erkennen. Die Wahrheiten der Schriften hören zu wollen, darüber nach zu denken und sie zu assimilieren, dient der Verwirklichung des höchsten Wesens, bzw. Gottes. Auch Hingabe stellt einen spirituellen Pfad dar, der zum selben Ziel führt.

Es fällt vielen nicht leicht, sich nach innen zu wenden, da der menschliche Geist gern in alle Richtungen wandert. Wer die Schriften studiert hat, bevorzugt vielleicht den Pfad von "nicht dieses, nicht jenes" (*neti, neti*), wobei die Identifikation mit allem, außer dem Selbst zurück gewiesen wird. Aber viele haben keine Studien betrieben. Auch sie bedürfen der Erkenntnis des Selbst, nicht wahr? Für sie ist Hingabe der einfachste Weg.

Manche Leute haben allergische Reaktionen auf Injektionen. Es besteht eventuell sogar Lebensgefahr. Bei Krankheit müssen Medikamente dann stattdessen oral eingenommen werden. Das ist für sie das einzig Passende. Ebenso verschreibt Amma verschiedene spirituelle Übungen für unterschiedlich veranlagte Menschen (*samskara* – Disposition durch dieses und andere Leben). Man kann nicht sagen, diese oder jene Methode hätte den Vorrang. Hier ist alles auf das Wohlergehen der Menschen ausgerichtet.

Wenn ein Fluss mit Wasser gefüllt ist, sehen wir zwei Ufer, und wir sprechen von dieser und jener Seite. Trocknet der Fluss jedoch aus, gibt es nur noch ein Flussbett, das mit Sand gefüllt ist.

Ähnlich entsteht die Vorstellung von "du" und "ich" nur weil wir ein Gefühl der Individualität haben. Verschwindet es, ist alles ein und dasselbe – ganz und vollkommen (*purnam*). Durch beide Wege – "nicht dies, nicht das" und Hingabe – kann das Selbst erfahren werden.

Der *"neti, neti"*-Pfad lässt sich wie folgt beschreiben: Ein Kind bringt dem bettlägerigen Vater Medikamente. Als es gerade in den Raum gehen will, fällt der Strom aus. Es ist plötzlich dunkel und somit nichts zu erkennen. Das Kind fühlt die Wand – "das ist es nicht" – dann die Tür – "nicht dies". Es ertastet den Tisch: "nicht das", dann das Bett: "nicht das", schließlich fühlt es den Vater: "Ja! Das ist er!" Das Kind erreicht den Vater, indem es alles zurück weist, was nicht der Vater ist.

Das gleiche gilt für Hingabe. Die Aufmerksamkeit eines wahren Gläubigen ist nur bei Gott. Er allein ist ihm wichtig. Etwas anderes wird er nicht wollen. Die Gedanken drehen sich nur um den Geliebten.

Eine Richtung von Suchern sagt: "Ich bin nicht der Körper, weder Verstand, noch Gefühl – ich bin mein (höheres) Selbst. Das Gemüt und der Körper sind die Ursache von allem Kummer und Glück." Andere haben den Leitsatz: "Ich gehöre Gott. Ich brauche nur Gott. Gott ist alles." Das sind die einzigen Unterschiede. Wir beginnen zu erkennen, dass es nicht anderes als Gott gibt. Darauf sollte unser Leben aufbauen. Wir sollten alles als göttlich betrachten. So sieht wahre Hingabe aus. Sehen wir Gott in allem, vergessen wir uns selbst und die Individualität vergeht.

Mit unserer Hingabe suchen wir nicht einen Gott, der irgendwo über den Himmeln thront, sondern wir lernen, Gott in allem zu sehen. Gläubige, denen das gelingt, brauchen nicht herumzuwandern, um nach Gott zu suchen. Gott leuchtet in ihnen, da nichts als getrennt von Gott betrachtet wird. Sinn und Zweck von Gebeten besteht darin, diesen Zustand zu erreichen.

Mit unseren Gebeten verherrlichen wir die (höchste) Wahrheit. Es ist notwendig, unsere Ausrichtung auf Körper, Emotionalität und Verstandesdenken zur Ebene des Selbst zu erheben. Nehmen wir einmal an, in der Küche hängt eine 100W-Birne. Sie ist so mit Ruß bedeckt, dass sie nicht einmal das Licht einer 10W-Birne abgibt. Entfernen wir den Ruß, leuchtet sie wieder in voller Stärke. In ähnlicher Weise reinigen uns spirituelle Übungen von unseren Unreinheiten. Durch Entfernung des Schleiers, der unsere inne wohnende Göttlichkeit verschleiert, erfahren wir die innere unbegrenzte Kraft. Dann werden wir verstehen, dass wir nicht zum Leiden geboren wurden, sondern unsere wahre Natur Glückseligkeit ist. Es ist jedoch unzureichend, lediglich über diese Wahrheiten zu sprechen. Spirituelle Übungen sind unerlässlich. Jedem ist die Fähigkeit angeboren, Schwimmen zu lernen. Es ist allerdings notwendig, ins Wasser zu gehen und zu üben. Hingabe und Gebet sind Mittel, um unsere Göttlichkeit zu wecken

Frage: Es heißt, dass ein geistig Suchender seine (ihre) spirituelle Kraft einbüßt, wenn er jemanden berührt. Stimmt das?

Amma: Die geringe Strommenge einer kleinen Batterie wird bei Benutzung schnell verbraucht. Ein Kabel mit Anschluss zur Hauptleitung liefert immer Strom. Ebenso geht eure Kraft verloren, wenn ihr euch für ein begrenztes Ego haltet. Es entspricht der kleinen Batterie. Aber wie könnte man seine Kraft einbüßen, wenn eine Verbindung zu Gott, der unbegrenzten Kraftquelle besteht? Aus dem Unbegrenzten kann nur Unbegrenztes hervorgehen. Selbst wenn man tausend Dochte mit einer einzigen Flamme entzündet, nimmt deren Leuchtkraft nicht ab.

Spirituelle Aspiranten können allerdings ihre Kraft verlieren. Höchste Wachsamkeit ist geboten, da ihr euch noch auf der Ebene von Körper, Gefühl und Verstand befindet. Solange das der Fall ist, müsst ihr stets achtsam sein. Bis der Geist unter Kontrolle gebracht ist, besteht die Notwendigkeit, alle *yamas* und *niyamas* (Ge- und Verbote des spirituellen Pfades) einzuhalten. Später braucht man sich keine Sorgen mehr darüber zu machen, wenn man zufälligerweise jemanden berührt hat. Betrachtet man diejenigen, die man berührt hat als Gott und nicht als Menschen, wird man keine Kraft einbüßen, sondern welche gewinnen.

Frage: Amma, du hast in der Kindheit viel Leid mitgemacht. Erinnerst du dich daran, wenn du Menschen leiden siehst?

Amma: Gibt es irgendjemanden, der im Verlaufe seines Lebens nicht gelitten hätte? Es stimmt zwar, dass Amma in jungen Jahren viele Härten erlebt hat, aber sie hat diese nicht als solche betrachtet. Ammas Mutter, Damayanti, erkrankte und konnte sich nicht mehr um den Haushalt kümmern. Unter den gegebenen Umständen tröstete sich Amma damit, dass wenigstens ihre Geschwister ihre Schulzeit beenden konnten, auch wenn ihre eigene abgebrochen wurde. So verließ sie die Schule und übernahm die ganze Verantwortung für alle Hausarbeiten. Sie kochte für die Familie, gab den Geschwistern Mittagessen mit, wusch die Kleidung für alle und kümmerte sich um Kühe, Ziegen, Enten, Hühner und andere Tiere. Sie sammelte Gras für die Kühe und versorgte ihre Mutter Damayanti. Von vier Uhr morgens bis Mitternacht folgte eine Arbeit der anderen. Auf diese Weise lernte Amma durch eigene Erfahrung von Kindheit an, was Härten sind.

Amma suchte mindestens fünfzig Häuser in der Umgebung auf, um Tapioka-Schalen für die Kühe zu sammeln. Bei ihrer Ankunft würde eine Familie gerade beim Essen sein, die nächste konnte nichts geben, weil sie selbst hungerte. Die Kinder lagen schwach vor Hunger auf dem Boden. In einem Haus hörte Amma, wie die Kinder für ein langes Leben ihrer Eltern beteten, während im Nachbarhaus die Großmutter völlig vernachlässigt wurde und nichts als Verzweifelung kannte. „Niemand kümmert sich um mich", jammerte die alte Frau, „sie füttern mich wie einen Hund. Niemand hilft mir, die Kleidung zu waschen. Jeder schreit mich nur an und schlägt mich." So sah das Los vieler älterer Menschen aus. Ihr ganzes Leben lang hatten sie für ihre Kinder geschuftet. Sie hatten im Ringen um das Lebensnotwendige für ihre Kinder ihre Gesundheit eingebüßt. Aber im Alter, als sie hilflos und bettlägerig wurden, war niemand für sie da. Sie erhielten nicht einmal zu trinken, wenn sie durstig waren. Als Amma ihr Leid sah, brachte sie ihnen Essen von Zuhause.

Die Kinder, die einmal um ein langes Leben für ihre Eltern gebetet hatten, fangen an, die alternden Eltern als Belastung zu sehen, sobald sie ihre eigenen Familien und Pflichten haben. Sie möchten sie dann loswerden. Man bringt anderen nur Liebe entgegen, wenn die Aussicht besteht, dafür etwas von ihnen bekommen zu können. Die Kuh wird wegen ihrer Milch geliebt. Gibt sie keine mehr, entledigt der Besitzer sich ihrer. So kam Amma zu der Erkenntnis, dass sich hinter weltlicher Liebe immer ein egoistisches Motiv befindet.

In der Nähe unseres Hauses gab es einen Teich, dorthin brachte Amma die alten Frauen, badete sie und wusch ihre Kleidung. Sie nahm vor Hunger weinende Kinder auf den Arm, brachte sie mit zu sich nach Hause und gab ihnen zu essen. Ihr Vater war dagegen und schimpfte dann mit ihr: "Warum bringst du all diese schmutzigen Rotznasen her?"

Indem sie die Nöte und Leiden der Menschen miterlebte, lernte Amma die Natur des Lebens in der Welt kennen. Wenn die Leute erkranken und ins Spital gehen, müssen sie stundenlang warten. Irgendwann erscheint vielleicht der Arzt und gibt ihnen ein Rezept. Aber woher sollen sie das Geld für die Medizin nehmen? Amma hat so viele Notleidende Menschen gesehen, die nicht einmal das Geld für eine einzige Schmerztablette haben. In dieser Gegend haben die Leute kaum ein tägliches Auskommen mit ihrem niedrigen Lohn. Wenn sie nur einen Tag nicht arbeiten, hungert die Familie. Erkranken sie, ist kein Geld für Medizin vorhanden. Man sieht Menschen, die sich vor Schmerzen winden, weil sie sich keine Schmerzmittel leisten können. Eine Pille wäre genug, um die Schmerzen in ein paar Minuten abklingen zu lassen. Aber nicht einmal für eine reicht das Geld. So sind sie den ganzen Tag über schlimmsten Schmerzen ausgesetzt.

Amma hat tränenüberströmte Kinder gesehen, weil sie sich nicht das Papier für Prüfungen kaufen konnten[4]. Manche Kinder gehen mit Hemden, die durch Dornen zusammengehalten werden in die Schule, weil sie sich keine Ersatz-Knöpfe leisten können. Amma hat also das Leid und den Kummer der Menschen in ihrem Leben entweder selbst miterlebt oder davon gehört. So erkannte sie das Wesen der Welt. Dies veranlasste sie, sich nach innen zu wenden. Alles in der Welt wurde zu ihrem Guru – selbst eine kleine Ameise.

Da Amma die Leiden und Sorgen der Armen schon als Kind kennengelernt hat, versteht sie den Kummer und Schmerz der Menschen, ohne dass sie etwas erklären müssen. Heute kommen unzählige Leute, die ähnliche Härten erleben, zu ihr. Wenn diejenigen, die über Mittel verfügen, sich dazu entschließen könnten zu helfen, könnte das Leid dieser Menschen zu einem großen Teil erleichtert werden. Amma möchte gern ihre wohlhabenden Kinder anregen, Mitgefühl zu zeigen und den Armen und Leidenden zu helfen.

---

[4] In einigen indischen Schulen, die kostenlos sind, müssen die Kinder das Prüfungspapier selbst bezahlen. Das ist in Ammas (Amrita Vidyalayams) nicht der Fall.

Frage: Wie kommt es, dass man Amma als Mutter bezeichnet, obwohl sie nie Kinder zur Welt gebracht hat?

Amma: Meine Kinder, die Mutter ist ein Symbol der Selbstlosigkeit. Sie kennt das Herz ihres Kindes, dessen Gefühle. Sie widmet dem Kind ihr ganzes Leben. Eine Mutter vergibt die Fehler des Kindes, da sie weiß, dass diese aus seiner Unwissenheit heraus erfolgen. Das ist wahre Mutterschaft - und darum dreht sich Ammas Leben. Sie betrachtet jeden als ihr eigenes Kind.

Die indische Kultur lehrt die Kinder von früher Kindheit an, dass die Mutter Gott ist – eine Verkörperung Gottes. Unsere Kultur betrachtet Mutterschaft als die Erfüllung der Weiblichkeit. Traditionsgemäß betrachtet jeder Mann alle anderen Frauen als "Mutter". Eine Frau spricht eine ältere Frau und jene, die ihren Respekt verdienen mit "Mutter" an. Solche Hochachtung genoss die Frau ursprünglich einmal in unserer Gesellschaft. Heute ist diese Haltung aufgrund des Einflusses anderer Kulturen teilweise verloren gegangen. Die Folgen lassen sich im Verfall der Gesellschaft erkennen.

Mütterlichkeit ist jeder Frau angeboren und sollte bei allen Frauen die vorherrschende Eigenschaft sein. So wie Dunkelheit durch Sonnenstrahlen verschwindet, so lösen sich auch all die nicht wünschenswerten Tendenzen angesichts der Qualität von Mütterlichkeit auf. Solche Kraft der Reinheit wohnt der Mütterlichkeit inne. Sie äußert sich durch Liebe, Selbstlosigkeit und Opferbereitschaft. Nur durch Kultivierung dieser Eigenschaften können wir das Noble unserer Kultur am Leben erhalten.

Amma ist der Ansicht, dass ihre Lebensweise diesem Prinzip der Mütterlichkeit entspricht. Nun zur Frage, wieso Amma eine Mutter sein kann, ohne je ein Kind geboren zu haben. Kennt nicht ein Ingenieur, der den Antrieb eines Flugzeugs entworfen hat, den Motor besser als der Pilot? Eine Frau wird nicht automatisch durch eine Geburt mütterlich, sondern durch die Entfaltung mütterlicher Eigenschaften. Eine Frau, die das Mutterprinzip voll in sich entwickelt hat, ist nicht weniger eine Mutter, als eine Frau, die ein Baby geboren hat. Ferner, betrachten wir nicht unser Land, unsere Sprache und die Erde als Mutter? (In Deutschland sagen wir Vaterland, aber in Indien Mutterland).

Frage: Hat Ammas Wirken in der Gesellschaft ein bestimmtes Ziel?

Amma: Amma hat nur einen Wunsch: Ihr Leben möge wie ein Räucherstäbchen sein, das beim Verbrennen mit seinem Duft anderen Nutzen bringt. Ähnlich möchte Amma, dass die Welt von ihr profitiert, indem sie jeden Augenblick ihres Lebens ihren Kindern widmet. Sie sieht keinen Unterschied zwischen Ziel und Mittel. Das Leben Ammas fließt gemäß dem göttlichen Willen. Das ist alles.

Frage: Es heißt, dass ein spiritueller Meister wesentlich für den geistigen Pfad ist. Wer war Ammas Guru?

Amma: Alles in der Welt ist ihr Guru. Gott und der Guru wohnen in jedem Menschen, aber so lange das Ego die Oberhand hat, wird uns das nicht bewusst. Das Ego wirkt wie ein Schleier und verdeckt den inneren Lehrer. Sobald man den innewohnenden Guru entdeckt hat, wird man ihn überall im Universum wahrnehmen. Als Amma die innere Führung fand, wurde alles einschließlich jedes Sandkorns ihr Guru. Vielleicht fragt man sich, ob das auch für einen Dorn gilt. O ja – jeder Dorn. Steckt einer im Fuß, wird man um so mehr auf den Weg achten. So hilft der eine Dorn, zu vermeiden sich weitere einzutreten. Außerdem wird durch die vermehrte Achtsamkeit verhindert, in eine tiefe Grube zu fallen. Amma sieht auch ihren Körper als Guru an, denn durch Betrachtung seiner nicht dauerhaften Natur wird klar, dass nur das Selbst die ewige Realität ist. Alles um sie herum, hat für Amma Gutes bewirkt. Deshalb empfindet sie Achtung gegenüber allem im Leben.

Frage: Will Amma damit sagen, dass kein bestimmter Guru notwendig ist, um Selbstverwirklichung zu erreichen?

Amma: Das möchte ich damit nicht gesagt haben. Ein Mensch mit angeborenem musikalischem Talent mag fähig sein, alle traditionellen melodischen Variationen oder *Ragas* ohne besonderen Unterricht zu singen. Aber stellen wir uns einmal vor, was dabei herauskommt, wenn nun alle Menschen *Ragas* ohne vorherige Ausbildung singen würden! Folglich meint Amma nicht, dass generell kein spiritueller Meister notwendig sei, sondern dass einige wenige, die über ein außergewöhnliches Maß an Bewusstheit und Achtsamkeit verfügen, keinen äußeren Guru benötigen.

Begegnet allem, was euch widerfährt, mit Unterscheidungskraft und Bewusstheit. Vermeidet Anhaftung oder Abneigung gegenüber allem. Dann wird man feststellen, dass alles einen etwas lehrt. Aber wie viele verfügen über ausreichend Loslösung, Geduld und Ziel-Orientiertheit? Für jene, die diese Eigenschaften nicht kultiviert haben, wäre es äußerst schwierig, das Ziel ohne die Hilfe eines externen Gurus zu erreichen. Ein echter Guru erweckt inneres Erkennen. Heutzutage sind die Menschen in ihrer blinden Unwissenheit nicht fähig, die innere Führung zu erkennen. Es ist notwendig, die Betrachtungsweise zu ändern, um das Licht der Erkenntnis wahrzunehmen. Gottergebenheit, bzw. die Haltung eines Jüngers, trägt dazu dabei.

Wir benötigen die Einstellung, ein Anfänger zu sein. Nur dann bringt man die Geduld auf etwas zu lernen. Ein erwachsener Körper bedeutet nicht unbedingt innere Reife. Die Haltung eines Kindes ist notwendig, wenn man sich ausdehnen und wachsen möchte – so weit wie das Universum – denn nur ein Kind wächst und gedeiht.

Aber die meisten Menschen identifizieren sich mit Ego, Körper, Gefühlsleben und Intellekt. Nur wenn wir auf diese Haltung verzichten und wie ein unschuldiges Kind werden, verfügen wir über die notwendige Aufmerksamkeit, um das Vermittelte zu absorbieren.

Ganz gleich, wie viel Wasser auf einen Gipfel fällt, es bleibt dort nicht. Es entspricht seiner Natur, bergab zu fließen und Vertiefungen im Boden zu füllen. Ebenso wird alles zu uns kommen, wenn wir die Einstellung hegen, nichts zu sein.

Geduld, Bewusstheit und Achtsamkeit sind der wahre Reichtum im Leben. Ein Mensch mit diesen Eigenschaften kann überall erfolgreich sein – so wichtig sind diese Eigenschaften. Entwickelt man diese Qualitäten, wird der innere Spiegel, der einem hilft, die inneren Unreinheiten zu sehen, von selbst rein. Man wird zum Spiegel für sich selbst und weiß wie die Verschmutzungen ohne Hilfe von außen zu beheben sind. Es entsteht die Fähigkeit, sich selbst zu reinigen. Bei Erreichen dieses Stadiums sieht man den Guru überall. Niemand wird als niedriger betrachtet, man verwickelt sich nicht in unnötige Diskussionen und verwendet keine leeren Worte. Die Größe spiegelt sich in den Handlungen wider.

Frage: Heißt dies, dass es nicht notwendig ist, spirituelle Texte zu lesen?

Amma: Es ist gut, sich mit *Vedanta* zu befassen. Der Weg zu Gott wird dann schnell klar. Wer sich mit *Vedanta* befasst, wird verstehen, wie nah Gott ist und dass er in einem wohnt. Aber heutzutage bleibt *Vedanta* bei den meisten auf Worte beschränkt. Man sieht keine Umsetzung in die Handlungsweise. *Vedanta* sollte jedoch keine Last sein, die umhergetragen wird, sondern ein Prinzip, das in Herz und Verstand eingeht.

Viele begreifen das nicht und werden arrogant. Mit wachsendem (echten) Verstehen von *Vedanta* entwickelt sich natürliche Demut in uns und fördert das Erkennen, dass wir in unserer Essenz göttlich sind. Um dies jedoch zur tatsächlichen Erfahrung zu machen, ist es unerlässlich, das Leben nach den *Vedanta*-Prinzipien auszurichten.

Schreibt man das Wort "Zucker" auf ein Blatt Papier und leckt daran, schmeckt man keine Süße - dazu ist es notwendig, den Zucker als solches zu kosten. Nur über Brahman zu lesen oder zu sprechen, vermittelt keine Gotteserfahrung. Der Inhalt des Gelesenen sollte sich in unseren Handlungen widerspiegeln. Dadurch wird unser Wissen zur eigenen Erfahrung. Aber unsere Bemühungen bedürfen der Ermunterung. Wer *Vedanta* wirklich erfasst und verinnerlicht hat, dessen Leben regt andere dazu an, demselben Weg zu folgen.

Manche sitzen untätig herum und erklären: "Ich bin Brahman (Gott)." Warum hat dann jener Brahman (die betreffende Person) einen Körper angenommen? Reichte es nicht, formlos zu bleiben? Da wir nun diesen Körper erhalten haben, ist es unsere Aufgabe, die Wahrheit durch unsere Handlungen zu demonstrieren. Haben wir das einmal begriffen, stellt sich natürliche Demut ein.

Amma spricht über ihr eigenes Leben. Sie besteht nicht darauf, dass andere das Gesagte akzeptieren oder befolgen. Man sollte auf der Basis der eigenen Erfahrungen weiter gehen. Erkennt, wer ihr seid! Das ist alles, was Amma zu sagen hat

Nachfolgend ein Interview mit Amma, das in der "Times of India" veröffentlicht wurde. Es fand während Ammas Aufenthalt in Neu Delhi im März 99 statt.

Frage: Amma hat AIMS[5] gegründet, das Super-Spezial-Kranken-haus, ferner das „Amrita-Kutieram-Projekt" (kostenlose Häuser für Mittellose) und viele andere Hilfsprojekte für Arme. Was hat Amma dazu angeregt, all diese Projekte ins Leben zu rufen?

Amma: Amma sieht tagtäglich viele Arme. Sie berichten von ihren Nöten. Daher weiß sie von deren Problemen und was sie brauchen. Es entsteht innerlich ein starker Drang, die Leiden zu lindern. Damit nimmt jedes Projekt seinen Anfang. Keines der Projekte wurde vor Beginn geplant oder die notwendigen Mittel dafür aufgetrieben. Wenn wir anfangen, sendet Gott uns das Notwendige.

Wir sollten verstehen, dass Gott nicht auf den Tempel oder die Kirche begrenzt ist, sondern in jedem von uns wohnt. Sobald wir das, was wir haben mit anderen teilen und einander helfen, so entspricht das in der Tat einem Gottesdienst.

Orte aufzusuchen, wo Gottesdienste stattfinden, zu beten und uns dann, wenn wir wieder herauskommen von der hungernden Person auf der Straße abzuwenden, ist keine wahre Hingabe.

Frage: Die Aussagen von einigen Philosophen hinsichtlich der individuellen Seele und dem höchsten Sein haben den Eindruck vermittelt, dass es keinen Unterschied zwischen Gott und den Menschen gibt, darüber hinaus, als bestünde auch keiner zwischen gut und schlecht, rein und unrein, Himmel oder Hölle. Trägt das nicht dazu bei, die Unterscheidung zwischen richtig und falsch zu verwischen?

Amma: Dies entsteht durch Missverständnis. Das Ziel der Lehre über das Prinzip der Nicht-Dualität – der Einheit der individu-ellen Seele mit dem höchsten Sein – besteht darin, die innewoh-nende Stärke zu wecken und zur Wahrheit zu führen. *Vedanta*

---

[5] Amrita Institute of Medical Sciences (AIMS) in Cochin, Kerala.

sagt: "Du bist kein Bettler, sondern der König der Könige!" Sich dessen bewusst zu sein trägt dazu bei, die Kraft der Unendlichkeit in uns wach zu rufen. Aber bis wir durch direkte Erfahrung diese Einheit verwirklichen, müssen wir zwischen Gut und Böse unterscheiden und den Pfad der Rechtschaffenheit gehen. Sobald die höchste Wahrheit verwirklicht wird, hört die Welt der Dualität auf zu existieren – es gibt nur noch die Wahrheit und nichts, was als falsch zu verwerfen wäre. Alles wird als eine Manifestation Gottes gesehen.

Jedes Wort und jede Tat einer solchen Seele bringen der Gesellschaft Nutzen. Selbst der Kontakt mit dem Atem einer solchen Person hilft, unsere negativen Tendenzen auszumerzen. Ein Mensch, der sich seiner Göttlichkeit bewusst ist, kann durch Konfrontation mit den Problemen der Welt nicht aus dem Gleichgewicht gebracht werden. Jemand, der Vedanta wirklich absorbiert hat, lebt im Zustand der Nicht-Dualität und spricht nicht einfach nur darüber. Sein Leben ist vorbildlich. Wer Alkohol trinkt und andere ungute Handlungen ausübt, kann nicht als spirituell betrachtet werden. Wir sollten solchen doppelten Boden durchschauen können. Die Unfähigkeit dazu ist einer der Gründe, warum unsere Kultur soweit gefallen ist. Spiritualität ist nicht etwas, worüber man nur redet, sondern etwas, das gelebt werden soll.

Frage: Kann eine egoistische Person durch eigene Bemühungen selbstlos werden? Ist es uns möglich, unsere eigene Natur zu verändern?

Amma: Natürlich. Bei richtigem Verstehen der spirituellen Prinzipien wird der Egoismus abnehmen. Eine höchst wirksame Methode zur Verminderung von Egoismus besteht im Handeln ohne Wunsch nach dessen Früchten. Wir sollten stets daran denken, dass wir lediglich Instrumente in Gottes Hand sind. Wir sollten erkennen, dass nicht wir die Handelnden sind, sondern Gott alles durch uns tut. Wenn wir ernsthaft diese Einstellung annehmen, werden Stolz und Egoismus verschwinden.

Jemand ruft oben an der Treppe: "Ich komme sofort hinunter." Aber nach fünf Stufen bricht er durch eine Herzattacke zusammen. Nicht einmal der nächste Augenblick liegt in unseren Händen. Wie können wir selbstsüchtig sein, wenn wir das wirklich verstehen? Beim Ausatmen haben wir keine Garantie dafür, dass wir wieder einatmen. Es ist Gottes Kraft, die uns jeden Augenblick trägt. Sobald wir das erkennen, fühlen wir eine natürliche Bescheidenheit und den Impuls, Gott zu verehren. Bei jedem Schritt denken wir an ihn. Aber zusammen mit dieser Einstellung ist Bemühung notwendig. Dann fließt Gottes Gnade zu uns, und unsere Anstrengungen führen zum Erfolg.

Frage: Es heißt, dass Härten und Leiden bessere Menschen aus uns machen. Warum sollten wir dann um die Beseitigung von Nöten und Krankheiten bitten?

Amma: Bei Erkrankung wird Medizin genommen, nicht wahr? Selbst Mahatmas lehnen nicht die Einnahme von Medizin ab. Erkranken sie, unternehmen auch sie das Notwendige, um wieder gesund zu werden. Das zeigt die Bedeutung von eigener Bemühung. Die indische Kultur hat niemals gelehrt, untätig herum zu sitzen und alles Gott zu überlassen.

Wir sollten uns um die Lösung unserer Probleme bemühen. Aber es ist wichtig, unsere Handlungen mit einer Haltung der Gottverehrung auszuführen und mit dem Bewusstsein, dass Gott die Kraft für alles Tun verleiht, damit wir unsere Bescheidenheit nicht einzubüßen. So lehren uns die Mahatmas und die Schriften. Wer seinen spirituellen Praktiken mit Verständnis für diese Prinzipien nachkommt und alles in Gottes Hand gelegt hat, bedarf nicht der Ausführung von *Pujas* oder Gebeten zur Erleichterung von Krankheiten, denn sie akzeptieren Glück und Leid als Gottes Willen. Aber im Falle von gewöhnlichen Menschen, die nicht über solche Gottergebenheit verfügen, ist es nicht verkehrt, Hilfe durch *Puja* und Gebet zu suchen. Mit der Zeit werden auch sie den Zustand selbstloser Hingabe erreichen.

Wir sollten tun, was immer in unseren Möglichkeiten liegt. Bleiben die Probleme bestehen, ist es ratsam, sie als göttlichen Willen anzunehmen und dass es so (letztendlich) zu unserem eigenen Besten ist. Ganz gleich, welchen Schwierigkeiten wir gegenüber stehen, wir sollten stets daran denken, dass wir im göttlichen Schoß ruhen. Diese Haltung wird uns die notwendige Kraft vermitteln, jegliche widrige Umstände zu überwinden.

Wir beobachten, dass manchen Leuten im Verlaufe gewisser Zeitabschnitte großes Elend widerfährt. Es mag eine lange Serie von Katastrophen geben. Vielleicht werden sie für etwas beschuldigt, dass sie gar nicht getan haben, möglicherweise sogar ins Gefängnis geschickt wegen eines Verbrechens, das sie nicht begangen haben. Es gibt das Beispiel eines Sohnes, der auf dem Weg zum Krankenhaus, um seinen Vater zu besuchen, einen Unfall erlitt. Wir hören immer wieder von solchen Ereignissen. In den meisten Fällen treten die Probleme während bestimmter Perioden auf. Kein Unterfangen gelingt. Es gibt Familien, in denen alle Frauen in jungen Jahren ihren Mann verlieren.

Wir sollten solche Situationen genauer untersuchen und versuchen, sie zu verstehen. Die einzige Erklärung solcher Tragödien ist, dass sie die Folge von Handlungen in Vorleben sind. Sie treten in der Regel bei bestimmten Planetenpositionen oder bei gewissen Transiten auf. In solchen Zeiten vermehrt Gott zu verehren und zu beten, wird viel Trost spenden. Dadurch erhalten die Menschen auch die innere Kraft, mit den auftretenden Hindernissen fertig zu werden.

Die *Pujas*, die in einem Brahmasthanam-Tempel abgehalten werden, sind nicht nur Rituale zur Beseitigung von negativen Planeteneinflüssen, sondern auch eine Art der Meditation. Darüber hinaus lernen die Teilnehmer in den *Satsangs*, die zusätzlich zu den Pujas in solchen Tempeln stattfinden, etwas über spirituelle Prinzipien. So werden sie dazu angeregt, ein rechtschaffenes Leben zu führen und Meditation zu praktizieren. Da die Rituale in den Tempeln helfen, ihre Probleme zu mildern, wachsen Glaube und Hingabe.

Frage: Ist es notwendig, Bildnisse zu verehren? Warum wenden sich manche religiöse Texte dagegen?

Amma: Im Grunde genommen wird nicht das Abbild als solches verehrt, denn über das Bild wenden wir uns an den alles durchdringenden Gott. Das Bild symbolisiert Gott und dient als Mittel zur vollen Konzentration. Wir zeigen unseren Kindern Bilder von einem Papagei und anderen Vögeln und sagen: "Dies ist ein Papagei und das ist der und der Vogel." In frühem Kindesalter ist dies nötig. Wenn die Kinder älter werden, brauchen sie keine Bilder mehr, um die Vögel zu erkennen. Ebenso benötigt der Durchschnittsmensch am Anfang gewisse Hilfsmittel um sich auf das göttliche Bewusstsein zu konzentrieren. Mit fortschreitender Übung in den spirituellen Praktiken lernt man, sich ohne solche Hilfsmittel einzustimmen. Allerdings kann man nicht behaupten, Gott sei in dem Bildnis nicht vorhanden. Gott durchdringt alle Lebewesen und Dinge, somit ist er auch in dem Abbild gegenwärtig. Die Verehrung von Bildnissen übt die Menschen darin, Gott in allen Lebewesen und Dingen zu sehen und eine Haltung der Herzenswärme und der Hilfsbereitschaft gegenüber der Welt zu kultivieren.
Stellen wir uns einmal vor, ein Mann überreicht der Frau, die er liebt, ein Geschenk. Der Wert beträgt vielleicht nur fünf Paisas

(wenige Cent) [6], aber für die Empfängerin des Geschenks ist es unendlich viel mehr wert, da es für sie ihren Geliebten enthält.

Wir erlauben niemandem, auf unsere Staatsflagge oder die Fahne unserer politischen Partei zu spucken, obwohl der Stoff vielleicht nur fünf Rupien gekostet hat. Eine Fahne ist mehr als ein Stück Stoff, da sie ein großes Ideal repräsentiert. Wir ehren sie, weil wir das symbolisierte Ideal lieben und achten. In ähnlicher Weise ist es Gott selbst, den wir über das Bildnis verehren. Es dient als Spiegel des göttlichen Bewusstseins in uns. Wir beten davor mit geschlossenen Augen und können uns dadurch (durch das Vorhandensein des Bildnisses) besser auf den Gott in unserem Inneren konzentrieren.

Selbst Religionen, die nicht für die Verehrung von Bildern sind, tun es doch in der einen oder anderen Weise. Wenn ein Christ Jesus am Kreuz anbetet oder ein Moslem in Richtung Kaaba betet, entspricht das auch einer Art Bildverehrung. Die Schattenseite tritt auf, wenn ein Gläubiger seine Bindung ausschließlich auf das Bildnis richtet – ohne Verständnis für das symbolisierte Prinzip. Das Problem entfällt, wenn durch Teilnahme an spirituellen Vorträgen und Studium der Schriften die notwendige Einsicht entwickelt wird. Wir sollten uns darum bemühen, in den Tempeln spirituelle Bildung zu vermitteln.

Frage: Amma hat viele Anhänger im Ausland. Allgemein gesehen, scheint im Westen eine größere Bereitschaft zum Helfen zu bestehen als in Indien. Was ist die Ursache dafür?

Amma: In westlichen Ländern sind für viele verschiedene Zwecke Organisationen entstanden. Im Krisenfall übernehmen sie die Verantwortung für die Versorgung der Betroffenen. Die Öffentlichkeit unterstützt diese Organisationen und beteiligt sich am

---

[6] 100 Paisas sind eine Rupie der indischen Währung.

Hilfseinsatz. Außerdem können Spenden von den Steuern abgesetzt werden. Das fördert die Spendenbereitschaft für karitative Zwecke. Diese karitativen Einrichtungen spielen eine große Rolle dabei, in den Leuten die Bereitschaft zum Geben zu entwickeln. Vor langer Zeit wurzelte das Leben von Indern in Bereitschaft zur Wohltätigkeit (*dana*) und zu Gaben für das Allgemeinwohl (*yagna*). Heute gibt es nicht genügend Einrichtungen oder Hilfsprogramme, um den Menschen diese Ideale zu vermitteln.

Frage: Gibt es Himmel und Hölle wirklich?

Amma: Himmel und Hölle existieren hier – in jedem von uns. Durch unsere eigenen Handlungen schaffen wir entweder Himmel oder Hölle. Begeht jemand eine Übeltat, werden mit Sicherheit die Folgen davon zu tragen sein. Das ist dann die Hölle.

Frage: Welche Möglichkeiten gibt es, um auf dem spirituellen Weg weiter zu kommen?

Amma: Zunächst einmal müssen wir unseren Charakter reinigen. Gießen wir Milch in ein schmutziges Gefäß, verdirbt sie dadurch. Folglich muss es gereinigt werden, bevor die Milch hineingegeben wird. Wer den Wunsch nach spiritueller Erhebung hegt, sollte sich zuerst um Selbstverbesserung bemühen. Im Bereich des Denkens bedeutet das, negative und unnötige Gedanken auszuschalten - hinsichtlich des Gefühlslebens, den Egoismus und die Wunschnatur abzubauen. Um Erfolg dabei zu haben ist entsprechende Bemühung unerlässlich. Am meisten bedürfen wir der göttlichen Gnade. Damit sie uns erreichen kann, ist Bescheidenheit notwendig. Hingabe und Meditation bereiten uns darauf vor.

Meditation verleiht nicht nur inneren Frieden, sondern auch materielles Wohlergehen. Wurzelt Meditation im Begreifen geistiger Prinzipien, bereitet sie den Weg zur Erleuchtung.

ॐ

Der nachfolgende Teil stammt von einem Interview des amerikanischen Dokumentarfilmemachers Michael Tobias mit Amma.

Frage: Amma, was erschien Dir in Deinem Leben als das größte Wunder?

Amma: Es gibt eigentlich nichts, was Amma als besonderes Wunder erschien. Was gibt es an äußerer Pracht zu bewundern? Andererseits wird jeder Gegenstand und jeder Augenblick im Leben zum Wunder, wenn uns bewusst ist, dass alles göttlich ist. Gibt es ein größeres Wunder als Gott?

Frage: Es heißt, dass unsere Liebe sich in unseren Handlungen zeigen sollte. Was kann der Einzelne in dieser Hinsicht und zur Verbreitung von Friedfertigkeit und Mitgefühl tun?

Amma: Es ist notwendig, das Gefühl der getrennten Einzelpersönlichkeit aufzugeben und aus dem Bewusstsein heraus zu handeln, Bestandteil des kosmischen Bewusstseins zu sein. Erst dann wird es uns möglich, Mitgefühl und Friedfertigkeit vollständig in die Praxis umzusetzen. Man mag sich fragen, ob das machbar sei. Selbst wenn es uns nicht gelingt, diesen Zustand ganz zu erreichen, so können wir zumindest bestrebt sein, anderen soviel Unterstützung und Liebe wie möglich zuteil werden zu lassen und am Ziel fest zu halten.

Frage: Wie steht Amma zu den heutigen Umweltproblemen?

Amma: Die Erhaltung der Natur wird nur möglich sein, wenn den Menschen voll und ganz bewusst wird, dass sie ein Teil davon sind. Die vorherrschende Einstellung erlaubt unüberlegten Raubbau. Wenn sich das nicht ändert, fällt die Menschheit selbst der Zerstörung anheim. In früheren Zeiten ging es den Menschen gut, weil sie in Harmonie mit der Natur lebten.

Die Puranen stellen die Erde als eine Kuh dar, die für alle Bedürfnisse gemolken wird. Beim Melken einer Kuh gilt es, daran zu denken, genügend Milch für das Kalb zu übrig zu lassen. Die Menschen jener Zeit waren den Kühen sehr zugetan und schützten sie. Sie betrachteten sie als ihre eigene Mutter. Solcher Art war ihre Einstellung gegenüber der gesamten Natur. In der heutigen Zeit ist es notwendig, damit zu beginnen, Mutter Natur soviel Wert wie unserer eigenen Mutter, die uns geboren hat, beizumessen. Wenn sich die Haltung ändert, werden sich ebenfalls Verbesserungen in der Umwelt zeigen. Die ökologischen Probleme lassen sich nicht ohne grundlegende Veränderungen in der Einstellung der Menschen lösen.

Frage: Welcher Ansicht ist Amma hinsichtlich Tier- und Fischschutz?

Amma: Mensch und Natur sind voneinander abhängig. Menschen, die in Gegenden leben, in denen kein Ackerbau betrieben werden kann, z.B. an Küsten oder in Regionen mit ewigem Eis und Schnee, sind zur Ernährung vom Fischfang abhängig. Sie müssen Bäume fällen, um sich Häuser zu bauen und um verschiedene Bedarfsartikel zu fertigen. Das entspricht einer Notwendigkeit; und die Nutzung der Ressourcen sollte darauf beschränkt bleiben. Manche Tier-, Pflanzen- und Baumarten sind wegen der Habsucht der Menschen am Aussterben. Viele Lebensformen gibt es mittlerweile nicht mehr auf der Erde. Sie gingen ein, weil sie den Veränderungen in der Natur nicht standhalten konnten. Die

Harmonie in der Natur geht verloren, wenn der Mensch Raubbau betreibt. Wenn wir damit fortfahren, wird das zur Vernichtung der Menschheit führen – so wie andere Spezies ausgestorben sind. Der Mensch ist ein Teil der Natur und aller Lebewesen auf Erden. Wir können von der Natur nehmen, was wir zum Überleben brauchen. Aber wir haben auch die Verantwortung, dafür zu sorgen, nicht ihren Rhythmus und ihre Harmonie zu zerstören, wenn wir von ihrem Reichtum nehmen.

Angenommen, wir nehmen ein Blatt von einem Baum, um daraus einen Löffel zum Essen von wässerigem Reis *(kanji - wird in Kerala auf dem Land gegessen)* zu fertigen. Bricht man einen ganzen Zweig ab und nicht nur ein Blatt, wird der Baum nach zehnmaligem Abbrechen all seine Zweige eingebüßt haben und nach kurzer Zeit geht dann der ganze Baum ein. Nimmt man nur einige Blätter, so ist das für den Baum ein relativ geringfügiger Verlust, den er leicht verkraften kann. In dieser Haltung sollten wir insgesamt vorgehen, wenn wir etwas von der Natur nehmen.

Gott hat jedes Wesen in der Natur so geschaffen, dass es in irgendeiner Weise nützlich ist. Ein kleiner Fisch dient einem größeren als Nahrung, der seinerseits von einem noch größeren gejagt wird. Es ist nicht falsch, von der Natur zu nehmen, solange nur das Notwendige genommen wird. Zuviel entspricht einer Form von Gewalt *(himsa)*, die zum Fall der Menschheit führt.

Frage: Wie sollten wir uns angesichts der heutigen sozialen Probleme verhalten?

Amma: Die heutigen Probleme sind äußerst Besorgnis erregend. Es ist wesentlich, dass wir ihnen auf den Grund gehen und etwas dagegen unternehmen. Aber ein Wandel muss mit dem Einzelnen anfangen. Wandelt eine Person sich zum Guten, profitiert die ganze Familie davon. Positive Einzelpersonen sind die Basis für das Wohlergehen der Gesellschaft. Wollen wir Verbesserungen, sollten wir also mit uns selbst beginnen. Eine Veränderung wirkt sich auf alle um uns herum aus und bewirkt auch bei ihnen positive Veränderungen. Es ist unmöglich, andere allein durch Ratschläge oder Schimpfen zu wandeln. Wir müssen als Beispiel dienen. Wir sollten allen gegenüber freundlich und liebenswürdig sein. Nur durch selbstlose Liebe können wir in anderen einen Wandel bewirken. Wir sehen vielleicht nicht sofort Veränderungen, aber trotzdem sollten wir nie die Hoffnung oder unsere Bemühungen aufgeben. Zumindest bewirken unsere Anstrengungen in uns einen willkommene positive Wende.

Versuchen wir, den Schwanz eines Hundes zu begradigen, indem wir eine Röhre darüber stülpen, bewirkt das keine echte Begradigung – aber unsere Armmuskeln werden kräftiger! Bemühen wir uns um eine positive Wirkung auf andere, treten bei uns selbst Verbesserungen ein. Aber es wird sicherlich ebenfalls bestimmte Veränderungen in anderen geben, auch wenn wir sie nicht wahrnehmen. Zumindest halten unsere Anstrengungen eine weitere Abwärtsentwicklung der Gesellschaft auf. Solche Bemühungen erzeugen ein gewisses Maß an Harmonie im Gemeinschaftsleben.

Ein Mensch, der gegen die Strömung schwimmt, kommt vielleicht kein bisschen voran, seine Anstrengungen verhindern jedoch, mitgerissen zu werden – die Position kann gehalten werden. Gibt er auf, ertrinkt er. Deshalb ist es wesentlich, mit unseren Bemühungen fort zu fahren.

Man mag sich vielleicht fragen: "Was für einen Sinn hat es, wenn eine Einzelperson in der Gesellschaft, in einer Welt voller Dunkelheit, um Verbesserung ringt?" Jeder von uns verfügt über eine innere Kerze. Entzündet sie mit der Flamme des Glaubens. Sorgt euch nicht darum, wie eine solch große Entfernung mit einem solch kleinen Licht zurückgelegt werden soll. Macht einfach einen Schritt auf einmal und ihr werdet feststellen, dass das Licht für jeden Schritt des Weges ausreicht.

Ein Mann stand völlig niedergeschlagen am Straßenrand. Ein Passant sah ihn und lächelte ihn an. Für diesen absolut hoffnungslosen und von allem verlassenen Mann war dieses eine Lächeln von großer Wirkung. Der Gedanke, dass es jemanden gab, der sich die Mühe machte, ihn anzuschauen und anzulächeln, gab ihm neue Kraft. In diesem Augenblick fiel ihm ein Freund ein, den er lange Zeit nicht gesehen hatte, und er schrieb ihm einen Brief. Der Freund freute sich so sehr über den Brief, dass er einer in der Nähe stehenden armen Frau zehn Rupien gab. Die Frau kaufte sich damit ein Lotterielos, und – welch ein Wunder – gewann! Als sie mit ihrem gewonnenen Geld heimging, sah sie einen kranken Bettler auf dem Pflaster liegen. Sie dachte: "Diesen Glücksfall verdanke ich Gottes Gnade. Mit einem Teil des Geldes kann ich diesem armen Mann helfen." Sie brachte den Bettler in ein Krankenhaus und sorgte für seine Behandlung. Als der Bettler aus dem Krankenhaus entlassen wurde, fiel sein Blick auf einen verlassenen Hund, dem kalt war und der vor Hunger zu schwach war zu laufen. Er jaulte herzzerreißend und das Herz des Bettlers schmolz. Er nahm den Hund auf den Arm, wickelte ihn in ein Stück Stoff und entzündete am Straßenrand ein kleines Feuer, um ihn aufzuwärmen. Er gab ihm von seinem Essen, so dass dieser durch all die liebevollen Bemühungen bald wieder zu Kräften kam. Er folgte dem Bettler. In jener Nacht hielt der Bettler bei einem Haus und fragte, ob er die Nacht dort verbringen dürfe. Die Familie erlaubte ihm und dem kleinen Hund, auf der Veranda zu schlafen. Während der Nacht wurden der Bettler und die Leute im Haus durch ununterbrochenes Bellen des Hundes geweckt. Sie entdeckten, dass das Haus brannte – ganz in der Nähe des Kinderzimmers! Es gelang, das Kind im letzten Moment zu retten, und alle zusammen löschten das Feuer. So führte ein

Gutes zum nächsten. Indem die Familie dem Bettler mit seinem Hund Obdach gewährte, retteten sie sich selbst. Das Kind wurde zu einem Heiligen, durch dessen Gegenwart zahllose Menschen Glück und Frieden fanden.

Bei genauerer Betrachtung dieser Geschichte erkennen wir, dass all die Geschehnisse das Lächeln einer Person als Ausgangspunkt hatten. Diese Person gab nicht einen Paisa, sondern nur ein Lächeln für einen Mann in der Straße. Es wirkte sich positiv auf das Leben vieler Menschen aus. Selbst die kleinste Kleinigkeit, die wir für andere tun, kann eine große Veränderung in der Gesellschaft auslösen. Wir bemerken es vielleicht nicht sofort, aber jede gute Handlung bringt sicherlich Früchte. Daher sollten wir darauf achten, dass wir stets in unserem Tun das Wohl der Gesamtheit im Auge haben. Selbst ein Lächeln hat enormen Wert – und es kostet uns nichts. Leider lachen Menschen heutzutage oft, um sich über andere lustig zu machen. Das brauchen wir natürlich nicht. Andererseits sollten wir fähig sein, über unsere eigenen Fehler und Schwächen zu lachen.

Niemand lebt als isolierte Insel. Wir hängen alle zusammen wie die Glieder einer Kette. Unser Handeln hat einen Einfluss auf andere, ob wir es nun bemerken oder nicht. Veränderungen in einer Person reflektieren sich in anderen.

Es ist sinnlos zu sagen, man werde sich nur um Verbesserung bemühen, wenn andere sich ändern. Sind wir gewillt uns zu wandeln, selbst wenn das bei anderen nicht der Fall ist, wird es sich positiv auf die Gesamtheit auswirken. Lasst euch nicht entmutigen, wenn ihr in euch keine greifbaren Resultate seht. Der Wandel vollzieht sich innerlich. Jegliche Verbesserung in uns bringt mit Sicherheit auch eine Wandlung in der Gesellschaft.

Frage: Ammas Lächeln scheint von besonderer Art zu sein. Was ist die Ursache dafür?

Amma: Amma nimmt sich nicht vor zu lächeln – es geschieht einfach. Hat man das Selbst erkannt, gibt es nur Glückseligkeit. Und ein Lächeln ist ein natürlicher Ausdruck davon. Hat das Mondlicht einer Vollmondnacht es nötig, sich zu erklären?

Frage: Aber manchmal sehen wir Tränen in deinen Augen, insbesondere, wenn du Menschen tröstest. Wird die natürliche Seligkeit von äußeren Gegebenheiten beeinflusst?

Amma: Amma wirkt wie ein Spiegel, der alles reflektiert, was vor ihm erscheint. Weinen Ammas Kinder, spiegelt sich der Kummer in ihr und Tränen kommen. Sie wünscht ihnen inneren Frieden. Amma mag bekümmert erscheinen, aber in ihrem inneren Selbst fühlt sie sich frei von Kummer.

Die unsterbliche Predigt

Im März 1995 befanden sich Amma und die Ashrambewohner nach der Einweihungszeremonie des Brahmasthanam-Tempels[7] in Delhi auf dem Rückweg nach Amritapuri. Die Fahrt nahm eine Woche in Anspruch. Amma achtete darauf, dass die tägliche Routine der spirituellen Übungen ihrer Kinder auch während der Fahrt nicht unterbrochen wurde. Nachdem sie den ganzen Tag unterwegs gewesen waren, wurde mit Einbruch der Dunkelheit an einem Fluss oder einem See eine Pause eingelegt. Nach einem Bad versammelten sich alle um Amma herum zur Meditation und zum Singen von *Bhajans*.

Am Abend des dritten Reisetages wurde zu beiden Seiten der Straße kein Fluss oder Teich entdeckt. Als Amma sah, dass alle befürchteten, an diesem Tag keine Gelegenheit zum Schwimmen zu haben, sagte sie: "Unser Bad wird nicht ausfallen, Kinder!" Irgendwo wird sich Wasser finden." Sie ließ den Bus an einer bestimmten Stelle halten. Als Ortsansässige gefragt wurden, antworteten sie, dass es hier weder Fluss noch See gäbe. In dieser Gegend herrsche Wassermangel. Als Amma diese Worte hörte, tröstete sie alle: "Stimmt nicht – Amma weiß, dass sich Wasser in der Nähe befindet. Fragt noch einmal!" So erkundigten sich die Brahmacharis erneut. Dann fiel einigen der Bewohnern ein: "Ach ja, in der Nähe gibt es einen Steinbruch. Dort wo die Steine

---

[7] Brahmasthanam-Tempel sind eine besondere Art von Tempel, die Amma in ganz Indien und im Ausland errichtet hat.

geschnitten und entfernt wurden, hat sich Wasser angesammelt – wie ein kleiner Teich."

Gemäß der Wegbeschreibung gingen Amma und die Gruppe ein kurzes Stück und stießen dann auf zwei Teiche mit klarem Wasser. Sie genossen in vollen Zügen ein ausgiebiges Bad in Ammas Gegenwart. Anschließend versammelte sich die Gruppe zur gemeinsamen Meditation um sie herum; danach sangen sie Bhajans mit ihr. Amma geriet in einen ekstatischen Zustand. Sie streckte ihre Arme zum Himmel und rief laut aus: "Kommt schnell Kinder, eilt herbei. Eine Weile saßen alle still da – eingetaucht in Glückseligkeit. Ein Franzose, Daniel, brach schließlich das tiefe Schweigen: "Amma, es beglückt uns so sehr, mit dir zu schwimmen. Es ist, als ob wir in den Himalaja gegangen wären und ein Bad im Ganges nahmen. Als Ammas Programm in Rishikesh abgesagt wurde, waren wir so traurig bei dem Gedanken, damit die Gelegenheit eines Bades im Ganges zu verlieren. Das Gefühl ist nun verschwunden."

Amma: Meine Kinder, Tempel und heilige Gewässer verhelfen der Allgemeinheit zur Spiritualität, bis sie einen *Satguru* finden (selbstverwirklichter Meister). Wer sich in die Hände eines Satgurus begeben hat, braucht nicht mehr nach heiligen Flüssen zu suchen. Ein vollkommener *Mahatma* entspricht allen heiligen Flüssen gleichzeitig. Sich ganz einem Meister hin zu geben, hat den gleichen Wert wie ein Bad in allen heiligen Flüssen.

Es gibt den Ausspruch, dass das Heim des Gurus Benares sei und das Wasser, mit dem seine Füße gewaschen wurden, der Ganges. In der Tat ist Wasser, das die Füße eines Mahatma berührt, 'Gangeswasser'. *Pada-puja*-Wasser[8] ist mit der Energie des Mahatmas gefüllt. Es ist nicht notwendig, sich nach Benares

---

[8] Das Wasser, mit dem die Füße des Gurus zeremoniell gewaschen wurden.

oder irgendwo anders hin zu begeben. Es gibt nicht Reinigenderes als *Pada-puja*-Wasser – es ist der wahre Ganges.

Frage: Wodurch ist das Wasser der heiligen Flüsse so heilig und rein geworden?

Amma: Alle Flüsse entspringen in den Bergen. Es fließt das gleiche Wasser in ihnen. Was macht nun den Unterschied zwischen dem Ganges und anderen Flüssen aus? Wieso holt man sich beim Bad im Ganges keine Krankheit? [9]

In Flüssen wie dem Ganges und Narmada baden viele Mahatmas, und zahlreiche Asketen meditieren an den Flussufern. Dadurch entsteht die Heiligkeit dieser Flüsse. Wenn Mahatmas in einem Fluss baden, wird er dadurch geheiligt. Ihre reinen Schwingungen gehen in das Wasser ein. Zusammen mit einem Heiligen zu baden ist wie ein kleiner Vorgeschmack auf die Glückseligkeit Brahmans (die letztendliche Wirklichkeit, das höchste Sein). Ein Bad in der Gegenwart eines Mahatmas – ganz gleich wo – entspricht dem Baden im Ganges.

Glaube ist jedoch die Grundlage von allem. Durch Liebe und Glaube kann alles Wasser heilig werden. Kennt ihr die Geschichte von Pakkanar? Ein Brahmane hatte die Absicht, Benares zu besuchen. Er lud Pakkanar ein, ihn zu begleiten, um im Ganges zu baden und den *Darshan* Vishwanaths in Benares zu erhalten. Aber Pakkanar war verhindert. Er sagte: "Da du auf jeden Fall gehst, wäre ich sehr dankbar, wenn du meinen Gehstock in das heilige Wasser tauchen würdest und mir wieder bringst." Der Brahmane war dazu bereit und nahm daher den Stock mit. Während des Bades wurde der Stock von der Strömung mitgerissen. Nach der Rückkehr erklärte der Brahmane sein Missgeschick.

---

[9] Amma bezieht sich auf all die Abwässer, die heutzutage den Ganges verseuchen. Außerdem baden Millionen vom Menschen darin und dem Fluss werden viele Leichen zugeführt.

Pakkanar entgegnete: "Keine Sorge, ich werde den Stock zurück erhalten." Er tauchte in einen nahe gelegenen Teich und kam mit seinem Stock wieder heraus! Zu dem Brahmanen sagte er, wenn man genügend Glauben habe, könne alles Wasser zum heiligen Ganges werden, und ohne Glauben seien Ganges und Yamuna nur gewöhnliche Gewässer."

Frage: Also, wenn Amma bei uns ist, sind alle heiligen Wasser hier vorhanden. Trotzdem sind einige nach Rishikesh und Haridwar[10] gefahren.

Amma: Ihre Hingabe ist begrenzt. Nach der Begegnung mit einem Mahatma sollte man den unschuldigen Glauben und vertrauensvolles Hingabe eines Kindes haben. Wer selbst dann noch heilige Gewässer und Orte aufsucht, zeigt damit, dass der Glaube noch nicht gefestigt ist. Man kann alles Notwendige von einem *Satguru* erhalten. Es besteht keine Notwendigkeit mehr, irgendwo anders auf die Suche nach irgendetwas zu gehen.

Habt ihr die Ganesha-Geschichte gehört? Ganesha und Muruga sahen in der Hand ihrer (göttlichen) Mutter Devi Parvati eine schöne Frucht. Beide baten darum. Sie versprach, die Frucht demjenigen zu geben, der als erster von einer Umrundung der Welt zurückkehren würde. Muruga stieg auf seinen Pfau und machte sich unverzüglich auf den Weg. Ganesha jedoch, der verstanden hatte, dass in seinen göttlichen Eltern das ganze Universum vorhanden war, ging um seine Eltern herum und bat seine Mutter um die Frucht. Die Göttin reichte sie ihm erfreut. Derjenige, der begriffen hatte, dass die gesamte Schöpfung in Shiva und Parvati enthalten war, dem Vater und der Mutter des Universums, erhielt die Frucht der Unsterblichkeit. Ebenso

---

[10] Als Amma das Programm im Himalaja absagte, machten sich einige enttäuschte Anhänger aus dem Westen allein auf den Weg nach Rishikesh and Haridwar, zwei heiligen Orten im Vorgebirge des Himalaja.

bekommt man alles Notwendige, wenn man Zuflucht zu einem Satguru nimmt. Alle Gottheiten und alle Welten sind in den heiligen Füßen des Satgurus enthalten. Wenn Vertrauen in ihn entwickelt wurde, lässt dieser keine Erschütterung des Glaubens mehr zu. Er sollte fest und dauerhaft sein.

Sich in Ammas Nähe aufzuhalten, ist nicht immer einfach. Es können Schmerzen und Schwierigkeiten auftauchen. Sobald es geringfügige Probleme gibt, kann der Wunsch auftauchen zu gehen – der eine nach Benares, der andere nach Haridwar oder dem Himalaja, um dort spirituelle Übungen zu machen. Euch ist aber nicht bewusst, meine Kinder, wie ein Mahatma an euch arbeitet. Und weil ihr nicht versteht, geratet ihr ins Wanken. Amma operiert von innen, und zwar sehr tief, ohne äußere Schnitte. Mit den Operationen bewirkt Amma tief gehende Transformationen. Sie beseitigt die inne wohnenden Tendenzen *(vasanas)* in subtiler Weise. Ihr bemerkt das nicht. Es mag notwendig sein, viele Dinge zu entfernen. Amma reinigt die inneren Wunden von Eiter, und das schmerzt manchmal.

Amma hat Vieles zu entfernen. Ihr Wirken lässt sich mit einem Magnet vergleichen, der unsichtbar unter dem Tisch bewegt wird. Sichtbar sind nur einige Eisenspäne auf dem Tisch. Durch Bewegung des Magneten verändern auch sie ihre Lage, ohne dass man sieht wie und warum. Weil der Vorgang nicht verstanden wird und Schmerzen verursacht, kann der Impuls aufkommen wegzulaufen.

Eure *vasanas* sterben schnell in der Gegenwart eines Satgurus. Wenn keine mehr vorhanden sind, erfolgt die Selbstverwirklichung.

Meine Kinder, wenn ihr spirituelle Praktiken allein ausführt, wird es euch nicht unbedingt gelingen, das *prarabda-karma*[11] von

---

[11] Die Früchte vergangener Handlungen aus diesem und vergangenen Leben, die sich im jetzigen Leben manifestieren.

hundert Leben zu beseitigen. Bleibt ihr jedoch in der Gegenwart eines Satgurus und führt eure spirituelle Übungen dort aus, kann das *prarabda-karma* von Tausend Leben entfernt werden.

Spirituelle Übungen bei einem Satguru entsprechen dem Graben eines Loches in der Nähe eines Flusses – man wird auf jeden Fall Wasser finden. Führt man Übungen auf eigene Faust aus, ohne die Führung eines Meisters, kommt das dem Graben nach Wasser in einem Felsen gleich.

Ein ganz dem spirituellen Meister ergebener Jünger wird diesen nicht verlassen, es taucht nicht einmal der Gedanke auf. Selbst wenn Gott persönlich erscheint, wird er bei seinem Meister bleiben wollen. Er wird diesem und nicht Gott den Vorzug geben.

Es gab einmal einen großen Weisen mit zahlreichen Jüngern. Eines Tages ließ er alle kommen und teilte mit: "Aufgrund der Früchte vergangener Handlungen wird dieser Körper bald von Lepra und Blindheit heim gesucht werden. Ich gehe nach Benares und bleibe dort. Gibt es unter euch jemanden, der gewillt ist, mich zu begleiten und sich während der künftigen Leidenszeit um mich zu kümmern?"

Die Jünger sahen einander schockiert und alarmiert an, aber niemand sagte etwas. Dann erhob sich der Jüngste und sagte: "Verehrter Meister, ich komme mit."

Aber der Meister antwortete: "Sohn, du bist noch zu jung und weißt noch nicht, was es heißt zu dienen!"

Der Jugendliche entgegnete: "Verehrter Meister, ich bin bereit und komme auf jeden Fall mit!"

Der Meister bemühte sich, ihn davon abzubringen, der Jünger gab jedoch nicht nach – so stark war sein Wunsch, seinem Meister zu dienen. So machten sich der Meister und sein junger Schüler auf den Weg nach Benares.

Bald nachdem sie angekommen waren, zog sich der Meister die schreckliche Erkrankung zu und verlor sein Augenlicht. Tag für Tag kümmerte sich der Jünger hingebungsvoll um seinen Meister. Er ließ ihn nur allein, um Nahrung zu erbetteln oder um seine Kleidung zu waschen. Er war ununterbrochen bemüht, sich um den Meister zu kümmern und selbst seine kleinsten Bedürfnisse zu befriedigen.

Trotz seiner unerschütterlichen Hingabe schalt ihn der Meister oft sehr und beschuldigte ihn für Fehler, die er gar nicht begangen hatte – dass seine Kleidung nicht richtig gewaschen oder die Nahrung schlecht war. Zu anderen Zeiten war er jedoch sehr sanft und liebenswürdig und äußerte, dass er seinem Schüler doch so viele Schwierigkeiten bereite.

Eines Tages erschien Shiva vor dem Jünger und sagte: "Ich bin hoch erfreut über deine Hingabe an deinen Meister. Du hast einen Wunsch frei." Aber dieser wollte um nichts bitten, ohne zuvor die Erlaubnis des Meisters eingeholt zu haben. So lief er zurück zu ihm, verneigte sich und fragte: "Mein verehrter Guru, darf ich Shiva um die Beseitigung deiner Krankheit bitten?"

Der Meister entgegnete verärgert: "Du bist nicht mein Jünger, sondern mein Feind! Ist es dein Wunsch, dass ich weiter leide durch erneute Geburt? Möchtest du nicht, dass mein *prarabda*-Karma ausläuft und ich in diesem Leben Befreiung erlange?"

Der Jünger kehrte traurig zu Shiva zurück und erklärte: O Herr vergib mir, aber mein Meister erlaubt mir nicht, den einen Wunsch zu äußern, den ich habe. Für mich selbst habe ich keinen.

Die Jahre vergingen und der Junge, der die Verkörperung von Ergebenheit war, diente seinem Meister weiterhin liebevoll und mit absoluter Hingabe. Als er sich gerade auf dem Weg zur Stadt befand, um Nahrung zu erbetteln, erschien ihm eines Tages Vishnu und sprach: "Mein Kind, ich bin hoch erfreut über deine Hingabe zu deinem Meister. Ich bin bereit, dir zu geben, was immer du wünschst. Du hast Shiva um nichts gebeten. Enttäusche nicht auch mich."

Der Jünger fragte ihn: "Ich habe dir nicht gedient und nicht einmal täglich an dich gedacht, wie kommt es, dass du mit meinem Dienst zufrieden bist?"

Vishnu lächelte ihn an und antwortete: "Es gibt keinen Unterschied zwischen Gott und Guru – sie sind eins. Dein Dienst an deinem Meister erfreut mich."

Erneut ging er zu seinem Meister, um die Erlaubnis für seinen Wunsch einzuholen. Dieser erklärte: "Wenn du um etwas für dich bitten möchtest, kannst du das tun, aber äußere keinen Wunsch zu meinen Gunsten."

Der Junge kehrte zu Vishnu zurück und bat: "O Herr, verleih mir mehr Wissen und Weisheit, damit ich meinem Meister besser dienen und seinen Wünschen nach kommen kann. Aufgrund meiner Unwissenheit verstehe ich meistens nicht, was er möchte. O Herr, gewähre mir die Kenntnis, die es mir ermöglicht, meinem Meister richtig zu dienen." Vishnu war erfreut und antwortete: "So sei es."

Als er zurückkehrte, fragte ihn der Meister, welchen Wunsch er geäußert habe. Der Schüler beschrieb alles, was vorgefallen war.

Plötzlich verschwanden alle Lepra-Symptome des Meisters und sein Augenlicht wurde wiederhergestellt. Er lächelte seinen erstaunten Jünger an und umarmte ihn.

Lepra und Blindheit waren vom Mahatma selbst gewählt worden, um die Hingabe seines jüngsten Schülers zu prüfen. Da er in der höchsten Wahrheit verankert war, gab es für ihn kein abzutragendes Karma. Er segnete seinen Jünger mit der höchsten Erkenntnis und sagte: "Ich bin mit deiner Hingabe sehr zufrieden. Weder Schaden noch Gefahr werden die Jünger heimsuchen, die ihrem Meister mit solcher Ergebenheit dienen, wie du. Mögen alle geistigen Sucher in Zukunft um deinetwillen gesegnet sein."

Kinder, ihr seid jetzt wie kleine Babys. Ihr spielt und lacht mit Amma und erfreut euch ihrer Gesellschaft. Aber ihr versteht nicht, was Amma wirklich macht oder wer sie wirklich ist. Ihr schaut nur auf die äußere Mutter. Kaum jemand ist an dem dahinter stehenden höchsten Bewusstsein interessiert – es eilt euch nicht, das innere Selbst zu erkennen. Ihr wünscht nicht wirklich die eigentliche Mutter.

Schreit ein Baby, steckt ihm die Mutter einen Schnuller in den Mund und das Kind saugt daran. Was ein hungriges Baby wirklich braucht, ist Milch. Aber in diesem Fall gibt es sich mit dem milchlosen Schnuller zufrieden. Diesem entspricht die Außenwelt. Ihr seid zufrieden mit Lachen und Spiel. Ihr erfreut euch an Sinnesobjekten. Amma geht dort hin, wo ihr Kinder spielt und schiebt euch Nahrung in den Mund. Aber weil ihr so mit Spielen beschäftigt seid, schätzt ihr den Wert der Nahrung nicht. Ihr werdet keine Fortschritte machen, wenn ihr weiterhin von Tempel zu Tempel und zu heiligen Plätzen wandert.

Meine Kinder, ihr solltet den Geist der Unschuld kultivieren. Unschuld und Herzensreinheit werden euch retten. Mit dem Glauben und Vertrauen eines Kindes ist alles möglich.

Frage: Aber wir verfügen nicht über diese Unschuld, nicht wahr, Amma? Haben wir unser kindliches Herz nicht verloren?

Amma: Nein, ihr habt sie nicht wirklich eingebüßt. Sie ist im Inneren noch vorhanden. Werdet ihr beim Spiel mit einem Kind nicht automatisch kindlich? Ihr begebt euch auf diese Ebene. Wenn ihr Essen in den Mund eines Kindes gebt, öffnet ihr dann nicht auch den Mund wie zum Füttern? Beim Spielen mit Kindern vergessen wir alles und werden wie sie. Wir freuen uns mit ihnen und vergessen unseren Egoismus, weil wir eins mit den unschuldigen Kinderherzen werden.

Aber der Kopf steht dem Herzen oft im Weg. Wir müssen das rationale Denken aufgeben und tief ins Herz tauchen. Hört auf das, was tief aus eurem Herzen kommt, Kinder. Liegt eine

Mischung aus Zucker und Sand herum, kommen die Ameisen und machen sich nur über den Zucker her. Sie erfreuen sich der Süße. Aber der Mensch, der vom Kopf aus agiert, ist nicht fähig, das zu tun. Alles wird vom Intellekt her angegangen. Um die Süße zu genießen, ist es notwendig, das Herz zu öffnen.

Frage: Amma, ohne dass es uns bewusst ist, folgen wir den Impulsen des Verstandes. Was können wir dagegen tun?

Amma: Meine Kinder, bislang habt ihr eurer Vertrauen in euren Verstand gesetzt. Er ist jedoch wie ein Affe, der von Ast zu Ast springt, von einem Gedanken zum anderen. Und das wird sich bis zu seinem Ende nicht ändern. Er ist bis zum Schluss vorhanden. Ihn zum Gefährten zu machen, entspricht der Freundschaft mit einem Narren – er wird immer irgendwelche Probleme machen und keine Ruhe geben. Es ist Dummheit, dem Verstand zu vertrauen und sich nach ihm zu richten. Geht nicht in seine Falle.

Wir sollten niemals das Ziel aus den Augen verlieren – die Selbstverwirklichung. Es ist wichtig, sich nicht durch irgendwelche Ablenkungen vom Weg abbringen zu lassen.

Da ihr all eure *Samskaras* in euch tragt, könnt ihr nur in kleinen Schritten voran gehen. Wesentlich ist, eine Loslösung von den Gedanken zu erreichen und es nicht zuzulassen, von ihnen fortgetragen zu werden.

Frage: Amma, schlechte Gedanken tauchen auf, wie sehr ich mich auch dagegen sträube.

Amma: Keine Angst! Schenkt diesen Gedanken einfach keine Beachtung. Nehmen wir einmal an, wir befinden uns auf einer Pilgerfahrt in einem Bus. Wir beobachten die Landschaft durch das Fenster – manchmal ist sie schön und manchmal nicht. Aber ganz gleich wie interessant die Anblicke sind, wir vergessen sie, sobald der Bus an ihnen vorbeigefahren ist. Wir halten den Bus nicht bei jeder schönen Stelle an. Wir schätzen die Schönheit, fahren aber ohne Aufenthalt weiter und denken an unser Ziel. Sonst würden wir niemals ankommen. Es ist notwendig, die Aufmerksamkeit auf das Ziel zu lenken. Lasst die auftauchenden Gedanken und *vasanas* vorbeiziehen, wie die Landschaft, die wir durchs Busfenster betrachten. Lasst euch nicht von ihnen gefangen nehmen. Dann werden sie keine große Wirkung auf euch haben.

Der menschliche Geist hat zwei Seiten: Die eine richtet sich ganz auf das Ziel aus und sehnt sich nach Verwirklichung, die andere blickt nur auf die Außenwelt. Ein Kampf wütet zwischen beiden. Solange man sich nicht mit den auftauchenden Gedanken identifiziert, entsteht kein Problem.

Derzeit ist euer Geist wie ein Spiegel am Straßenrand, der alles reflektiert, was auf der Straße vorbeikommt. In ähnlicher Weise wendet sich das Bewusstsein nach außen, allem zu, was wir sehen oder hören. Allerdings fehlt uns eine Eigenschaft des Spiegels: obwohl er alles deutlich reflektiert, bleibt er unberührt. Alles verschwindet, sobald es außer Sichtweite ist. Der Spiegel kennt keinerlei Anhaftung. So sollte unser Geist sein. Idealerweise sollten wir alles, was wir sehen, hören oder denken, gleich wieder loslassen – wie die vorübergehenden Anblicke am Straßenrand. Wir sollten uns an nichts binden und daran denken, dass die auf- und absteigenden Gedanken zum mentalen Bereich gehören und das Selbst nicht berühren. Lebt als bloßer Zeuge.

Wollt ihr die Schönheit eines schnell dahin fließenden Flusses genießen – und nicht nur das Wasser, sondern auch die Fische und anderen Wasserlebewesen, kurzum: alles, was zur Natur des Flusses gehört, so ist es am besten, am Ufer zu sitzen und zu beobachten. Springt man hinein, besteht die Gefahr, von der Strömung mitgerissen zu werden und vielleicht sogar zu ertrinken.

Es ist dann nicht möglich, die Schönheit des Flusses zu erfahren. Lebt in ähnlicher Weise als Zeuge, d.h., ohne vom Gedankenfluss mitgerissen zu werden. Lernt, Abstand zu nehmen.

Es ist notwendig, den Geist beherrschen zu lernen, die Kraft zu entwickeln, ihm Einhalt zu gebieten – so wie die Bremsen eines neuen Autos das Fahrzeug jederzeit zum Halten bringen können.

Die Menschen vertrauen ihrem Verstand, aber nicht einem spirituellen Meister. Aber das entspricht der Auslieferung an einen Narren, da der Verstand meist nur oberflächlich über das nachdenkt, was er sieht. Er verfügt nicht über tiefergehendes, wahres Verständnis der Dinge.

Satsang – das heißt Aufenthalt in der Gegenwart einer großen Seele, das Lesen von spirituellen Büchern und Anhören spiritueller Vorträge - ist sehr wichtig. Durch solche Beschäftigung entwickelt sich Unterscheidungskraft und es entsteht Friede in uns. Aber eigene Bemühungen sind ebenfalls notwendig.

Unser Weg ist voller Hindernisse. Es ist stete Wachsamkeit geboten – wie beim Überqueren einer lange nicht benutzten Brücke, die mit rutschigem Matsch bedeckt ist. Da in jedem Augenblick die Gefahr besteht zu fallen, ist bei jedem Schritt höchste Aufmerksamkeit geboten. Rutschen wir aus, müssen wir wieder aufstehen. Der Fall dient dazu zu lernen, sich wieder zu erheben. Sieg und Niederlage gehören zur Natur des Lebens. Geht von nun an jeden Schritt mit größerer Vorsicht. Es ist ungut, sich in einer schwierigen oder negativen Situation zu befinden ohne etwas dagegen zu unternehmen. Seid euch dessen bewusst, dass die Gefahr zu fallen bis zuletzt bestehen bleibt – also bis unmittelbar vor der Befreiung.

Es ist unerlässlich, unsere Unterscheidungskraft einzusetzen, wenn Wünsche, Ärger und Eifersucht in uns auftauchen. Meine Kinder, seid bei jedem Schritt, den ihr vorangeht, achtsam, da in jedem Moment die Gefahr lauert zu fallen.

Frage: Hilft Amma uns wieder aufzustehen, wenn wir fallen?

Amma: Seit euch dessen gewiss, dass Amma immer bei euch ist. Habt Vertrauen, Kinder, ihr braucht euch nicht zu fürchten. Aber Bemühung und Ausdauer eurerseits sind unerlässlich. Wenn ihr Amma mit Unschuld und Glauben ruft, ist sie stets bereit, euch zu helfen. Steht nach einem Fall wieder auf; macht einen Aufstieg daraus.

Frage: Haben selbstverwirklichte Meister irgendwelche Vorlieben oder Abneigungen?

Amma: Nein, in dem Zustand ist alles dasselbe. Es gibt keine Präferenzen, nur den beobachtenden Zeugen. Ein Mahatma hat Kontrolle über sein Innenleben und kann stets nein sagen. Entschließt er sich, das Spiel zu spielen, wird das Gemüt dazu eingesetzt. Da es aber unter seiner Kontrolle steht, kann er jederzeit abbrechen. Das Gemüt eines Mahatmas gleicht den Bremsen eines teuren Autos, werden die Bremsen betätigt, hält es sofort und ohne zu rutschen - selbst bei hoher Geschwindigkeit.

Der Durchschnittsmensch wird von seinem Gemüt beherrscht und richtet sich nach dessen Impulsen. Ein Mahatma hingegen hat sein Gemüt fest im Griff; es hat keine Macht über ihn. Er ist schlicht Zeuge von allem. Amma spricht von den echten Meistern – nicht von denen, die herum gehen und behaupten, sie seien frei von allen Bindungen, obwohl sie noch Verlangen und Wut in sich tragen.

Krishna, der Herr des Yogas – Beschützer der Rechtschaffenheit

Frage: Die Persönlichkeit Krishnas durchzieht die ganze Geschichte der indischen Kultur. Trotzdem fällt es schwer, eine Erklärung für einige seiner Handlungen zu finden. Manches Vorgehen erscheint sogar unrecht. Was sagt Amma dazu?

Amma: Wer wirklich das hohe Wesen Sri Krishnas verstanden hat, wird seine Vorgehensweise nicht in Frage stellen. Sein Leben wird weiterhin ein Vorbild für Menschen der kommenden Zeitalter sein, so wie es in den vergangenen der Fall war. Seine Herrlichkeit ist nicht zu übertreffen. Seine Geschichte ist eine Quelle der Freude und Inspiration für Menschen aus allen Lebensbereichen.

Wenn ein Restaurant nur ein Gericht anbietet, werden nur Leute kommen, denen dieses schmeckt. Steht aber eine Auswahl zur Verfügung, werden sich die verschiedensten Menschen angezogen fühlen, da es für jeden etwas gibt. Krishnas Lehren sind für alle geeignet. Er ist nicht für eine bestimmte Gesellschaftsschicht gekommen. Er zeigte allen – selbst Prostituierten, Räubern und Mördern – einen Weg für spirituellen Fortschritt.

Krishna regt uns dazu an, unserem *dharma*[12] (hier: Pflicht) zu folgen. Sein Ruf beinhaltet keine Anregung zu unrechtem Handeln (adharma[13]), bzw. mit unrechtem Handeln fort zu fahren. Er fordert uns auf, gemäß unserem wirklichen *dharma* zu leben, uns darin nicht beirren zu lassen und so im Leben auf das höchste Ziel hin zu steuern

Krishna fordert uns nicht dazu auf, unsere Zeit damit zu verschwenden, über vergangene Fehler zu brüten und zu lamentieren. Das ist nicht seine Art. Er lehrt uns, sie zu korrigieren und weiter zu gehen. Es gibt keine Sünde, die nicht mit Tränen der Reue weg gewaschen werden könnte. Sobald wir jedoch wissen, was richtig ist, sollten wir die Fehler nicht fortsetzen. Es ist wichtig, innere Standfestigkeit zu entwickeln, um den richtigen Kurs beizubehalten. Krishna zeigte uns wie. Er lehrte den Weg, der für einen jeden am besten geeignet ist. Er ermuntert uns da, uns von der Ebene, auf der wir uns gerade befinden, zu erheben. Der Weg des einen mag für den anderen nicht geeignet sein. Darin liegt kein Mangel Krishnas oder seiner Lehren. Es handelt sich lediglich um ein Eingehen auf Eigenheiten verschiedener Menschen (*samskaras*[14]).

---

[12] Auf Sanskrit bedeutet das Wort *dharma*: "das, was [die Schöpfung] aufrecht hält." Am häufigsten wird der Ausdruck als Bezeichnung für das verwendet, was die Harmonie des Universums erhält. *dharma* hat jedoch eine vielfache Bedeutung. Dazu gehören: das göttliche Gesetz, das Gesetz des Seins (Existenz), Rechtschaffenheit, Religion, Pflicht, Aufgabe, Tugend, Gerechtigkeit, Güte (Gutsein) und Wahrheit. *Dharma* steht für die inneren Prinzipien von Religion. Eine bekannte Definition besagt, dass *dharma* für alle Wesen in der Schöpfung spirituelle Erhebung und allgemeines Wohlergehen bewirkt.

[13] *Adharma* ist das Gegenteil von *dharma*.

[14] *Samskara:* Die Gesamtheit der inneren Programmierungen durch die Erfahrungen in diesem oder früheren Leben, die Einfluss auf das Leben des Menschen nehmen. Dadurch ergibt sich Naturell, Handlungsweise,

Das höchste Wesen, Krishna, erschien, um alle zu erheben. Leute stellen manche seiner Vorgehensweisen in Frage, da sie sich nicht bemühen, ihn wirklich zu begreifen. Betrachten wir eine Landschaft vom Erdgeschoss aus, sehen wir vielleicht Hügel, Täler, Felder und Wälder. Schauen wir jedoch aus großer Höhe, sehen wir alles als eine grüne Fläche. Es ist also eine Frage des Standpunktes, den wir einnehmen. Betrachten wir die Handlungen Krishnas aus der richtigen Perspektive, werden wir klar erkennen können, dass jede seiner Handlungen auf die geistige Weiterentwicklung der Menschen abzielte. Zweifeln wir jedoch, erscheint alles falsch, man sieht in niemandem etwas Gutes. Der Fehler liegt nicht bei Gott, sondern im falschen *Samskara*. Aber selbst solchen Menschen weist Krishna den Weg zum Fortschritt. Da seine Lehren nicht richtig verinnerlicht wurden, hat sich der Zustand Indiens in solchem Ausmaß verschlechtert.

Ein Kind erhält ein Geburtstagsgeschenk, das in farbenfrohem Papier wunderschön verpackt ist. Da ihm die Verpackung so gut gefällt, öffnet es das Paket nicht. So findet es das wertvolle Geschenk darin nicht. Vergleichbares geschah mit den Menschen im Hinblick auf Krishna. Manche waren von seinen Wundern fasziniert; andere sahen nur fehlerhaftes Handeln darin und kritisierten ihn. Keine dieser Seiten begriff das Wesentliche. Deshalb gewannen sie keinen Zugang zu ihm selbst. Beide Richtungen ließen die Frucht beiseite und kämpften um die Schale! Sie waren nicht bereit, die Botschaft seines Lebens zu begreifen. Statt die Mahatmas mit Lobpreis oder Kritik zu überschütten, sollten wir die Botschaft ihres segensreichen Lebens in uns aufnehmen. Dann können wir selbst friedliche, mit Glückseligkeit gesegnete Leben führen und zum Vorbild für die Welt werden.

Frage: Wich Krishna während des Mahabharata-Krieges nicht viele Male vom Pfad der Wahrheit ab?

Amma: Mit Kleingeistigkeit lassen sich die Handlungen Krishnas nicht wirklich verstehen oder aufnehmen. Jede seiner Taten und Vorgehensweisen wurzelte fest im *Dharma*. Es ist unmöglich, die Verhaltensweise eines *Mahatmas* aus gewöhnlicher Sichtweise zu verstehen. Nur tiefe Kontemplation und Herzensreinheit ermöglicht uns ansatzweise, die Bedeutung der Handlungen eines *Mahatmas* zu verstehen.

Ein *Mahatma* hat kein Ego. Er oder sie gleicht einem Vogel – die Straßenverkehrsregeln gelten nicht für die Vögel in der Luft. Menschen, die noch Ego haben, müssen sich nach den Regeln richten. Krishnas Handeln bezog sich auf die jeweiligen Umstände. Er hatte stets ein Ziel im Auge: die Wiederherstellung von Rechtschaffenheit. Er ging auf die Umstände des Einzelnen ein. Wenn es sich jedoch um eine Angelegenheit der Gesellschaft handelte, gab er ihr den Vorrang. Betrachtet Krishna in der Bhagavad Gita. Er, der über das höchste Selbst lehrte, nahm nicht aus persönlichem Interesse am Krieg teil.

Frage: Tausende von Menschen verlieren während eines Krieges ihr Leben. Unterstützte Krishna nicht Gewalt, als er Arjuna zum Kampf drängte?

Amma: Krishna wollte nie Krieg. Sein Weg war stets von äußerster Toleranz geprägt. Wenn jedoch die Duldsamkeit einer mächtigen Person jemanden ermutigt, andere zu verletzen oder Gewalt anzuwenden, so entsteht daraus ein noch größeres Maß an Gewalt. Wenn unsere Toleranz eine andere Person egoistischer macht, ist es am besten, damit aufzuhören. Aber wir sollten auf der Hut sein und gegen diese Person keine Abneigung oder Rachegefühle hegen. Es ist wichtig, nicht gegen den Betreffenden zu sein, lediglich gegen die unrechte Handlungsweise.

Krishna empfand keine Abneigung gegenüber Duryodhana. Er wollte nur, dass er sein übles Tun einstellte. Das war notwendig für das Wohlergehen der Bevölkerung und des Landes. Erst als es keine andere Möglichkeit mehr gab, dieses Ziel zu erreichen, stimmte das höchste Wesen, Sri Krishna, dem Krieg zu. Er, der über die Fähigkeit verfügte, die gesamte Welt zu zerstören, versprach, im Krieg keine Waffen anzurühren, sondern nur als Wagenlenker teilzunehmen. Zeigt das nicht, dass er kein Interesse an Kampf hatte?

Hätte Duryodhana den Pandavas auch nur ein Haus als Unterkunft angeboten, hätte Sri Krishna die Pandavas beruhigt und sie gebeten, sich damit zufrieden zu geben. Aber die Kauravas brachten nicht einmal so viel Mitgefühl auf [15]. Es waren die Kauravas, insbesondere Duryodhana, die andere in den Krieg drängten.

Befindet sich ein Land in den Händen eines Herrschers, der eine Verkörperung des Unrechts selbst ist, kann das zur Zerstörung der Welt führen. Solche Regenten sollten so schnell wie möglich entmachtet werden – mit den dazu nötigen Mitteln. Darin zeigt sich Erbarmen für das Volk. Fällt man einen giftigen Baum, kann es sein, dass einige kleine Pflanzen um ihn herum ebenfalls zerstört werden. Setzt man einen Obstbaum, wird man möglicherweise einige kleine Pflanzen entwurzeln, um Raum für den Setzling zu schaffen. Aber wie viel Nutzen wird der junge Baum den Menschen später bringen! Außerdem können dann viele kleine Pflanzen in seinem Schatten gedeihen. In diesem Licht gesehen ist die anfängliche Zerstörung einiger kleiner Pflanzen – wenn auch bedauerlich – eine akzeptable Einbuße.

Wäre Duryodhanas Leben verschont worden, wäre er in andere Königreiche

---

[15] Die Hälfte des Königreiches gehörte den Pandavas. Nach ihrer Rückkehr von 12 Jahren im Exil erwarteten sie die Rückgabe ihres Anteils; aber ihr Cousin Duryodhana verweigerte dies.

eingefallen und hätte mehr Menschen getötet, als dem Mahabharata-Krieg zum Opfer fielen. Seine Handlungsweise hätte außerdem noch größeren Schaden für die Gesellschaft und die zukünftige Zivilisation gebracht. Es ist auf jeden Fall vorzuziehen die Rechtschaffenheit zu schützen, auch wenn es einige Leben kostet, als nicht-rechtschaffene Menschen weiter regieren zu lassen, was dann schließlich mehr Leben fordert und zum völligen Rechtsverfall führen würde. Krishnas Vorgehen war auf den Schutz von Dharma ausgerichtet. Krieg verblieb als einzige Möglichkeit. Seine Handlungsweise war völlig angemessen. Hätte er aus Motiven persönlicher Art heraus gehandelt, wären Vorwürfe vielleicht berechtigt, aber keine einzige seiner Taten war eigennützig. Er hatte keinen Vorteil für sich oder seine Familie im Auge. Seine Absicht bei allem waren Schutz und Erhalt von Dharma und das Wohlergehen des Volkes.

Frage: War es richtig, dass Krishna Arjuna zum Kampf aufforderte?

Amma: Der Herr lehrte, das Leben mit einem Verständnis von *dharma* und *adharma* (Recht und Unrecht) zu führen. Er vermittelte, dass selbst Krieg ein akzeptables Mittel darstellt, wenn es keine andere Möglichkeit zur Aufrechterhaltung der Rechtschaffenheit gibt. Er hat niemals impulsiv gehandelt. Er zeigte, dass man nur dann zu Waffen greifen sollte, wenn der Gegner sich dem Weg des Dharma widersetzt, nachdem breiter Spielraum gelassen wurde, die Fehler zu korrigieren.

Jeder hat seine persönlichen Pflichten und sollte gewillt sein, entsprechend zu leben. Ist das nicht der Fall, werden die Betreffenden und die gesamte Gesellschaftsordnung negativ beeinflusst. Ein Mahatma möchte niemandem Schaden zufügen. Er hängt auch an niemandem in besonderer Weise. Der einzige Wunsch von großen Seelen besteht darin, das *dharma* in der Gesellschaft aufrecht zu erhalten. Gemäß den vorherrschenden Umständen wirken sie auf dieses Ziel hin.

Entstünde im Zimmer eines Hauses ein Feuer, würde man den Leuten raten, in der Nähe zu sitzen und zu meditieren? Nein! Man würde sie auffordern, Wasser ins Feuer zu gießen, damit es so schnell als möglich gelöscht wird. Wenn notwendig, würde man nicht zögern, Pflanzen oder Baumzweige zu schneiden, um das Feuer auszuschlagen. In einer solchen Situation wäre das angemessen. Dies entspricht Krishnas Vorgehensweise. Ein mutiger Mensch, der sich genau überlegt, was die beste Handlungsweise ist, würde niemals vor der Situation davonlaufen. Das entspräche nicht der gegebenen Pflicht.

Ein Mahatma misst dem Wohlergehen der Gesellschaft immer die größere Bedeutung bei, als Freud oder Leid irgendeiner Einzelperson. Wäre Duryodhana und seinen Leuten kein Einhalt geboten worden, hätte das Übel die gesamte Bevölkerung ergriffen. Krishna wusste, dass die Rechtschaffenheit nur durch den Tod der Übeltäter zu retten war. Aus diesem Grund drängte er Arjuna zu kämpfen. Untätig und unbeteiligt zuzuschauen wie sich das Unrecht ausbreitet, ist von noch größerem Übel.

Es war Duryodhana, der den Krieg auslöste. Krishna hatte einige Möglichkeiten zur Vermeidung aufgezeigt, aber er ging auf keinen Vorschlag ein.

Alles, was sie besaßen, hatten die Kauravas auf unrechte Weise erworben. Sie betrogen beim Würfelspiel und brachten die Pandavas um all ihren Besitz. Die Pandavas hingegen hielten unerschütterlich am Prinzip der Wahrheit fest. Krishna verhandelte an ihrer Stelle, aber die Kauravas lenkten nicht ein. Krishna erklärte den Kauravas, dass die Pandavas nicht das ganze Reich beanspruchten, sondern nur die Hälfte. Sie gingen nicht darauf ein. So fragte er, ob sie jedem wenigstens ein Haus zum Wohnen zugestehen würden. „Nein" lautete die Antwort. Krishna war sogar gewillt, nur ein Haus für alle zu akzeptieren. Erst als die Kauravas arrogant erklärten, dass sie den Pandavas nicht einmal soviel Land wie die Spitze einer Nadel geben würden, akzeptierte Krishna Krieg als das einzige noch zur Verfügung stehende Mittel. Was wäre die Konsequenz für die Bevölkerung gewesen, wenn man diese unrechten Menschen hätte gewähren lassen – insbesondere, da sie nicht gewöhnliche Menschen, sondern die Herrscher des Landes waren? Ihre Herrschaft hätte den völligen Ruin des Landes bedeutet. Güte und *dharma* wären verschwunden, was den Fall der Menschen und des Landes zur Folge gehabt hätte. Es ist die Pflicht eines Mahatmas, Recht und Ordnung wieder herzustellen und die Menschen zu schützen. Die Pandavas waren für diesen Zweck Krishnas Instrumente.

Herrscher sollten ihre Untertanen als ihre Angehörigen sehen. Die Kauravas betrachteten sie jedoch als Feinde. Was kann man von Herrschern erwarten, die nicht einmal ihre eigenen Cousins anständig behandeln?

Krishnas Haltung war von unendlicher Vergebung geprägt. Er hatte die Absicht, den Kauravas Ratschläge hinsichtlich *dharma* zu erteilen, aber bei seiner Ankunft am Hof versuchten sie, ihn zu entehren. Wenn man solche Menschen mit allem davon kommen lässt, würde man damit der Bevölkerung und dem *dharma* großen Schaden zufügen.

Krishna bemühte sich mit allen vier traditionellen Methoden um die Lösung des Konfliktes – Schlichtung, Wohltätigkeit, Ermahnung und Strafe. Erst nachdem alle Versuche wirkungslos blieben, entschied er sich für Krieg, um die Übeltäter zu vernichten.

Es gab einmal einen spirituellen Meister, der einen in der Armee dienenden Schüler hatte. Es brach Krieg mit einem anderen Land aus. Der Schüler hatte noch nie in einem Krieg mitgekämpft. Da er viele schreckliche Kriegsgeschichten gehört hatte, fürchtete er sich schon, wenn er nur das Wort hörte. Er desertierte, ging zum Meister und erklärte ihm, dass er aus dem Berufsleben ausscheiden und ein Mönch werden wolle. Der Feind befand sich im Vormarsch. Das Land war in Gefahr - ohne genügend Soldaten. Dem Meister war klar, dass sein Schüler aus Furcht und nicht aus wirklicher Entsagung Mönch werden wollte. Daher flößte er ihm Mut ein und schickte ihn zurück aufs Schlachtfeld. Der Meister tat das nicht, weil er selbst in irgendeiner Weise am Krieg interessiert war, sondern weil es zu diesem Zeitpunkt der Pflicht des Schülers entsprach mit zu kämpfen, da er ein Soldat war. Es ist niemals richtig, feige zu sein und fort zu laufen. Außerdem ist es unmöglich mit dem Mönchsgelübde die Befreiung zu erlangen, wenn es an Mut fehlt. Der Meister belehrte den Schüler über seine Pflicht und gab ihm die Kraft zur Ausführung.

Wäre es richtig, einen Soldaten auf dem Schlachtfeld aufzufordern, alles hinter sich zu lassen und ein Mönch zu werden, weil das der Weg zur Befreiung ist? Soldaten haben die Pflicht, für die Sicherheit des Landes zu sorgen. Üben sie ihre Aufgabe nicht aus, betrügen sie sowohl sich selbst als auch ihr Land. Wenn die Sicherheit des Landes auf dem Spiel steht, ist es nicht mit der Soldatenpflicht vereinbar, die Welt zu verlassen, um Mönch zu werden. Es ist seine Pflicht, gegen den Feind zu kämpfen. Will ein Soldat zu einem solchen Zeitpunkt der Welt entsagen, wird er das Ziel nicht erreichen - die Natur der Dinge wird es nicht zulassen.

Die großen spirituellen Meister werden geboren, um ein Bewusstsein für *dharma* zu vermitteln. Kommen Soldaten ihrer Pflicht nicht nach, wird das Land gefährdet und es entsteht Leid für die Bevölkerung. Damit das nicht geschieht, kann ein echter Lehrer einem Soldaten nur den Rat geben, seine Aufgabe zu erfüllen. Das bedeutet jedoch keineswegs, dass große Meister Töten oder Gewalt befürworten. Sie halten die Menschen an, dem Pfad des *dharma* der jeweiligen Zeit entsprechend zu folgen. Wir sollten daher die Umstände in Betracht ziehen, wenn wir die Worte und Taten eines Mahatmas bewerten.

Arjunas Lage war nicht anders als die des Soldaten in der Geschichte. Auch er brachte den Wunsch zum Ausdruck, allem zu entsagen. Dieser Impuls entsprang den familiären Bindungen mit der Gegenseite. Aber zu jenem Zeitpunkt entsprach es nicht Arjunas *dharma*, der Welt den Rücken zu kehren. Sein Verlangen beruhte nicht auf Einsicht hinsichtlich des Ewigen und des Vergänglichen, sondern auf seiner Gebundenheit. Das wusste Krishna, daher forderte er ihn auf zu kämpfen.

Er hegte kein persönliches Interesse am Krieg und forderte Arjuna lediglich auf, seiner Pflicht nach zu kommen. Wäre ihm am Krieg gelegen gewesen, hätte er die Pandavas schon lange zuvor dazu überreden können. Es bestand keine Notwendigkeit, damit zu warten. Versäumt man jedoch seine Pflicht aus Angst, Bindungen oder anderen Gründen, so entsteht für die Bevölkerung und das gesamte Land Schaden. Dessen sind sich die Mahatmas bewusst, deshalb halten sie die Menschen an, den Umständen entsprechend dem Pfad des *dharma* zu folgen.

Wer das Selbst erkannt hat, ist immer mitfühlend, wünscht, dass die Gesellschaft in Frieden und Harmonie gedeihen kann und wird Kampf und Streit vermeiden. Nur wenn Rechtschaffenheit herrscht, kann dieses Ziel erreicht werden. So sieht das Vorbild aus, das Sri Krishna uns anbietet.

Frage: Es heißt zwar, dass vor Krishnas Augen alle gleich waren, aber hatte er nicht eine besondere Bindung zu den Pandavas?

Amma: Nicht eine einzige seiner Handlungen beruhte auf Bindung. Warum sollte jemand, der nicht einmal Bindung gegenüber seiner Familie empfindet, einschließlich seiner eigenen Kinder, sich an andere gebunden fühlen. Selbst als seine Söhne und Verwandten sich später bekämpften und an ihrer Arroganz zugrunde gingen, verlor er seinen Gleichmut nicht. Es trat keine Veränderung in seinem Gesichtsausdruck auf. Wer auch nur eine Spur von Gebundenheit hat, kann der Welt nicht den Pfad der Rechtschaffenheit leuchten. Ein von Verhaftung umwölkter Geist kann nicht zwischen Recht und Unrecht unterscheiden.

Krishna zeigte keine Bevorzugung, als sowohl Duryodhana als auch Arjuna bei ihm Beistand für den Krieg suchten. Er gab beiden Parteien, worum sie gebeten hatten. Als Duryodhana um Krishnas Armee bat, stellte er sie ohne Zögern zur Verfügung. Arjuna wünschte nur den Herrn selbst. Daran änderte sich auch nichts, als ihm Sri Krishna mitteilte, dass er im Kampf nicht zu den Waffen greifen würde. Er stellte sich nicht aufgrund von Bindung, sondern wegen Arjunas selbstloser Hingabe und Gottergebenheit auf die Seite der Pandavas.

Jemandem wird Wasser angeboten, aber er lehnt ab und schiebt die Tasse weg. Eine andere, von Durst geplagte Person, verlangt nach Wasser und erhält so viel sie möchte. Kann das als Bindung seitens des Gebers betrachtet werden? Duryodhana wollte nicht den Herrn, sondern seine Armee. Arjuna hingegen hatte kein Interesse an Krishnas Waffen, sondern nur am Herrn selbst. Die Wünsche beider wurden erfüllt.

Krishna hielt sein Versprechen und wurde Arjunas Wagenlenker. Als Arjuna auf dem Schlachtfeld Zuflucht beim Herrn als sein Jünger suchte, erklärte er Arjuna dessen *dharma* durch die Worte der *Bhagavad Gita*. Wenn die hinter den Handlungen stehende Kraft von Anhaftung befreit ist, wird das Wissen des höheren Selbst zum Führer und zeigt den Weg. Krishna offenbarte seine kosmische Gestalt sowohl Arjuna als auch Duryodhana. Duryodhana tat dies als eine Art von Magie ab. Aber Arjuna war überzeugt und überantwortete sich dem Herrn. Arjunas Glaube und Demut brachte den Pandavas den Sieg.

Nur aufgrund der Gegenwart Krishnas waren die Pandavas fähig, den Kauravas ihr massives Unrecht zu vergeben. Sie hätten sonst Duryodhana schon lange zuvor vernichtet. Der Pfad der Rechtschaffenheit erfordert ein Höchstmaß an Duldsamkeit und Demut; keinesfalls übereiltes Handeln oder Arroganz. Dies demonstrierte der Herr mit dem Beispiel der Pandavas.

Frage: Ist es recht – selbst zur Erhaltung von Dharma – den Weg der Gewalt zu beschreiten?

Amma: In der Beurteilung von Gewalt oder Gewaltfreiheit sollten wir nicht nur die Handlung allein betrachten. Eine wesentliche Rolle spielt die Motivation für die Tat.

Eine Frau stellt ein Mädchen zum Reinigen des Hauses an und trägt ihr mehr auf, als sie bewältigen kann - wie sehr sie sich auch bemüht. Als sie deswegen ausgeschimpft wird, bricht sie in Tränen aus. Sie hat niemanden, der sie tröstet. Dieselbe Frau verabreicht ihrer Tochter eine Tracht Prügel, weil diese ihre Zeit mit Spielen vertut, anstatt ihre Hausaufgaben zu machen. Die Tochter sitzt in einer Zimmerecke und weint. Beide Mädchen – die Tochter und die Angestellte – weinen. Bei der Tochter können die Schläge nicht als Gewalt bezeichnet werden, da die Mutter sie mit der guten Absicht strafte, die Zukunft der Tochter zu verbessern. Hinter der Handlung steht Liebe für die Tochter.

Die Angestellte wurde zwar nicht geschlagen, aber das Verhalten ihr gegenüber stellt eine Grausamkeit dar – in der Tat eine Form von Gewalt. Würde eine wahre Mutter sich so gegenüber ihrem Kind verhalten? Wir sollten die unterschiedlichen Einstellungen hinter den zwei Handlungsweisen beachten.

Ein todkranker Patient stirbt während einer Operation. Trotzdem lobt jeder den Arzt für seine großen Bemühungen, das Leben des Patienten zu retten. Woanders ersticht ein Dieb einen Wächter, der ihn am Stehlen hindern will, mit einem Skalpell, wie es der Arzt bei der Operation verwendet hat. Die Handlung des Arztes beruhte nicht auf Gewalt (*ahimsa*) - im Gegensatz zu der des Räubers (*himsa*).

Ist mehr als genügend Nahrung für eine Mahlzeit vorhanden, entspräche es einer Art von Gewalt ein Hühnchen zu schlachten, nur um noch einen weiteren Leckerbissen zu servieren. Das gleiche gilt für unnötiges Pflücken von Blumen.

Die Absicht ist entscheidend dafür, ob es sich um Gewalt handelt oder nicht. Es entspricht einer Gewaltanwendung, wenn wir einem Lebewesen aus Egoismus, für unser eigenes Glück oder um es selbst leichter zu haben, Schaden zufügen. Das ist jedoch nicht der Fall, wenn es für das Wohlergehen der Bevölkerung notwendig ist, einer schädlichen Person Schmerz zuzufügen. Aus diesem Grunde wird der Mahabharata-Krieg als *dharma*-Krieg bezeichnet.

Frage: Krishna tötete Kamsa, seinen eigenen Onkel. Wie kann das gerechtfertigt werden?

Amma: Lesen wir Heilige Schriften wie die Puranas, sollten wir nicht nur die oberflächlichen Geschehnisse betrachten, sondern tiefer gehen, um die dahinter stehenden Prinzipien zu begreifen. Geschichten wie diese sind vergleichbar damit, den Finger eines blinden Kindes zu nehmen, um ihm beizubringen, Braille-Schrift zu lesen, d.h., die Geschichten stellen ein Hilfsmittel dar, um Prinzipien zu vermitteln. Eingewoben in all diese Geschichten ist *atma tattva* (Prinzip des Selbst). Erst wenn wir das zugrunde liegende Prinzip erfassen, können wir den vollen Nutzen aus ihnen ziehen.

Es war Krishnas Absicht, jeden auf die ewige Glückseligkeit vorzubereiten. Das ist jedoch nur über den Pfad der Rechtschaffenheit möglich. Manche Menschen, denen es an Unterscheidungskraft fehlt, verspüren schon gegenüber dem Wort eine

Aversion. Das war bei Kamsa der Fall. Wie viele Ratschläge man ihm auch erteilte, er verfügte nicht über die Reife, irgendeinen Rat anzunehmen. Wer den Pfad der Rechtschaffenheit verlässt, kann niemals das Selbst erkennen.

Krishna kam sowohl für die Tugendhaften als auch für die Sünder auf die Erde. Seine Mission beinhaltete auch, Übeltäter zu Gott zu führen. Er setzte alles daran, ihnen ein Gefühl für Rechtschaffenheit einzuflößen. Aber in ihrer tiefen Verblendung der Identifikation mit dem Körper verweigerten sie dies. So blieb ihm nur eine Wahl – ihren Körper zu zerstören, der die Ursache für all ihre üblen Handlungen und Stütze all ihrer triebhaften Sinne war. Er ließ dies zu, weil es die einzige Möglichkeit war, sie von der Unbeständigkeit des Körpers und der Ewigkeit des Selbst zu überzeugen. Nur durch diese Erfahrung konnten sie begreifen, dass die Möglichkeit zu ewiger Glückseligkeit besteht, die mit den Sinnen nicht erfasst werden kann.

Manchmal wirft eine Mutter die Kleidung ihres Kindes fort, weil sie durch Waschen nicht mehr sauber wird. Sie tut das in der Absicht, ihm neue anzuziehen. Kann man das Unrecht nennen? Im Fall einer im Unrecht versunkenen Person, die das Leben anderer und das Wohlergehen der Bevölkerung bedroht, kann – wenn alle anderen Mittel versagen – die letzte Möglichkeit darin bestehen, die Person von dem derzeitigen Körper zu befreien. Es besteht die Möglichkeit, dass das Wesen in einem neuen Körper die Bedeutung von Dharma erkennt und den richtigen Weg zum Ziel beschreitet.

Ist eine Bananenstaude von einer nicht behandelbaren Krankheit befallen, wird sie bis nahe an die Wurzel abgeschnitten. Dadurch wird die Infektion neuer Triebe verhindert. Das neue Wachstum wird gesund sein und gute Früchte bringen.

Krishna war klar, dass Kamsa sich in jenem Leben niemals an den Weg des Dharma halten würde. Denken und Körper waren zu tief im Unrecht versunken. Der alte Körper musste einem neuen Platz machen. Als er durch die Hand des Herrn starb, verließ er seinen Körper mit Blick und Gedanken auf ihn gerichtet. Dadurch wurden alle seine Sünden weg gewaschen. Außerdem bestand in Kamsas tiefsten Inneren der Wunsch, durch dessen Hand zu sterben, und der Herr erfüllte diesen Wunsch.

Obwohl Krishna äußerlich gesehen Kamsa tötete, ist nicht so offensichtlich, was tatsächlich geschah. Der Herr hob Kamsas Seele aus dem Körper und schuf die richtigen Umstände, damit er das höchste Selbst erreichen konnte. Er zerstörte Kamsas Ego und erhob seine Seele in den höchsten Stand.

Nehmen wir an, Löwen und Leoparden wurden auf eine Wand gemalt. Werden die Zeichnungen entfernt, existieren die Tiere nicht länger – nur die Wand bleibt, die Träger der Tierformen war. Wir können auch Hirsche oder Kaninchen auf diese Wand malen. Handelt es sich wirklich um den Tod der Löwen und Leoparden? Wurden Hirsche und Kaninchen wirklich geboren? In Wirklichkeit änderten sich nur einige Linien auf der Wand, die erhalten blieb. In ähnlicher Weise hat Krishna nur die egoistische Natur Kamsas vernichtet und nicht das innere Selbst. Wir sollten dies begreifen.

Frage: Sind nicht manche Taten Krishnas, wie z.B. der Diebstahl der Kleidung der Gopis und das *rasa-lila* unschicklich für eine göttliche Inkarnation?

Amma: Wer Krishna des Diebstahls der Kleidung bezichtigt, kann nur als ignorant bezeichnet werden, da er zu der Zeit erst sechs oder sieben Jahre alt war. Es war sein Wunsch, jeden zu beglücken. Seine Absicht bestand in diesem Fall darin, künstliche Schranken von Stolz und Scham zu brechen und jede Seele für das höchste Sein zu erwecken. Ein Kind, das auf der Hüfte der Mutter sitzt, denkt nicht an seine Kleidung. Jeder von uns sollte die Haltung entwickeln, Gottes kleines Kind zu sein. Die Kultivierung völliger Unschuld Gott gegenüber – frei von Körperbewusstheit - ist notwendig. Um Gott zu erreichen, müssen Stolz und Schamgefühl aufgegeben werden. Es ist unmöglich, sich zum wahren Selbst zu erheben, ohne das Körperbewusstsein aufzugeben.

In früheren Zeiten bedeckten die Frauen in Kerala ihre Brüste nicht. Niemand stieß sich daran. Aber wie würde man heute darauf reagieren? Auch die Weise wie sich Menschen im Westen im Sommer kleiden, würde in Indien Anstoß erregen. Aber da es im Westen üblich geworden ist, hat man sich daran gewöhnt und findet es nicht verkehrt. Selbst Inder, die sich jetzt daran stören, würden sich bei einem längeren Aufenthalt im Westen daran gewöhnen. Einige würden sich vielleicht selbst so kleiden.

Stolz und Schamgefühl entstehen im menschlichen Geist. Um Gott zu erreichen, müssen diese bindenden Ketten gebrochen werden.

Natürlich meint Amma[16] nicht, dass keiner mehr Kleidung tragen sollte! Sie möchte lediglich zum Ausdruck bringen, dass nichts uns daran hindern sollte, ununterbrochen an Gott zu denken. Wir müssen frei werden von allem, was uns von Gott ablenkt.

Das *rasa-lila* fand nicht auf der gewöhnlichen Ebene der Sinne statt, wie es die Menschen heute interpretieren. Die *Gopis* erfuhren dabei die Seligkeit des Verschmelzens der persönlichen Seele mit dem höchsten Sein. Aufgrund ihrer Liebe zum Göttlichen, erschien Krishnas jeder einzelnen. Durch seine Kraft segnete er alle mit einer Vision des Selbst.

Das *rasa-lila* ist etwas, wovon der an die Sinne gebundene Mensch nicht geringste die Vorstellung hat. Erst wenn Geist und Sinne von allen Bindungen an Sinnesobjekte befreit sind,

---

[16] Amma spricht häufig von sich selbst in der dritten Person.

können wir hoffen, einen Bruchteil der Seligkeit zu erfahren, die den Gopis beim *rasa-lila* zuteil wurde. Zwischen jeder Gopi und Sri Krishna bestand die Beziehung der Liebenden und des Geliebten (*mathura bhava*). Dieses Verhältnis gibt es auch im Christentum. Nonnen betrachten sich als die Bräute Christi. Wirft das irgendein schlechtes Licht auf ihn? Es repräsentiert die Beziehung zwischen der individuellen Seele und dem höchsten Sein. Nur wer alles durch weltliche Augen betrachtet, kann sich daran stoßen.

Krishna ließ keine Gelegenheit verstreichen, Menschen verschiedenster Art zur ewigen Glückseligkeit zu führen. Durch jede nur mögliche Situation bemühte er sich, die innere Flamme heller leuchten zu lassen. Der Herr ist verantwortlich für die Schöpfung, und es ist ebenfalls er, der die Seele wieder davon erlöst. Für die Befreiung ist die Überwindung des Körperbewusstseins unerlässlich. Aus diesem Grund inkarnierte er sich als Krishna.

Frage: In der Gita sagt Krishna, dass wir unter keinen Umständen unser *dharma* aufgeben sollten. Wie kann dann jemand seinen Beruf für eine Stellung mit höherem Einkommen verlassen?

Amma: Zu jener Zeit waren die Menschen der Ansicht, dass man die Erlösung nur durch Aufgabe aller Arbeit und Rückzug in den Wald für ein Mönchsleben erreichen könne. Deshalb erklärte Krishna, dass es nicht notwendig sei, alles zu verlassen, sondern man der Verantwortung in der Welt nachkommen und am *dharma* fest halten sollte. Er machte deutlich, dass wir nicht unsere Pflichten aufgeben sollten, sondern dass die Ausführung mit der rechten Einstellung zur Befreiung führen würde.

Es gibt einen anderen Aspekt dieses *dharma*-Konzepts. Ein Kind, das in die Familie eines Bildhauers geboren wird, kann leicht selbst zu einem guten Bildhauer werden, da die Umstände das Potential fördern. Es ist sehr wahrscheinlich, dass das Kind über ein angeborenes Talent verfügt. Die Fähigkeit von Vater oder Mutter geht in das Erbe des Kindes ein. Solch ein Kind braucht vielleicht zehn Tage, um das zu lernen, wofür andere ein Jahr brauchen würden. Die Chance, sich weiter zu entwickeln, wenn man am Familienhandwerk festhält, ist sehr groß. Wer von außen kommt, muss ganz von vorn beginnen.

Zu jener Zeit übten die traditionellen Berufe ihre Tätigkeit meisten zu Hause aus. Sie arbeiteten nicht in einem Büro oder einer Fabrik. Jeder in der Familie beteiligte sich an der traditionsgemäßen Arbeit. In der Regel schlossen sich die Kinder nach Abschluss ihrer Erziehung in der Schule eines Gurus (*gurukula*) dem Familienhandwerk an. Zu welcher der vier Hauptkasten[17] man gehörte, wurde durch den ausgeübten Beruf entschieden und nicht durch die Geburt. Niemand gehört durch die Geburt zu einer bestimmten Kaste oder Religion – alle sind einfach Gottes Kinder.

Erst als die Kinder älter waren, wurden sie je nach gewähltem Berufs in verschiedene Kasten eingeteilt. In jenen Tagen hatte ein Kind, das in der Kriegerkaste geboren wurde (*kshatriya)* das Recht, ein Brahmane (Priester oder Lehrer der Veden) zu werden. Jemand aus einer Brahmanenfamilie konnte ein Krieger werden. Wer mit Holz zu tun hatte, wurde Zimmermann genannt, auch wenn er in einer Brahmanenfamilie groß gezogen wurde. Mit der Degeneration der Regeln des *Sanatana Dharma* (die ewige Religion - eine andere Bezeichnung für den Hinduismus) wurde die Geburt allein zur Grundlage für die Kastenzugehörigkeit.

In früheren Zeiten arbeiteten die Menschen nicht nur für ein Einkommen. Das Ziel eines jeden war die Selbstverwirklichung, und die Tätigkeit stellte ein Mittel dazu dar. Mit der

---

[17] Die vier Hauptkasten: *Brahmanen* [Priester und Vedantalehrer], *Kshatriyas* [Krieger], *Vaishyas* [Händler], and *Sudras* [Arbeiter].

Vervollkommnung ihrer Arbeit verbanden die Menschen die Erfahrung Gottes.

Wenn jeder nur für Geld arbeitet, geht die Harmonie der Gesellschaftsordnung verloren. Egoismus und Gier gewinnen Oberhand.

Es gab damals kein festes Gehalt. Die Bezahlung richtete sich nach dem Bedarf, und die Menschen waren zufrieden mit dem, was sie erhielten. Zwischen dem Arbeitgeber und den Beschäftigten herrschte eine Atmosphäre der Zuneigung. Man respektierte einander. Beide Seiten waren mit den finanziellen Regelungen zufrieden. Die Zustände änderten sich mit zunehmendem Egoismus. Die Einstellung der Arbeitgeber wandelte sich zu: weniger Bezahlung, mehr Arbeit, und die der Beschäftigten zu: weniger Arbeit, höhere Bezahlung.

Es heißt, dass man bei einem Tempelbesuch das Geld, das man der Gottheit darbringt, nicht abzählen, sondern mit vollen Händen geben sollte. In der heutigen Zeit legen die Menschen kleine Münzen beiseite, so dass selbst eine ganze Handvoll lediglich einige Rupien ergibt.

Heutzutage wünschen die meisten, wegen der gesellschaftlichen Anerkennung und des guten Einkommens, dass ihre Kinder Ingenieure oder Ärzte werden. Wenige Eltern beachten die tatsächlichen Fähigkeiten ihrer Kinder. Herrscht ein gesunder Wettkampf in der Bildung, trägt es dazu bei, die Talente der Kinder hervor zu bringen. Bei der heutigen Situation entsteht Spannung in den Schülern. Sie verlieren ihr inneres Gleichgewicht, wenn sie ihre Ziele nicht erreichen und es führt schließlich dazu, den Rest des Lebens in Verzweiflung zu verbringen.

Ihre Verzweiflung treibt viele von ihnen zu Selbstmord. So etwas sollte nicht zugelassen werden. Bildung und Arbeit sollten darauf ausgerichtet sein, uns spirituell weiter zu entwickeln und einen Beitrag in der Gesellschaft zu leisten. Mit solcher

Zielsetzung, werden wir motiviert sein, uns in jedem Bereich weiter zu entwickeln. Selbst Versagen wird uns dazu anregen, erneute Anstrengungen zu unternehmen, statt Entmutigung zuzulassen und unser Leben zu verschwenden. Wenn wir uns in unserem Leben für einen bestimmten Arbeitsbereich entschieden haben, sollten wir uns bemühen, uns so viele Fertigkeiten wie möglich darin anzueignen und damit Erfolg im Leben zu finden. Das Lebensziel besteht nicht darin, Millionär zu werden, sondern ewige Glückseligkeit zu genießen. Allerdings ist es die Pflicht eines Haushälters (eines Verheirateten), die Familie zu ernähren. Anhaltspunkt für die Entlohnung unserer Arbeit sollte unser tatsächlicher Bedarf sein.

In früheren Zeiten arbeiteten die Menschen fleißig, behielten vom Gehalt nur soviel, wie sie für sich und ihre Familie benötigten. Der Rest wurde den Armen gegeben.

Managerpositionen zählen heutzutage zu den begehrtesten Tätigkeiten in der Gesellschaft. Handel ist für die ökonomische Weiterentwicklung eines Landes notwendig. Jedoch sollte persönlicher Nutzen nicht das einzige Kriterium im Geschäftsleben sein. Auch der Fortschritt des Landes darf nicht aus den Augen verloren werden. Trotzdem stellen wir fest, dass viele Industrielle und Geschäftsleute Reichtum anhäufen, der nicht nur für sie ausreicht, sondern für tausend zukünftige Generationen! Gleichzeitig ringen um sie herum zahllose verarmte Menschen um das Lebensnotwendigste, sind jedoch oft nicht einmal imstande, genügend Geld für eine Mahlzeit zusammen zu bekommen. Kaum jemand denkt darüber nach. Das Ziel der meisten Menschen besteht darin, möglichst viel eigenen Profit zu machen – selbst auf Kosten anderer.

Verlässt man einen Arbeitsbereich und wählt einen anderen, lässt das auf Unzufriedenheit schließen. Das heißt jedoch nicht unbedingt, dass durch eine neue Tätigkeit mehr Zufriedenheit gefunden wird, da sie vom Gemützustand abhängt und nicht wirklich von den äußeren Gegebenheiten und Beschäftigungen. Verlassen Leute ihre Tätigkeit mit dem Wunsch nach übermäßigem Profit, so ist das nur ein Zeichen ihrer Gier. Ohne Änderung ihrer Einstellung werden solche Menschen nie im Leben zufrieden sein. Wer sich unter Kontrolle hat, wird alle Gegebenheiten günstig finden. Solche Menschen werden mit Freude in jedem Bereich arbeiten. Nichts kann ihnen ihre Zufriedenheit rauben. Wir sollten uns um besagte Gemütsruhe in jeglicher Beschäftigung bemühen.

Geben wir eine Arbeit für eine neue Art der Beschäftigung auf, verschafft uns das vielleicht vorübergehende Zufriedenheit; allerdings können wir nicht unbedingt damit rechnen, dass sie anhält. Eine Schlange mag bei kühlen Frost-Temperaturen harmlos aussehen. Bei Erwärmung wird jedoch ihre wahre Natur zum Vorschein kommen – sie wird zischen und angreifen. Ebenso zeigt das Gemüt seine Beschaffenheit bei entsprechenden Umständen und der Seelenfrieden geht verloren. Selbstbeherrschung wird nicht durch Verwöhnen erreicht, d.h., wenn man alles bekommt, was man begehrt. Es ist notwendig, unser Innenleben unter Kontrolle zu bekommen und auf das wahre Ziel auszurichten. Dementsprechend riet Krishna Arjuna, seinen Pflichten getreu nach zu kommen und dadurch ein erfolgreiches Leben zu führen. Man kann sich durchaus ein Betätigungsfeld suchen, an dem man Freude hat. Es ist unsere Einstellung, die der Wandlung bedarf. Mit der richtigen Haltung wird selbst der Kampf auf dem Schlachtfeld zu einer heiligen Darbringung (*yagna*). Dem entsprach Krishnas Rat. Es lag keineswegs in seiner Absicht, uns zu ermutigen, unsere Tätigkeit aus eigennützigen Beweggründen aufzugeben– auch nicht zur Öffnung des dritten Auges, wenn die anderen zwei geschlossen werden. Sein Beispiel lehrt uns, durch das dritte Auge zu sehen, während gleichzeitig die anderen zwei offen bleiben. Mit anderen Worten, Krishna vermittelt uns, dem Leben entgegen zu treten und gleichzeitig die zugrunde liegende Einheit zu sehen.

Frage: Obwohl Krishna geschworen hatte, während des Kampfes nicht zu den Waffen zu greifen, tat er es dennoch. War das nicht verkehrt?

Amma: Jedes Wort und jede Handlung Krishnas war auf das Wohl anderer ausgerichtet und nicht auf das eigene. Er wollte (ursprünglich) nicht kämpfen, weil die Gegner Arjuna und Bhishma beide seine Verehrer waren. Als Bhishma Tausende von Pfeilen abschoss, lächelte er nur. Als die bohrenden Pfeile seinen Körper mit blutenden Wunden übersäten, empfing er sie wie Blumenblätter, die im Gottesdienst dargebracht werden. Der große Krieger und Verehrer Krishnas, Bhishma, der stets nur die Wahrheit sprach, hatte geschworen, Krishna zum Waffeneinsatz zu zwingen.

Da es ihm nicht gelang, Krishna von seiner Entscheidung abzubringen, begann Bhishma, Pfeile auf Arjuna zu schießen, der direkt hinter dem Herrn stand. Arjuna war verletzbar und wehrlos den Pfeilen ausgesetzt. Sein Wagen begann zusammen zu brechen. Er befand sich in akuter Gefahr. Ohne zu zögern sprang Krishna vom Wagen und eilte mit seinem göttlichen Diskus (*sudarshana chakra*) in der Hand auf Bhishma zu. Obwohl er damit sein eigenes Versprechen brechen musste, erfüllte er mit einem einzigen Schlag Bhishmas Schwur – allerdings nur, um Arjuna zu schützen. Durch seine Vorgehensweise entsprach Krishna beiden Anhängern. Da beide ihn verehrten, bestand gegenüber Arjuna die Pflicht, dessen Leben zu schützen und gegenüber Bhishma, dessen Worte wahr werden zu lassen, um dessen Ehre zu wahren. Er war bereit, dafür seinen eigenen Ruf als Verkörperung der Wahrhaftigkeit zu opfern. Dies zeigt seine unvergleichliche Barmherzigkeit.

Der Gnadenstrom, der einem Jünger oder Verehrer zufließt, beruht nicht auf *dharma* oder

adharma. Er unterliegt auch nicht dem Gesetz von Ursache und Wirkung. Göttliche Gnade wird nicht von Regeln eingeschränkt. Aus diesem Grunde loben die Weisen Gott als Ozean des spontanen Erbarmens.

Frage: Welche Relevanz haben Rama und Krishna in diesem technischen Zeitalter?

Amma: Alle preisen enthusiastisch die wissenschaftlichen Errungenschaften. Es stimmt, dass sie einen großen Beitrag zum Fortschritt der Menschheit geleistet haben. Materieller Komfort und das Gefühl des Wohlergehens sind dadurch angestiegen. Von einem Ort zu einem anderen zu gelangen, ist sehr viel einfacher geworden. Eine Strecke, die früher Tage in Anspruch genommen hat, kann heute in wenigen Minuten zurückgelegt werden. Die gesparte Zeit kann für andere Zwecke eingesetzt werden. Mit Hilfe eines Computers kann eine Person Aufgaben bewältigen, die früher hundert Leute in Anspruch genommen hätten. Auf materieller Ebene wurden zweifellos große Fortschritte gemacht. Andererseits hat jedoch die innere Kraft der Menschen abgenommen. Wie viele der Menschen, die voll am technischen Fortschritt teilhaben, können nachts friedlich schlafen? Amma ist zahllosen Leuten begegnet, die zwar in Räumen mit Klimaanlage wohnen, jedoch ohne Tabletten nicht schlafen können. Beweist das nicht, dass wissenschaftlicher Fortschritt allein keinen inneren Frieden geben kann? Betrachten wir einmal, wie viele Millionäre Selbstmord begehen. Leiden sie unter irgendeinem materiellen Mangel? Sie würden ihrem Leben sicherlich kein Ende setzen, wenn sie Seelenfrieden hätten. Heutzutage steht den Menschen materiell alles zur Verfügung, jedoch nicht das, was sie wirklich brauchen – innerer Frieden und Lebensfreude.

In früheren Zeiten litten die Menschen nicht an Schlafstörungen, obwohl es Luxus wie Klimaanlagen nicht gab. Heute können diejenigen, die sich an Ventilatoren und Raum-Klimatisierung gewöhnt haben, nicht mehr ohne diese auskommen. Fallen Strom und damit auch die Geräte eine Nacht lang aus, können sie nicht schlafen. Die Zellen der Menschen, die sich ständig in klimatisierten Räumen aufhalten, d.h. keine frische Luft atmen, werden durch diese Atmosphäre nach und nach geschädigt. Auch die natürlichen Körperkräfte gehen verloren. Manche Menschen müssen am Morgen Tee trinken, sonst bekommen sie Kopfschmerzen. Es wurden viele schlechte Angewohnheiten entwickelt.

Unser Gemüt ist die einzige Ursache. Körper und Geist sind geschwächt, waren jedoch einmal stark, als die Menschen in Einklang mit der Natur lebten. Vor langen Zeiten führten sie ein Leben in vollkommener Harmonie mit der Natur. Es gab keine klimatischen oder anderen Störungen. Heutzutage isolieren die Menschen sich von ihrer natürlichen Umgebung. Sie leben in abgetrennten, künstlichen und selbstzentrierten Welten. Es ist ihnen nicht klar, dass die permanente Suche nach kurzfristigen Vergnügungen dazu führt, in endlosem Leid zu versinken.

Unsere Vorfahren erfuhren in ihrem Leben sehr viel mehr Zufriedenheit und Glück. Sie waren gesünder und lebten länger. Riesige, großartige Steinbauten, darunter Tempeltürme, stehen heute noch und zeugen von der damaligen körperlichen Kraft. Wer ist heute stark genug, um nur einen dieser Steine zu heben? Es gab damals kaum Maschinen, dafür aber das Wissen, wie man in Einklang mit der Natur lebt.

Die Wissenschaft, die dazu gedacht war, eine Hilfe zu sein und das materielle Wohlbefinden der Menschen zu fördern, wird stattdessen zur Totenglocke der Menschheit. In den Händen von selbstsüchtigen Leuten wird Technologie zur Ausbeutung der Mitmenschen benutzt. Statt Liebe und Frieden gedeihen in der Welt Konkurrenz und Gewalt. Damit die Errungenschaften der Technik Nutzen für alle bringen, ist es erforderlich zu lernen, wie man liebt, Mitgefühl zeigt und noble Eigenschaften kultiviert.

In der heutigen Zeit verstärkt jede wissenschaftliche Entdeckung die Arroganz der Menschen. "Wer bist Du, dass Du Einwände erhebst? Sieh, was unser Land erreicht hat!" So sieht die Einstellung der heutigen Regierungen aus. Täglich wachsen die Konflikte von Einzelpersonen miteinander und zwischen Nationen. Die Leute scheinen immer mehr darauf bedacht zu sein, sich von den Gestaden der Liebe zu entfernen und die rauen Wasser der Arroganz zu suchen.

Es ist in keiner Weise Ammas Absicht, die wissenschaftlichen Entdeckungen zu kritisieren oder herab zu setzen, aber sie sollten nicht die Quelle der Liebe in uns zum Versiegen bringen. Wir haben die äußere Welt verbessert, die innere welkt jedoch dahin. In früheren Zeiten wurden die Menschen darin geschult, unter allen Umständen die Selbstbeherrschung zu bewahren. In ihrer Lebensführung ließen sie sich nicht durch Kleinigkeiten schwächen. Ohne Schwimmen gelernt zu haben, überleben wir einen Fall in tiefes Wasser nicht. Ebenso ist es ohne Schulung des Geistes nicht möglich, den Seelenfrieden zu bewahren, ganz gleich, wie sehr der materielle Komfort erhöht wird.

In Zukunft werden die Menschen sehr schwach werden, wenn es nicht gelingt inneren Halt zu finden, denn es wird sich immer weniger jemand finden, der andere selbstlos liebt. Mutig ist, wer die innere Haltung unter keinen Umständen verliert und nicht diejenigen, deren Wohlbefinden an materielle Gegenstände gebunden ist. Diese Tatsache vermitteln uns Rama, Krishna und andere göttliche Inkarnationen.

Als Prinz war Rama der Liebling seiner Eltern, Lehrer und seines Volkes. Er lebte inmitten königlicher Pracht. Unvermittelt wurde er eines Morgens in den Wald ins Exil geschickt. Er war gezwungen, alles hinter sich zu lassen. Der Palastkomfort stand nicht mehr zur Verfügung – keine köstlichen Speisen, kein seidenes Bett zum Schlafen, niemand zum Fächeln. Trotzdem lebte er im Wald in demselben inneren Frieden wie im Palast. Er befand sich in völliger Harmonie mit der Natur. Trotz des Wechsels vom Palast zum Wald blieb er innerlich der Gleiche. Es bereitete Rama kein Problem, sich an die neuen Umstände anzupassen, da sich sein Gemüt unter vollständiger Kontrolle befand. Da er in der Glückseligkeit des inneren Selbst (*atmarama*) verweilte, lag für ihn alles Glück ausschließlich in ihm selbst.

Die gleiche Haltung lässt sich im Leben der Pandavas feststellen. Sie richteten ihr Leben nach Krishnas Rat. Sie stritten nicht ein einziges Mal. Selbst die schwersten Prüfungen vermochten nicht, ihre Harmonie oder gegenseitige Liebe zu beeinträchtigen.

Wohnen heutzutage drei Leute unter einem Dach, verhalten sie sich, als lebten sie auf drei verschiedenen Planeten – es gibt kein wirkliches Band zwischen ihnen, keine Herzenseinheit. So machtvoll ist der Egoismus der Menschen geworden. Wenn wir unter solchen Umständen nicht über die entsprechende Geisteskraft verfügen, wird die Rate der Geisteskrankheiten und des Selbstmords weiter ansteigen.

Es gab einmal eine Zeit, da bestanden Liebesbande zwischen den Menschen. Heute bindet die Leute nur das brüchige Klebemittel des Egoismus, das jeden Augenblick brechen kann. Dann bleibt nichts, was sie noch zusammen hält.

Wir leben in einer Kultur, die unreine Gedanken und Gefühle fördert. Alles dreht sich nur um die Befriedigung der Sinne; und alle Bemühungen zielen darauf ab. Für einen solchen Lebensstil wird viel Geld gebraucht und Korruption oftmals nicht gescheut, wodurch Kriminalität und Gewalt ansteigen. In dieser Welt der Befriedigung vorübergehender Sinnesfreuden bleibt nicht viel Raum für Zugehörigkeitsgefühl oder mütterliche Liebe. So verbreitet sich Ruhelosigkeit in der gesamten Gesellschaft. Die Stabilität aller Länder wird dadurch gefährdet und das Gleichgewicht der Natur zerstört.

In einem solchen Zeitalter sind das Leben und die Lehren Krishnas von größerer Bedeutung als je zuvor. Wie können wir davon profitieren? Wir können dadurch begreifen lernen, dass es niemals glücklich macht, Sinnesfreuden und seinen Gelüsten nach zu gehen, sondern dass dauerhafte Glückseligkeit nur im Inneren zu finden ist. Diese Lektion wird wiederholt vermittelt. Krishna verneint jedoch keineswegs jegliche Sinnesfreude. Er erinnert uns schlicht daran, dass das Leben einen anderen Sinn und Zweck hat.

Alle Exzesse sollten vermieden werden. Es ist am besten nur zu essen, um unseren Hunger zu stillen. Nach Aussage von Experten sollte der Magen zur Erhaltung guter Gesundheit nicht mehr als halb mit Nahrung und zu einem Viertel mit Flüssigkeit gefüllt werden - d.h. ein Viertel sollte leer bleiben. Die spirituelle Wissenschaft erläutert, wie geistige Gesundheit bewahrt werden kann. Es geht nicht darum, keinerlei Sinnesfreuden nach zu kommen, sondern niemals zum Sklaven unserer Sinne oder der gemütsmäßigen Gewohnheiten zu werden. Wir sollten Sinne und Innenleben unter Kontrolle haben. Es ist wichtig, neben Genuss ein gewisses Maß an Enthaltsamkeit zu üben. Schokolade ist süß. Aber zu viel davon bewirkt Übelkeit. Also sollten wir uns beherrschen, auch wenn wir Appetit auf mehr verspüren. Alles hat seine Grenzen – zu unserem eigenen Wohlergehen.

Selbstbeherrschung bedeutet keine Einschränkung der Freiheit. Was würde geschehen, wenn jeder auf den Straßen einfach nach eigenem Gutdünken fahren würde – mit der Begründung, dass Verkehrsregeln ihre Freiheit beeinträchtigten! Sie sind für die Sicherheit aller wesentlich. Ebenso ist die Einhaltung gewisser spiritueller Regeln für andauerndes Glück und Zufriedenheit erforderlich.

Betrachten wir die Lage von allen Seiten, ist klar zu erkennen, dass nur durch Einbeziehung spiritueller Prinzipien in unser tägliches Leben ein grundlegender Wandel in der heutigen Welt herbeigeführt werden kann. Unser Intellekt hat zugenommen, aber die Herzen schrumpfen. Krishnas Leben liefert uns ein ideales Beispiel dafür, wie man dem gegenwärtigen Zustand entfliehen kann, wie es möglich ist, unsere gequälten Herzen und Gemüter zu beruhigen und den versiegten Liebesstrom wieder herzustellen.

Krishna bezieht sowohl die spirituellen als auch die materiellen Aspekte mit ins Leben ein. Er fordert nicht dazu auf, das eine für das andere aufzugeben. Ist für eine Pflanze die Zeit gekommen, Früchte zu tragen, fallen die Blütenblätter von selbst ab. Vergleichsweise vergehen mit steigendem Bewusstsein für das Ziel die Bindungen an materielle Vergnügen auf natürliche Weise. Sie aufzugeben ist nicht so wichtig wie die Kultivierung der richtigen Einstellung dazu. Nur mit ausgewogenem Verhältnis zwischen dem spirituellen und materiellen Aspekt des Lebens – wie die zwei Flügel eines Vogels – kann es ein harmonisches Gesellschaftsleben geben.

Krishna gab Menschen verschiedener Art und aus allen Lebensbereichen Ratschläge – Entsagenden, Mönchen, Haushältern, Soldaten, Königen und den sehr Weltlichen. Er zeigte der Welt wie jeder die Selbstverwirklichung erreichen kann – unabhängig von Hintergrund und Lebensbedingungen. Deshalb wird er als Purnavatar – eine vollständige Inkarnation des Göttlichen – bezeichnet. Er kam nicht nur für die Entsagenden. Sein Leben war ein vollkommenes Beispiel dafür, wie man inmitten weltlichen Feuers unversehrt bleibt. Es lässt sich damit vergleichen, ein Stück Schokolade ohne Anregung des Speichelflusses auf der Zunge zu haben.

Es ist nicht allzu schwierig, vor den Verpflichtungen des Lebens davon zu laufen, sich in den Wald zurück zu ziehen und mit geschlossenen Augen zu sitzen. Der Herr lehrt uns nicht, sich den Leiden der Welt zu entziehen. Vielmehr demonstriert er richtige Lebensführung inmitten von Hindernissen. Er rät ebenfalls nicht, uns von unseren Beziehungen abzuwenden, um die Selbstverwirklichung zu erreichen. Er macht deutlich, dass wir nicht verhaftet sein sollten, wenn wir liebevolle Beziehungen aufrechterhalten und unseren familiären Verpflichtungen nachkommen.

Spirituelle Wissenschaft lehrt uns, allen Situationen mit einem Lächeln zu begegnen. Ein echter Yogi bewahrt seinen Seelenfrieden inmitten jeder Krise. Wer das erreichen will, braucht nur Krishnas in jeder Hinsicht vorbildliches Leben zu betrachten.

Vor Wind geschützt brennt die Flamme einer Laterne gleichmäßig hinter dem Glas. Darin liegt nichts besonders Lobenswertes. Ein wirklich spiritueller Mensch sollte einer offenen Flamme gleichen – hell wie die Sonne und auch inmitten eines Sturmes unbeeinträchtigt weiter brennend. Es ist sehr zu empfehlen, Krishna als Vorbild zu nehmen, wenn wir diesen Zustand erreichen möchten. Er zeigt uns, wie wir unsere spirituelle Seite mit der materiellen in Einklang bringen können und uns dadurch in Richtung Vollkommenheit weiter entwickeln.

Die von Krishna versprochene Erlösung wird nicht nach dem Tod erreicht, sondern ist hier in dieser Welt und im Körper erreichbar. Während seines ganzen Lebens hatte er verschiedene Krisen zu bewältigen, die sich wie Wellen, eine nach der anderen erhoben. Nicht ein einziges Mal zeigte sich bei ihm eine von Kummer umwölkte Haltung. Er begegnete jeder Situation mit einem Lächeln. Für das erhabene Wesen Krishnas war das Leben vom

Anfang bis zum Ende bezaubernder Freudengesang. Selbst der mit Kummer beladenste Mensch wurde in seiner Gegenwart von Glückseligkeit erfasst – die er verkörperte. In seiner Gesellschaft geriet jeder in einen Zustand der Beglückung und vergaß alles andere. Füllt uns nicht selbst jetzt nach so langer Zeit allein der Gedanke an ihn mit erhebender Freude?

Die Leute finden aufgrund ihres an die Sinne gebundenen Denkens Fehler im göttlichen Spiel des Herrn. Unsere Bemühungen, die unendliche Herrlichkeit Krishnas mit unserem kleinen Verstand zu erfassen, gleichen dem Frosch in einem Brunnen, der ein Maß für den Ozean finden will.

Gelingt es uns, unsere bekrittelnde, zweifelnde Betrachtungsweise aufzugeben, und betrachten wir Krishnas Leben stattdessen mit Offenheit und Liebe, dann werden wir feststellen, dass es in seinem von Anfang bis zum Ende wunderbaren Leben nichts gibt, was auszuklammern wäre, und dass jeder Augenblick angenommen werden kann. Nur wenn sich das innere Auge göttlicher Liebe öffnet, können wir in allem absolut erfolgreich sein und sowohl in diesem Leben als auch danach vollkommenen Frieden genießen.

Frauen und die Gesellschaft

Frage: Wie sollten Rolle und Status der Frauen in der Gesellschaft aussehen?

Amma: Frauen sollte der gleiche Status wie den Männern zugestanden werden, sowie gleichberechtigte Beteiligung an der Führung der Gesellschaft. Wird die Stellung der Frau reduziert, so geht die gesellschaftliche Harmonie verloren. Mann und Frau kommt in der göttlichen Schöpfung gleich viel Bedeutung zu. Ebenso wie für die Gesamtfunktion des Körpers beide Hälften gleich unerlässlich sind, so sind Frauen für die Gesellschaft ebenso wichtig wie die Männer. Die eine Hälfte kann keine Überlegenheit beanspruchen. Wenn es heißt, dass die Frau die linke Seite des Mannes ist, so versteht es sich von selbst, dass der Mann die rechte der Frau ist. Der Unterschied liegt in erster Linie auf der körperlichen Ebene.

So wie der Mann, hat auch die Frau ihre spezielle Funktion in der Gesellschaft. Jeder sollte die eigene Rolle verstehen und entsprechend handeln. Versuchen Frauen, die Rolle von Männern zu spielen oder Männer gewaltsam die Rolle der Frau zu kontrollieren, entsteht Unzufriedenheit. Geht der innere Frieden in den Einzelpersonen verloren, wirkt sich das entsprechend auf die Gesellschaft als Ganzes aus.

Die linken Reifen eines Autos sind ebenso wichtig wie die rechten. Nur wenn die Räder auf beiden Seiten sich gemeinsam nach vorn drehen, kann der Reisende das Ziel erreichen. Ähnlich kann im Familienleben das wirkliche Ziel, die Vereinigung mit dem Selbst, nur erreicht werden, wenn Mann und Frau in Harmonie miteinander leben.

In der alten Kultur Indiens wurde den Frauen eine Stellung großen Respekts eingeräumt. Indien vermittelte der Welt das Ideal von *Matrudevo bhava* – nämlich die Mutter oder Frau als göttlich anzusehen. Unsere Kultur vermittelt den Männern, alle Frauen als ihre Mutter zu betrachten. Jeder Mann verbringt vor seiner Geburt neun Monate im Bauch seiner Mutter. Ein mit Einsicht begabter Mann wird deshalb seiner Mutter mit Achtung gegenübertreten. Alle Frauen sollten mit dem gleichen Respekt behandelt werden.

Die Frau stellt das Fundament der Gesellschaft dar. In der Aufrechterhaltung von Frieden, Harmonie und Gedeihen der Familie kann sie eine größere Rolle als der Mann spielen, da sie als Frau in besonderer Weise mit Liebe, Verzeihen und Demut ausgestattet ist. Diese weiblichen Eigenschaften halten eine Familie zusammen. Männlichkeit steht für standfeste Willenskraft, die allein unzureichend ist, um Harmonie in der Beziehung der Familienmitglieder zu erhalten. Jeder in der Familie sollte Liebe, Geduld, Demut, sowie Bereitschaft zur Vergebung gegenüber den anderen Familienmitgliedern kultivieren. Innerfamiliäre Konflikte entstehen, wenn die Frau versucht, in männlicher Weise aufzutreten, oder wenn der Mann der Frau sein Ego aufzwingt.

Indien ist nicht ein Land der Sinnesfreuden, sondern der Entsagung. Unsere Vorfahren suchten und fanden die Quelle ewiger Glückseligkeit. Sie fielen nicht dem modernen Irrtum zum Opfer, ihr Leben und ihre Gesundheit für vorübergehende Vergnügungen zu verschwenden. Die gesellschaftliche Stellung wurde durch die Tätigkeit, Eigenschaften und Pflichten bestimmt. Das höchste Ziel aller war die Selbstverwirklichung. Die Menschen waren sich des Ziels und des Weges dahin bewusst. Dadurch entstand Zufriedenheit. Aber dann versuchten die Unzufriedenen die Stellung von anderen zu bekommen. Bei innerer Unzufriedenheit entsteht Konflikt. Die Gesellschaftsordnung in Indien vermochte damals, jeden zu vollkommenem Glück und zur Selbstverwirklichung zu führen. Gleichberechtigung von Mann und Frau, sowie die Stellung der Frau waren damals kein Thema.

Der wahre Platz der Frau ist keineswegs in den hinteren Rängen. Sie ist gleichberechtigt und gehört in die vordere Reihe. Es erhebt sich nur die Frage, ob ihr dieser Platz heutzutage zugestanden wird.

Frage: Sagt nicht Manu[18], dass der Vater einer Frau sie in Kindheit und Jugend beschützen sollte, der Ehemann im Erwachsenenalter und ihre Söhne im Alter, und dass eine Frau nicht über die Reife zur Eigenständigkeit verfügt?

Amma: Die wahre Bedeutung der Aussage besteht darin, dass eine Frau Schutz verdient, nicht aber, dass ihr Freiheit verweigert werden sollte. Manu weist darauf hin, dass den Männern die Pflicht zukommt, Frauen unter allen Umständen zu schützen. Dies zeigt ihre große Bedeutung für die Gesellschaft. Es sollte nicht notwendig sein, ihr Freiheit zuzugestehen, da es ihr Grundrecht ist, genau so viel Freiheit wie der Mann zu genießen. Manus Absicht ist die Sicherheit der Frau mit Hilfe einer Schutzespflicht seitens der Männer. Eine Gesellschaft, die den Frauen die Freiheit verweigert, fordert damit den eigenen Untergang heraus.

Wenn Amma die Kritik an dieser Aussage Manus hört, erinnert sie das an den Polizeischutz, den man Ministern für ihre

---

[18] siehe Glossar

Reisen gewährt. Sind Minister unfrei, weil sie beschützt werden? Sie genießen vollständige Freiheit und können überall hin fahren. Es ist schlicht die Pflicht der Polizisten, diese Freiheit zu gewährleisten. In gleicher Weise machte es damals unsere Gesellschaft, die den Frauen volle Freiheit gewährte, den Männern zur Pflicht, für ihre Sicherheit zu sorgen. Diese Ehre erwies man den Frauen, weil sie die Führungslichter der Familie und dadurch letztendlich der gesamten Gesellschaft sind.

Frage: Welcher Ansicht ist Amma hinsichtlich der Debatten über die Gleichberechtigung von Mann und Frau?

Amma: Wir sollten besser über den Einklang zwischen Männern und Frauen sprechen und weniger über ihre Gleichheit. Auf der körperlichen Ebene ist sie schwer möglich. Betrachtet man die mentale Ebene, so wird man in Frauen einen gewissen maskulinen Anteil finden und in Männern ein weibliches Element. Frauen sollten Männer nicht einfach blind imitieren. Ahmen sie die Männer nach, indem sie dem Glücksspiel, Trinken und Rauchen frönen, schaufeln sie der Weiblichkeit das Grab. Stattdessen ist es notwendig, das männliche Element in sich zu kultivieren, Männer andererseits den mütterlichen Aspekt. So wird Vollkommenheit erlangt. Durch die Förderung des anderen Teils sowohl in Frauen, als auch in Männern, entwickeln sich beide in Richtung Ganzheit und Vollkommenheit.

Die materialistischen Kulturen betrachten die Beziehung zwischen Mann und Frau hauptsächlich als auf die physische Ebene begrenzt, die indische Kultur hat jedoch gelehrt, sie als eine Verbindung auf geistiger Ebene zu sehen.

Was heutzutage oft im Namen von Freiheit für verheiratete Frauen angestrebt wird, läuft in Wirklichkeit auf Befreiung von familiären Verpflichtungen hinaus. Unbegrenzte Freiheit ohne Verantwortung fördert lediglich das Verlangen nach materiellen

Freuden. Wie kann in einer Familie Frieden und Harmonie herrschen, wenn zwischen den Partnern eine Atmosphäre der Konkurrenz besteht? Wenn ein Mann und eine Frau jedoch mit Liebe und gegenseitigem Verständnis, sowie der Bereitschaft zur Anpassung an die Bedürfnisse des anderen voran gehen, entwickelt sich nicht nur Gleichwertigkeit, sondern Einheit – die Einheit von Shiva und Shakti. Das ist eine Welt der Freude. Mann und Frau werden zu einer Einheit, die alle Unterschiede vergessen lässt. Beide gleichen die Mängel des anderen aus. Durch Liebe wachsen sie über Verärgerung mit dem anderen hinaus. Mit Hilfe von Geduld werden die gegenseitigen Schwächen akzeptiert. Auf diese Weise genießen beide wahre Freiheit. Die Menschen brauchen das Zusammenspiel der männlichen und weiblichen Eigenschaften. Die weibliche Kraft ergänzt den Mann und die maskuline die Frau. In einer Beziehung benötigen beide die Unterstützung, Ermutigung und Anregung des anderen. Sie fallen sich nicht gegenseitig zur Last, sondern unterstützen und schützen sich. Um dieses Ideal zu verwirklichen, ist spirituelles Verständnis notwendig. Spiritualität hilft, äußere Konflikte zu überwinden und sich der inneren Wesenseinheit bewusst zu werden.

Frage: Es heißt, dass den Frauen in Indien die gesellschaftliche Gleichstellung versagt war. Verurteilte man die indischen Frauen nicht dazu, nur in ihren Häusern zu verharren?

Amma: Die indische Geschichte unterscheidet sich in vielerlei Hinsicht von der anderer Länder. Die indische Zivilisation ist älter als jede andere. Frauen wurden früher einmal in Ehren gehalten. Selbst bei den vedischen Opfer-Zeremonien waren Männer und Frauen in der Ausführung gleichberechtigt. Wurde sie von einem Mann ausgeführt, teilte seine Frau die Ehre. Sogar einige vedische Mantren stammen von Frauen. In alten Zeiten hatte die Frau ebenso wie der Mann das Recht, jeden Beruf zu ergreifen. Frauen wie Matreyi und Gargi nahmen Ehrenplätze in der Gelehrtenversammlung ein. In jenen Tagen verfügte Indien sogar über weibliche Krieger. Untersuchen wir die Ratschläge, die im *Ramayana* von Frauen wie Sumitra, Tara und Mandodari erteilt werden, erkennen wir, dass Frauen hinsichtlich Dharma eine entscheidende Rolle spielten. Wie kann dann gesagt werden, dass den Frauen in jener Zivilisation die Freiheit vorenthalten wurde?

Allerdings wurde Indien zeitweise von den kulturellen Veränderungen in anderen Ländern beeinflusst. Das lässt sich deutlich erkennen, wenn wir uns genauer mit der indischen Geschichte befassen. Jahrhunderte lang war Indien gezwungen, unter Fremdherrschaft zu leben. Die Fremden, die das Land regierten, sahen in den Frauen lediglich Lustobjekte. Um sich dem zu entziehen, mussten Frauen oft in ihren Häusern verweilen. Schrittweise schlichen sich Elemente des Verfalls ebenfalls in unsere Kultur ein. So wurde in der großen Zivilisation, die einstmals in Indien blühte, vieles zerstört.

Während man im Land generell die Freude und Unsterblichkeit, die durch Entsagung gewonnen wird, kultivierte, waren Sinnesfreuden und Schwelgereien der Lebensinhalt der fremden Herrscher. Wie konnte es Harmonie zwischen solch unterschiedlichen Ausrichtungen geben? Durch den Einfluss aus dem Westen verschwanden die *Gurukulas* aus dem Bildungswesen. Die Schulen förderten nun durch ihre veränderte Zielsetzung nicht mehr die Fähigkeit, aus sich selbst zu schöpfen, sondern gegenseitige Abhängigkeit. *Dharma*-Lehren wie *Matru devo bhava, pitru devo bhava, acharya devo bhava* – sieh Mutter, Vater und Lehrer als göttlich an und verhalte dich entsprechend – verschwanden vom Lehrplan. Selbstsucht und Konkurrenz ersetzten Wahrhaftigkeit und Entsagung. Frauen, die ursprünglich in den inneren Räumen des Hauses Zuflucht vor den Fremden gesucht hatten, wurden nun von der neuen Generation der Männer, deren Haupteigenschaft Egoismus war, gezwungen dort zu verharren. Die nun folgenden Generationen verzerrten den Ehren Kodex und die in den Schriften erteilten Regeln, um ihren eigenen Interessen zu entsprechen. Die Gesellschaft leidet noch heute an den Folgen. Die Hauptursache für die Unterdrückung, die Frauen in Indien erleiden mussten, war der schlechte Einfluss anderer Kulturen (*rakshasisch* – dämonisch). Wir sollten uns daran erinnern, dass Sitas Tränen Lanka in Schutt und Asche legten.[19]

Frage: Wenn Amma davon spricht, dass Vollständigkeit durch die Einheit von Männlichem und Weiblichem erreicht wird, bedeutet dies, dass es durch *brahmacharya* (Gott geweihtes Klosterleben) nicht möglich ist?

Amma: Wenn Amma das Verschmelzen von Männlichem und Weiblichem anspricht, bezieht sie sich nicht auf die körperliche Ebene. Das dominante Element im Menschen ist entscheidend für das Geschlecht. Es ist jedoch stets beides vorhanden. Bei einer Frau mit vorwiegend maskulinem Naturell sagen wir, sie sei männlich – trotz ihres weiblichen Körpers. Einen Mann mit sehr starkem weiblichem Anteil bezeichnen wir als feminin. Wir sagen das offensichtlich nicht aufgrund des körperlichen Geschlechts.

Die Frau ist sich ihrer inne wohnenden Männlichkeit nicht bewusst und sucht deshalb außen in einem Mann danach.

---

[19] Diese Aussage bezieht sich auf das altindische Epos Ramayana, das von dem Weisen Valmiki geschrieben wurde. Sita war die Gemahlin des Avatars Rama. Nachdem sie in den Wald ins Exil geschickt wurden, entführte der Dämon Ravana Sita und brachte sie nach Lanka. Rama sandte seine Helfer, um nach ihr zu suchen. Ramas großer Jünger, der Affengott Hanuman, fand sie auf Lanka. Nachdem er Sita entdeckt hatte, brannte Hanuman Teile der Stadt nieder. Am Ende des Epos wird Ravana durch Rama getötet und Sita befreit.

Desgleichen bemüht sich der Mann nicht um die Kultivierung seiner in ihm verborgenen weiblichen Anteile – Vergebung, Mitgefühl, Gemütswärme. Er meint, sie seien nur in einer Frau zu finden. Beide Seiten sollten die komplementären Kräfte und Fähigkeiten in sich wecken. Vollständigkeit besteht in der Vereinigung der männlichen und weiblichen Elemente in uns selbst. Dies wird durch das *ardhanarisvara*-Symbol repräsentiert. Nur besagte innere Vereinigung ermöglicht es, unbegrenzte Seligkeit zu erfahren.

Bei einem Leben der Enthaltsamkeit (*brahmacharya*) sollte uns klar werden, dass sowohl der männliche als auch der weibliche Aspekt in uns enthalten sind und die Natur unseres wahren Selbst diese Dualität transzendiert. Ohne kontinuierliche spirituelle Übungen lässt sich das allerdings nicht erfahren. Der Mensch von heute bringt jedoch nicht die Geduld dafür auf. Für ihn ist alles, was er in der Außenwelt sieht die Wirklichkeit, und er rennt der Fata Morgana der Sinnesfreuden nach – und geht dadurch unter.

Frage: Wie sieht Amma Frauen, die höhere Bildung anstreben?

Amma: Frauen sollten die Bildungshöhe von Männern anstreben und gegebenenfalls auch eine Arbeit suchen. Eine gute Bildung fördert soziale Gerechtigkeit und hohe Kultur.

Nur eine Frau mit Eigenständigkeit durch Bildung kann ihrem Lebenspartner mit Rat und Tat zur Seite stehen, eine wahre *sahadharmini* sein – eine Frau, die auf dem Pfad des *dharma* jeden Schritt an der Seite ihres Mannes mitgeht.

Der Hauptgrund für das heutige Leid der Frauen in Familie und Gesellschaft ist im Mangel an finanzieller Freiheit zu suchen. Wenn sie sich eine Stelle und somit ein Einkommen sichern können, wird ihre finanzielle Abhängigkeit beseitigt. Aufgrund des derzeitigen kulturellen Einflusses und der allgemeinen spirituellen Unwissenheit, haben die Menschen eine völlig materialistische

Lebenseinstellung. Für sie sind weltliche Belange wie Reichtum wichtiger als die geistige Einheit von Mann und Frau. Diese Lebenshaltung ist einer der Gründe für die ansteigende Zahl von Scheidungen. Frauen sollten die Grundlage für ihre finanzielle Eigenständigkeit heute legen, denn solange eine Frau zu wenig Bildung hat, wird sie sich beim derzeitigen Stand der Dinge nicht selbst versorgen können, wenn die Umstände es erfordern würden. Familienbande sind im Westen nicht sehr stark. Aber es ist nur eine Frage der Zeit, bis die Angewohnheit westlicher Männer, ihre Frau für eine andere zu verlassen, auch in Indien nicht mehr verpönt ist. Außer für sich selbst zu sorgen, werden die Frauen auch die Hauptlast des Großziehens von Kindern zu tragen haben. Viele Nöte stehen ihnen bevor, wenn sie nicht bereits eine dauerhafte Einkommensquelle gefunden haben. Höhere Bildung ist dafür unerlässlich.

Frage: Aber es sieht nicht so aus, dass die Frauen sich in früheren Zeiten um höhere Bildung bemüht hätten.

Amma: Die Umstände sind heute völlig anders. Die Lebensbedürfnisse waren damals sehr einfach. Es bestand nicht die Notwendigkeit, dass beide Partner Geld verdienten. Außerdem war Bildung nicht nur auf Geldverdienen ausgerichtet, sondern darauf, die Menschen durch Erweckung des wahren Selbst darauf vorzubereiten, den höchsten Zustand empfangen zu können. Frauen erwarben diese Kenntnisse während der Kindheit.

Die Braut wurde die Frau des Hauses und als die Quelle des Gedeihens und Wohlergehens von Mann und Familie betrachtet. Nur der Mann arbeitete, um das Lebensnotwendige zu verdienen. In dieser Atmosphäre hatte weder die Frau das Gefühl, der Mann beschneide ihre Freiheit und mache sie zum Sklaven, noch der Mann, dass seine Frau die Herrscherin der Familie sei. Das Band bestand aus Liebe und nicht aus Egoismus. Die Frau betrachtete es in jenen Tagen als ihre Pflicht (*dharma*), die Familie zu führen, sich um Eltern, Mann und Kinder zu kümmern. Der Mann seinerseits empfand, dass sein eigenes Glück mit der Sicherheit und dem Wohlergehen der Familie verbunden war. In einer solchen Familie gibt es keinen Raum für Konflikt; es herrscht Friede. Er stellt sich ein, wenn die Lebensführung auf noblen Werten beruht. Durch Reichtum, Position und Status bekommen wir ihn hingegen nicht. Für die Frauen bestand damals somit kein Bedürfnis nach höherer Bildung oder sich eine Stellung zu sichern, um das Einkommen zu erhöhen.

Frage: Wie können heute die Kinder die notwendige Aufmerksamkeit erhalten, wenn beide Elternteile berufstätig sind?

Amma: Solange sie erkennen, wie wichtig es ist, werden sie Zeit für ihre Kinder finden. Ganz gleich, wie beschäftigt die Menschen sind, sobald sie krank sind, nehmen sie sich dafür auch die Zeit, oder?

Frauen sollten von Beginn der Schwangerschaft an achtsam sein und alle Situationen vermeiden, die Spannung erzeugen, da Stress während der Schwangerschaft beim Kind gesundheitliche Störungen auslösen kann. Deshalb ist es wichtig, sich um einen freudigen Gemütszustand zu bemühen, spirituelle Übungen zu machen, Ashrams zu besuchen und Rat bei spirituellen Meistern zu suchen.

Mütter sollten verstehen, wie wichtig es für das Baby ist, die Brust zu bekommen. Muttermilch ist die Milch der Liebe. Die Liebe der Mutter für ihr Kind ist darin enthalten, sowie viele leicht verdauliche Nährstoffe. Sie ist optimal für die Gesundheit und Stärkung des Erinnerungsvermögens. Es gibt keinen gleichwertigen Ersatz für Muttermilch.

Wenn das Kind alt genug ist, um Dinge in Erinnerung zu behalten, sollten die Eltern mit der Vermittlung moralischer Werte durch Geschichten und Schlaflieder beginnen. Früher gehörten auch Großeltern und andere Verwandte zum Haushalt. Heute werden die alternden Eltern meist als eine Last betrachtet. Die Jungen ziehen aus und gründen so bald wie möglich einen eigenen Haushalt. Als Folge davon entziehen sie ihren eigenen Kindern den reichhaltigen Boden familiärer Beziehungen. Den Kindern bleiben auch die vielen kleinen Geschichten, die Opa und Oma erzählen könnten, vorenthalten. Die Kleinen werden in ihrer Entwicklung beschnitten, wie ein Ableger, den man in einen Topf versetzt, d.h. es besteht keine Möglichkeit für die Entwicklung tiefer Wurzeln oder zur vollen Entfaltung. In der heutigen Welt wäre es am besten, die Verantwortung für die Kinder den Älteren in der Familie anzuvertrauen. Sie kümmern sich mit viel mehr Liebe und Zuneigung um ihre Enkel als irgendeine Kinderfrau oder Tagesmutter. Die Anwesenheit der Kinder bringt außerdem mehr Lebensfreude in das Alter der Großeltern.

Auf dem Schoß ihrer Mutter lernen Kinder ihre ersten Lektionen zur Unterscheidung von falsch und richtig. Ihre Persönlichkeiten werden durch die bis zum fünften Lebensjahr aufgenommenen Einflüsse geformt. Normalerweise verbringen die Kinder während dieses Abschnitts die meiste Zeit mit ihren Eltern. Mit zunehmender Unterbringung in Tages-Betreuungszentren entbehren sie einen großen Teil der selbstlosen Liebe und Zuneigung der Mutter. Die Betreuer in den Tageshorten sind bezahlte Angestellte. Viele von ihnen haben zu Hause ihre eigenen geliebten Kinder. Eine Mutter wird zu einem anderen Kind nicht den gleichen emotionalen Bezug haben. Somit verschließt sich der Geist der Kinder ausgerechnet in der Hauptperiode der Charakterformung. Wie kann man von solchen Kindern später erwarten, sich für die alternden Eltern verantwortlich zu fühlen – für jene Eltern, die sie im zarten Alter der Obhut von Tagesmüttern überließen, als sie für ihre Entwicklung die Wärme der mütterlichen Liebe gebraucht hätten? Es wäre erstaunlich, wenn diesen Kindern nicht der Gedanke käme, ihre alternden Eltern in ein Heim zu geben. Es ist die Mutter, die das Kind lenkt. Sie schenkt dem Kind das Leben, ernährt es und gibt ihm Liebe und Zuneigung, darüber hinaus fällt ihr auch die Pflicht zu, das Kind dabei zu unterstützen, gute Charaktereigenschaften zu entwickeln. Dieser Aufgabe kann sie weitaus besser nachkommen als der Vater. Daher der Spruch: Hat der Mann einen guten Charakter, kommt es einer Person zugute; ist es die Frau, profitiert die ganze Familie davon.

Bei Kindern, die ohne ausreichend Liebe aufwuchsen, dominiert oft die animalische Natur und nicht das Herz. Das lässt sich nicht vermeiden, wenn die Eltern keine spirituellen Werte haben. Eltern sollten zwischen nebensächlichen und absolut notwendigen Lebensbedürfnissen unterscheiden und sich mit einem einfachen Lebensstil zufrieden geben. Sie sollten viel Zeit mit ihren Kindern verbringen, selbst wenn das bedeutet, sich frei zu nehmen. Liebe für ein Kind bedeutet nicht, mit ihm Freizeitparks zu besuchen, sondern, sich die Zeit zu nehmen, ihm wahre Werte zu vermitteln. Nur wenn solche Werte tief verankert wurden, verfügen unsere Kinder über die Kraft, schwierige Lebensumstände zu meistern.

Mindestens bis zum fünften Lebensjahr brauchen die Kinder die Liebe der Mutter, anschließend kommt bis zum fünfzehnten Lebensjahr Disziplin hinzu. Die Aufrechterhaltung von Frieden und Harmonie in der Gesellschaft erfordert die Bemühungen aller Eltern, in ihren Kindern gute Werte zu nähren.

Die Integrität aller Einzelpersonen bildet das Fundament einer noblen Kultur für das ganze Land. Das Kind von heute sollte sich zur reifen Persönlichkeit von morgen entfalten. Wir ernten morgen, was wir heute sähen.

Frage: Besteht die Möglichkeit, die Kinder wie früher zur Erziehung in eine *gurukula* zu schicken?

Amma: Materialismus hat den Platz der alten spirituellen Kultur eingenommen. Die nach Vergnügen suchende Verbraucher-Kultur hat so tiefe Wurzeln gefasst, dass eine Umkehr nicht mehr möglich ist – sie ist doppelt so stark wie unsere traditionelle Kultur. Es wäre sinnlos, zu meinen, man könne den Materialismus entwurzeln und die alte Lebensweise wieder einführen. Solche Bemühungen würden lediglich in Enttäuschung enden. In der heutigen Zeit ist es notwendig, sich auf Weiterentwicklung auszurichten, aber gleichzeitig darauf zu achten, einen völligen Verfall unserer traditionellen Werte zu vermeiden.

Die Lebenshaltungskosten sind enorm angestiegen und es ist schwierig für eine Familie sie abzudecken, wenn nicht beide Partner Geld verdienen. Die Bildung ihrer Kinder bereitet den Eltern am meisten Sorgen. Es kann sein, dass eine gute Bildung ohne Einbeziehung von Privatschulen nicht möglich ist. Die Zulassungsgebühren und Auslagen sind allerdings relativ hoch. Um ihren guten Ruf zu erhalten, werden von diesen Schulen systematische Lehrmethoden angewendet. Das einzige Kriterium für den Erfolg des Schülers sind die Prüfungsnoten – was sehr wenig über wirkliche Befähigung, Geisteskraft oder charakterliche Qualitäten aussagt.

Das heutige Bildungssystem bringt die Kinder unter enormen Druck. Ein neues Auto sollte nicht zu schnell gefahren werden. Den neuen Motor muss man allmählich Einfahren, bis die volle Kapazität erreicht ist. Sonst könnte er Schaden nehmen. Ähnlich kann der junge Geist geschädigt und die Entwicklung blockiert werden.

Im Namen der Erziehung setzen wir die Kinder einer für ihr zartes Alter zu hohen Belastung aus. In einer Zeit, wo die Kinder mit ihren Freunden lachen und spielen sollten, zwängen wir sie in Klassenräume wie Vögel in einen Käfig. Gelingt es den Kindern nicht, vom Kindergarten an beste Noten zu erzielen, sind die Eltern bekümmert und beschweren sich. Aber nicht die Eltern, sondern die Kinder müssen die ganze Misere durchstehen. Fragt man ein Kind, warum es lernt, lautet die Antwort meistens: "Um Ingenieur oder Arzt zu werden." Von der ersten Klasse an drängen die Eltern sie in diese Richtung. Nur selten ermuntern sie ihre Kinder, sich auf das wahre Lebensziel vorzubereiten und entsprechend zu leben.

Betrachten wir einmal die Zielsetzung des modernen Bildungswesens: Man kann damit ein Zertifikat erwerben, eine gute Stellung bekommen und Geld verdienen – aber reicht das aus, um inneren Frieden zu erlangen? Die heutige Ausbildung ist ausschließlich auf Erwerb von Geld und Macht ausgerichtet. Aber, meine Kinder, vergesst darüber nicht, dass Klärung des Geistes die Voraussetzung für Frieden und Glück im Leben ist. Nur spirituelles Verständnis ermöglicht maximale Verfeinerung. Wenn wir unseren Kindern nicht helfen, neben der modernen Bildung geistige Verfeinerung und erhabene Werte zu kultivieren, ziehen wir Ravanas (Dämonen) statt Ramas (göttliche Menschen) heran.

Geht man zehn Mal über eine Grünfläche, so bildet sich ein Weg. Aber wie viele Male wir auch über einen Felsen gehen, es wird kein Pfad entstehen. Ähnlich hinterlässt die Vermittlung von noblen Werten in jungen Jahren schnell einen tiefen Eindruck. Diese Werte werden später zum Leitfaden.

Bevor er in den Brennofen kommt, kann Ton in jede beliebige Form gebracht werden. Bei gebranntem Ton ist sie nicht mehr veränderbar. Deshalb ist es wichtig, den Kindern edle Werte beizubringen, bevor ihr Geist in der Glut der Welt fixiert wird. Leider werden die Möglichkeiten zur Charakterformung des Kindes zunehmend begrenzter. Deshalb betont Amma diesen Punkt so sehr.

Frage: Wie kommt es, dass familiäre Beziehungen heutzutage schwächer werden?

Amma: Gier und das Verlangen nach mehr Sinnesfreuden werden stärker aufgrund des Einflusses unserer materialistischen Kultur. Der moralische Einfluss, den die Frauen einmal auf Männer hatten, ist verloren gegangen. Der Wunsch nach weltlichem Gewinn ließ die Menschen selbstsüchtig werden. Frauen sahen sich gezwungen, sich ihren Männern zu unterwerfen. Gegenseitige Verärgerung und Konflikte entstanden. Eltern, die ihren Kindern hätten helfen sollen, einen guten Charakter zu entwickeln, säten stattdessen die giftige Saat der Selbstsucht und des Konkurrenzempfinden. Heute sehen wir diese negativen Eigenschaften in ihren schlimmsten Formen. Die Saat ist aufgegangen, gewachsen und hat sich überall hin verzweigt. Um uns von diesen negativen Eigenschaften zu befreien, ist ein gegenseitiges Verständnis zwischen Mann und Frau über ihre jeweilige Aufgabe innerhalb der Familie notwendiger als die sogenannte Gleichberechtigung. Geld allein kann uns keinen Frieden bringen. Mit Hilfe von Geld ist es noch niemandem gelungen, einen guten Charakter oder innere Stärke zu entwickeln. Wie können Eltern, die selbst keine Zufriedenheit kennen, ihren Kindern Werte wie gegenseitiges Verständnis und Bereitschaft zu vergeben, vermitteln? Aufgrund der Unfähigkeit der Eltern, die Kinder richtig zu erziehen, wächst die Zerstörungskraft innerhalb der Gesellschaft mit jeder Generation. Streben wir eine Veränderung an, ist es unerlässlich, dass die Eltern in ihrem eigenen Leben spirituelle Grundlagen kultivieren.

Ein Kind kann in verschiedener Weise von der Gesellschaft Zuwendung erhalten. Es mag viele Leute geben, die einem Kind Liebenswürdigkeit entgegen bringen. Aber nichts kommt der Liebe einer Mutter gleich. Ein Auto kann mit Benzin fahren, aber es benötigt zum Starten eine Batterie. Für das Kind entspricht die Zuneigung der Eltern der Batterie. Die von den Eltern in der

Kindheit erhaltene Liebe verleiht uns die Kraft, allen Umständen im Leben mit Gefasstheit zu begegnen.

Hinter der Liebe, die wir von der Welt erhalten, steht immer Eigennutz. Die Kuh ist uns lieb wegen der Milch, die sie gibt; es steht keine echte Liebe dahinter. Ganz gleich, wie viel Milch sie uns gegeben hat, wenn sie keine mehr geben kann, steht ihr das Schlachthaus bevor. Gehen Mann oder Frau nicht auf die Wünsche des anderen ein, folgt schnell die Scheidung. Mutterliebe jedoch beruht nicht auf Egoismus.

Neben Ausbildung und Stellungssuche sollten wir uns auch um spirituelles Verständnis bemühen. Gründen wir eine Familie, so werden uns diese Kenntnisse helfen, jeden Schritt in die richtige Richtung zu machen. Meine Kinder, nur auf diese Weise lässt sich Zufriedenheit finden. Selbst nach einer guten Mahlzeit brauchen wir noch inneren Frieden, um richtig schlafen zu können.

Bauen wir ein Haus auf morastigem Untergrund, ohne zuvor ein festes Fundament zu errichten, kann selbst ein schwacher Windstoß das Haus zum Einsturz bringen. Genauso können die Familienbande bei relativ geringfügigen Problemen zerbrechen, wenn das Familienleben ausschließlich auf Materialismus basiert. Errichten wir das Leben der Familie jedoch auf solider spiritueller Grundlage, kann jeder Sturm überstanden werden. Darin liegt der Nutzen für eine Familie, die die Prinzipien der Wahrheit versteht und sich danach ausrichtet. In der Vermittlung spiritueller Werte und der Erläuterung der geistigen Prinzipien sollte es bei den Eltern keinen Bruch zwischen Theorie und Praxis geben. Es ist ihre Aufgabe, als Vorbild zu dienen.

Trotz des Reichtums in den Industrieländern, steigt die Zahl der Geisteskrankheiten. Nur mit Unterscheidungs-vermögen bezüglich Ewigem und Vergänglichem können wir durchs Leben gehen, ohne je das innere Gleichgewicht oder den Seelenfrieden einzubüßen. Ansonsten wird der steigende Materialismus auch in

Indien zu vermehrten Geisteskrankheiten führen. Amma möchte das Beispiel einer dreiköpfigen Familie anführen – Vater, Mutter und Sohn: Der Vater war ein hoher Beamter, die Mutter Sozialarbeiterin. Der Sohn, ein College-Student, war ein Kricket-Narr. Die Familie verfügte nur über ein Auto. Eines Abends musste der Vater an einem Treffen teilnehmen. Als er das Auto startete, kam seine Frau heraus. Sie war zu einer Hochzeit eingeladen worden, und wollte den Wagen ebenfalls benutzen. So entstand ein Streit. Nun kam der Sohn dazu – mit dem Argument, dass er das Fahrzeug brauche, weil am Abend ein Kricketspiel stattfände. Bald darauf stritten alle drei und schrieen sich an. Schließlich war es für alle drei zu spät. Sie hatten nichts anderes zustande gebracht, als miteinander zu streiten. Bei gegenseitigem Verständnis wäre kein Streit notwendig gewesen. Es bestand die Möglichkeit zusammen zu fahren. Der Mann hätte seine Frau zur Hochzeit und den Sohn zum Kricket-Platz bringen und anschließend zu seinem Treffen fahren können. Aber aufgrund ihrer Egos verpassten alle drei ihre Angelegenheit. Statt Harmonie gab es zwischen ihnen nur Ärger und Verübelung.

Lasst uns nun unser eigenes Leben betrachten, meine Kinder. Vergeuden wir auf diese Weise nicht viel Zeit mit Streit über triviale Angelegenheiten?

Es ist notwendig, diesen Punkt zu verstehen. Kultivieren wir einen Geist der Demut, der Vergebung und der Bereitschaft auf die Bedürfnisse des anderen einzugehen, dann gewinnen unsere familiären Beziehungen ständig an Stärke. In einer echten Familie besteht zwischen Mann und Frau gegenseitige Akzeptanz. Dadurch weitet sich die Welt ihrer Gemeinsamkeit, die dann durch Kinder noch weiter zunimmt. Idealerweise sollte diese Haltung jedoch nicht ausschließlich auf die Familie beschränkt bleiben, sondern auf alle Seinsformen ausgedehnt werden. Darin besteht das höchste Ziel des Familienlebens. Auf diese Weise können Mann und Frau ihre eigene Vollkommenheit entdecken. Eine Welt solch umfassender Liebe bedeutet ständiges Glück. Es ist dann ein Leben ohne Streitereien oder Kämpfe über Vergangenes, ein Leben ohne bedeutungslose Sorgen über die Zukunft. Keiner lebt mit dem Gedanken "für mich", sondern jeder mit der Einstellung "für dich!" Gott erscheint von sich aus zur Segnung eines Familienschreins, in dem das Licht der Liebe hell brennt.

Gespräch mit einer Gruppe aus dem Westen

Eine Gruppe deutscher Anhänger erschien im Ashram, um Ammas Darshan zu erhalten. Die meisten von ihnen hatten seit Jahren spirituelle Übungen ausgeführt. Nachfolgend ihr Gespräch mit Amma.

Frage: Wie lange sollte man nach dem Essen warten, bevor man meditiert?

Amma: Meine Kinder, meditiert nicht unmittelbar nach einer Mahlzeit. Wartet mindestens zwei Stunden nach einer Hauptmahlzeit, nach einer leichten eine halbe Stunde. Wenn man sich zur Meditation hinsetzt, geht der Geist zu dem Körperteil, auf den man sich konzentrieren möchte. Wird die Aufmerksamkeit auf das Herz oder auf den Punkt zwischen den Augenbrauen gerichtet, fließt viel Energie dort hin. Dadurch bleibt zu wenig für die Verdauung übrig. So können Verdauungsstörungen entstehen – mit unangenehmen Begleiterscheinungen wie Erbrechen und Kopfschmerzen. Deshalb ist es ratsam, vor Beginn der Meditation genügend Zeit für die Verdauung zu lassen.

Frage: Auf welche Weise sollten wir unsere Mantren wiederholen?

Amma: Konzentriert euch bei der Wiederholung des Mantras entweder auf die Gestalt der von euch verehrten Gottheit[20] oder auf den Klang des Mantras. Es ist auch gut, sich dabei jeden Buchstaben oder jede Silbe vorzustellen. Man kann auch die Aufmerksamkeit auf den Klang der Rezitation richten. Der größte Nutzen der Wiederholung des Mantras liegt in der Kontrolle unserer Gedanken. Das Mantra entspricht einem Ruder, mit dessen Hilfe wir zum höchsten Sein gelangen.

In der heutigen Zeit sind wir an die Vielfalt verhaftet. Die Wiederholung eines Mantras unterstützt die Befreiung davon, sowie die Konzentration auf Gott. Amma hat die Besorgnis vieler erlebt, die dabei ihre Gottheit nicht visualisieren können. Gelingt es einem nicht, reicht es, an den betreffenden Namen zu denken, mit der Mantra-Wiederholung fort zu fahren und die Aufmerksamkeit auf die Buchstaben oder den Klang zu lenken. Gelingt es, sich bei der Meditation auf die göttliche Gestalt zu konzentrieren, so ist es während dieser Zeit nicht notwendig, das Mantra zu singen. Aber ansonsten sollten wir innerlich das Mantra ständig wiederholen – bei der Arbeit, beim Gehen, Sitzen, Reisen oder was auch immer wir machen. Auf diese Weise ruht der Geist in subtiler Weise stets in Gott. Sorgt euch nicht, wenn euch volle Konzentration nicht möglich ist, dann kann man zumindest auf den Klang achten.

Stellt euch bei jeder Wiederholung vor, eine Blume zu Füßen der geliebten Gottheit dar zu bringen. Haltet die Augen geschlossen und nehmt eine Blume vom Herzen und legt sie vor die Füße der Gottheit. Gelingt das nicht, konzentriert euch auf den Klang des Mantras oder auf die visualisierte Form der Buchstaben. Welche Methode ihr auch wählt, achtet darauf, dass die Gedanken

---

[20] Wenn Amma sich auf die bevorzugte Gottheit bezieht, meint sie damit den von uns verehrten Aspekt Gottes, z.B. die göttliche Mutter, Krishna, oder Christus.

nicht umher wandern. Haltet sie auf den bevorzugten göttlichen Aspekt gerichtet.

Frage: Ist es notwendig, das Mantra während der Meditation zu wiederholen?

Amma: Wenn man seine Aufmerksamkeit auf die Gestalt gerichtet halten kann, ist es nicht notwendig.

Frage: Wie konzentrieren wir uns bei der Meditation am besten auf die gewählte göttliche Gestalt?

Amma: Stellt euch die Gestalt eures bevorzugten göttlichen Aspektes wiederholt von Kopf bis Fuß vor. Man kann sich vorstellen, um sie herumzugehen, oder auch, mit ihr umherzulaufen und zu scherzen, oder, dass die Gottheit sich entfernt, ihr hinter ihr her lauft und euch dabei bemüht, sie einzuholen. Man kann sich auch vorstellen, auf ihrem Schoß zu sitzen und ihr einen Kuss zu geben. Eine weitere Möglichkeit: ihr kämmt die Haare der Gottheit oder umgekehrt und sie streicht eure Haare glatt. All diese Vorstellungen sind dazu gedacht, den Geist auf die Gottheit gerichtet zu halten.

Bei der Visualisierung betet z.B.: "O Mutter, führe mich!" "O Vater, lenke mich!" "Ewiges Licht, führe mich!" oder: "Ozean des Mitgefühls, lenke mich!"

Denkt daran, wie weit sich die Gedanken in einer Sekunde entfernen können! Die Vorstellungen dienen dazu, zu verhindert, dass der Geist abschweift. Ihr findet vielleicht keinen dieser Vorschläge im *Vedanta*. Aber nur über solche Schritte könnt ihr deren Inhalt zu eigener Erfahrung machen.

Frage: Wie ist es möglich, bei der Arbeit das Mantra zu singen oder an das Göttliche zu denken? Werden wir nicht vergessen, das Mantra zu wiederholen?

Amma: Stellt euch vor, euer Bruder liegt in kritischem Zustand im Krankenhaus. Wird es euch gelingen, selbst bei der Arbeit nicht an ihn zu denken? Ihr würdet ständig an ihn denken, ganz gleich womit ihr beschäftigt seid: "Ob er wohl wieder zu Bewusstsein gekommen ist und ob er sprechen kann. Geht es ihm besser? Wann kann er wieder heim kommen?" Die Gedanken werden ständig um den Bruder kreisen. Trotzdem könnt ihr eure Arbeit erledigen. Denken wir in gleicher Weise an Gott als dem nächsten Verwandten, als ganz nahe stehend, wird es nicht schwer fallen, an Gott zu denken, bzw. das Mantra zu wieder holen.

Frage: Werden die hier lebenden *Brahmacharis* und *Brahmacharinis* alle die Selbstverwirklichung erreichen?

Amma: Die hier lebenden Kinder sind aus unterschiedlichen Motiven hergekommen: Jene, die sich für das Ashramleben entschieden haben, weil sie eine völlige Loslösung gegenüber den weltlichen Dingen entwickelt haben, ferner diejenigen, die aus anfänglicher Begeisterung kommen, aber dann die erste Gruppe imitieren. Aber auch sie können bei entsprechender Bemühung dieselbe spirituelle Neigung (*samskara*) entwickeln und Fortschritte machen. Sind nicht sogar Bösewichte durch Kontakt mit großen Seelen (*satsang*) auf den rechten Pfad gekommen? Valmiki hatte im Wald gelebt und Menschen ausgeraubt und ermordet. Durch Begegnung mit Heiligen und anschließende Bemühung wurde ein großer Weiser aus ihm und unser erster Dichter. Satsang hatte auch eine große Wirkung auf Prahlada, der zu einem Gottesverehrer ersten Ranges wurde, obwohl er in einer Dämonen-Familie (*asuras*) [21] geboren wurde.

---

[21] Als die Frau des Dämonenkönigs Hiranyakasipu schwanger war, griffen die Devas (himmlische Wesen) die Dämonen an. Hiranyakasipu vollzog zu der Zeit intensive asketische Übungen. Die Devas wollten das Kind in Kayadhus Leib vernichten. Sie befürchteten, dass es eine zukünftige Bedrohung

Selbst wer nur mit kurzfristigem Enthusiasmus herkommt, kann sich wirklich wandeln, wenn man sich ernsthaft, bemüht die Lehren zu erfassen, zu assimilieren und ins Leben umzusetzen. Ist es nicht möglich, alles über ein Handwerk durch ständigen Umgang mit einem Meister jenes Berufes zu lernen? Aber ohne die Nähe und genaue Beobachtung des Adepten lernt man nichts. Ähnlich kann man durch Teilnahme am Ashramleben mit der Zeit weiterkommen, und es entwickelt sich eine spirituelle Neigung. Tritt selbst nach langem Ashramaufenthalt keine Veränderung auf, müssen wir es als Karma vergangener Leben akzeptieren. Beschuldigungen sind sinnlos.

In einem Dorf saß ein Entsagender *(sannyasi)* jeden Tag unter einem Baum, meditierte und wiederholte ein Mantra. Die Dorfbewohner brachten ihm Früchte und Backwaren und boten ihre Dienste an. Einem jungem Mann, der dies Tag für Tag beobachtete, kam der Gedanke, dass das Leben problemlos wäre, wenn er auch solch ein Mönch würde. So legte er ein ockerfarbenes Sannyasi-Gewand an, setzte sich in einem nahe gelegenen Dorf unter einen Baum und begann zu meditieren und ein Mantra zu rezitieren. Schon bald trafen Leute ein, um dem Sannyasi ihre Ehre zu erweisen. Sie brachten viele süße Gerichte und Früchte mit. Unter den Besuchern des jungen Mannes befanden sich auch viele schöne Frauen. Nach einigen Tagen verschwand er mit einer von ihnen.

---

für sie sein könnte. Aber als Devendra Kayadhu entführte, griff der Weise Narada ein. Er wusste, dass dieses Kind als heraus ragender Verehrer Vishnus bekannt werden würde. So brachte er die Schwangere in seine Einsiedelei und unterwies sie täglich über Vishnu und erzählte wunderbare Geschichten über ihn. Das Kind nahm im Mutterleib alles ernsthaft in sich auf. Selbst wenn Kayadhu wegen Übermüdung einschlief, reagierte das Kind auf die Geschichten des Heiligen! Prahlada bekam also während der Schwangerschaft die Geschichten der göttlichen Inkarnationen des Herrn mit. Er verbrachte außerdem den größten Teil seiner Kindheit in Naradas Ashram

Diejenigen, die herkommen und lediglich so tun als ob, können das höchste Ziel nicht erreichen, sondern nur wer völlig vertraut und sich hingibt. Die anderen werden schließlich ihres Weges gehen, warum sich um sie sorgen? Dies ist ein Schlachtfeld. Wer hier siegt, kann die ganze Welt erobern – das ganze Universum untersteht einem solchen Menschen.

Frage: Wenn Gott die Ursache von allem ist, trifft das nicht auch für die vielen Krankheiten der heutigen Zeit zu?

Amma: Gott ist die Ursache von allem. Er hat uns jedoch auch wissen lassen, wie wir unser Leben führen sollten. Durch die Mahatmas (Heiligen) spricht Er zu uns. Was nützt es, Gott für die Härten in unserem Leben zu beschuldigen, wenn wir Seine Anweisungen nicht befolgen?

Ein Tonikum unterstützt Genesung. Trinkt man jedoch die ganze Flasche auf einmal aus, ohne die Anweisungen des Arztes zu beachten, kann die noch vorhandene Gesundheit ruiniert werden. Stellt man ein Radio nicht richtig ein, so sind nur gestörte Töne zu hören. Bei korrekter Einstellung wird die Musik Freude und Zufriedenheit bereiten. In ähnlicher Weise leiden Menschen, weil sie die wesentlichen Punkte des Lebens nicht begreifen. Erfassen wir die Schlüsselpunkte, können wir Glück finden. Diese notwendigen Grundlagen können durch Satsang gelernt werden. Durch das Anhören spiritueller Vorträge können wir Abhilfe für viele Probleme finden. Lebt man jedoch in der Nähe eines spirituellen Meisters, der in der höchsten Wahrheit lebt und folgt dessen Anweisungen, wird das Leben voller Freude sein – man kann allen Gefahren entgehen. Im Leben der Menschen, die nichts über die wahren Lebensprinzipien lernen – weder aus Büchern, noch durch spirituelle Vorträge – und auch nicht die Gegenwart eines spirituellen Meisters erfahren, wird mit Sicherheit abwärts gehen.

Viele der heutigen Erkrankungen sind das Ergebnis der egoistischen Lebensweise der Menschheit. Wir essen toxische und verfälschte Nahrung. Die für Getreide und Gemüse eingesetzten Pestizide und Dünger sind giftig genug, Menschen zu töten, wenn sie die Stoffe einatmen. Wir essen solche Nahrung, die außerdem wegen übermäßiger Profitgier noch durch Zusatzstoffe verändert wird. Wie sollte das ohne Auswirkungen auf die Gesundheit bleiben? Des Weiteren verursachen Alkohol und Drogen viele Störungen. Aber selbst zur Behandlung der Beschwerden werden keine reinen Medikamente verabreicht. Selbst sie sind verfälscht. Somit ist das unmenschliche Verhalten der Menschen der Grund, warum Krankheiten in der heutigen Zeit so rapide ansteigen. Wir können nicht Gott dafür die Schuld geben. Er macht niemand krank und verursacht auch kein Leid. Gottes Schöpfung ist vollkommen. Es sind die Menschen, die alles verzerren. Wir sollten in Einklang mit Gottes Willen leben und in Harmonie mit der Natur. Dadurch könnten die meisten der derzeit auftretenden Krankheiten beseitigt werden.

Frage: Heute sind nicht einmal Kinder beschwerdenfrei. Welche Fehler haben sie begangen?

Amma: Die Eltern verursachen häufig unabsichtlich die Störungen. Und schließlich entstehen die Kinder aus den Keimzellen von Eltern, die giftige Nahrung zu sich nehmen. Wie können sie dann gesund sein? Selbst Kuhmilch ist nicht mehr frei von toxischen Substanzen, weil sie Gras und anderes Futter fressen, das mit Pestiziden behandelt wurde.

Die Kinder von Alkoholikern und Drogensüchtigen werden nicht gesund sein. Möglicherweise treten auch Körperdeformationen auf, da die Samen des Vaters nicht mit den Faktoren ausgestattet waren, die einen gesunden Körper ermöglichen. Anfällig für Krankheiten sind ebenfalls Kinder von Menschen, die viele allopathische Mittel nehmen. Aufgrund der unguten Handlungen in Vorleben müssen sich diese Seelen bei solchen Eltern inkarnieren. Sie leiden daher nun auch unter den Fehlern ihrer Eltern. Unser Glück und Leid steht immer in Zusammenhang mit unserer Lebensweise. Die Ursache von allem ist im Karma zu suchen. Wenn wir mit Achtsamkeit und Umsicht handeln, müssen wir nicht leiden, sondern können in ständigem Wohlergehen leben. Die Menschen verursachen ihre Probleme selbst. Sie erfahren nicht die Folgen von Fehlern, die sie nicht begangen haben, sondern von denen, die sie gemacht haben. Heute leben die Menschen nicht als Teil von Gottes Schöpfung, sondern in ihrer eigenen, und erleben das Resultat davon. Es ist folglich nicht richtig, Gott zu bezichtigen. Solange wir Gott folgen, wird es uns nicht Leid tun. Wir wissen dann nicht einmal, was Leid ist.

Frage: Die Schriften sprechen von Reinkarnation. Auf welcher Basis erhält eine Seele einen neuen Körper?

Amma: Jede Seele inkarniert gemäß dem erreichten Entwicklungsstand. Aufgrund dieses *samskaras* (mitgebrachte Prägung) erhält sie eine menschliche Geburt. Bei reiner Lebensführung und guter Handlungsweise kann in der Tat Göttlichkeit erreicht werden.

Lebt jemand trotz der menschlichen Geburt weiterhin wie ein Tier, wird der Betreffende in einer niedrigeren Lebensform wieder geboren.

Unser Körper wird von einer Aura umgeben. Ebenso, wie wir Musik und Gespräche auf Band aufnehmen, speichert unsere Aura all unsere Gedanken und Handlungen, und zwar in verschiedenen Bereichen: das Gute geht in die Aura oberhalb der Taille, das Schlechte darunter. Überwiegt das Gute, erfolgt nach dem Tod ein Aufstieg in eine höhere Ebene. Die Seele geht in die Welt der Vorfahren ein oder wird mit den Einschränkungen wieder geboren, die der vergangenen Lebensweise entsprechen. Bei vorwiegend übler Lebensweise sinkt die Aura der Seele zu Boden und wird zur Nahrung für Würmer und Insekten, und die Seele wird als Vogel oder anderes Tier wieder geboren.

Wird ein gutes Ei ausgebrütet, entsteht ein Vogel. Im Falle eines schlechten Eies wird es keinen Vogel geben. Das zerbrochene Ei verwest auf dem Boden und wird zum Fraß für Würmer und Insekten. Lebt man lediglich für das Glück von heute, entsteht daraus das Unglück von morgen. Liegt man auf dem Rücken und spuckt in die Luft, weil man zu bequem ist aufzustehen, landet die Spucke auf dem eigenen Körper. Ähnlich ergibt jede Handlung eine entsprechende Reaktion von der Natur. Das ist sicher.

Frage: Wie kommt es, dass wir uns der verschiedenen Vorlebenshandlungen nicht bewusst sind?

Amma: Erinnert man sich an alles, was man als kleines Kind gemacht hat? Wir erinnern uns nicht einmal an alles von diesem Leben! Ein Lied, das gestern noch im Gedächtnis war, kann heute schon daraus entschwunden sein. Wie kann man dann erwarten, sich an Ereignisse des Vorlebens zu erinnern? Sobald der Geist jedoch durch spirituelle Übungen fein genug wird, weiß man alles. Wenn wir von den Früchten der Vorlebenstaten sprechen, sind darin die Wirkungen von unbewussten Handlungen in diesem eingeschlossen.

Freud und Leid von heute sind das Ergebnis der Vergangenheit – entweder aus diesem oder einem vergangenen Leben. Handeln wir mit Umsicht und Einsicht, können wir zufrieden leben und Kinder der Glückseligkeit werden.

Frage: Wenn wir jemanden aus Versehen mit dem Fuß berühren, sollten wir den Betreffenden mit der Hand berühren und diese dann zur Stirn führen. Ist das nicht Aberglaube?

Amma: Diese Praktiken wurden von unseren Vorfahren einge-
führt, um gutes Benehmen bei den Leuten zu kultivieren. Wir
sagen zu einem Kind: "Lügen macht blind." Wenn das so wäre,
wie viele Menschen würden heute noch sehen können? Aber wir
bewirken damit eine Korrektur der schlechten Angewohnheit
des Kindes zu lügen. Stoßen wir jemanden mit dem Fuß, sollten
wir diese Person berühren und Achtung zeigen. Dies zielt darauf
ab, in uns eine demütige Haltung zu entwickeln. Wer sich diese
Verhaltensweise zur Angewohnheit macht, wird selbst bei Verärgerung niemanden treten.

Für diese Praxis gibt es noch einen weiteren Grund: Es besteht
eine Verbindung zwischen den Füßen und Kopf. Stößt der Fuß
an etwas an, wirkt das auf bestimmte Nerven im Kopf. Durch
Verbeugung wird die Spannung in diesen Nerven gelöst. Aber
der Hauptnutzen liegt darin, gutes Benehmen zu entwickeln.

Frage: Amma, lässt sich das Leben in zwei Aspekte unterteilen
– den spirituellen und den materiellen? Welcher vermittelt uns
Glück?

Amma: Kinder, es besteht keine Notwendigkeit, in spirituelles
und materielles Leben zu unterteilen. Der Unterschied entsteht
nur durch unsere Einstellung. Es ist notwendig, Spiritualität zu
verstehen und entsprechend zu leben. Nur so können wir ein
glückliches Leben führen. Spiritualität vermittelt uns, wie wir in
dieser Hinsicht unser Leben gestalten müssen. Nehmen wir Reis
als Symbol für die materielle Seite des Lebens und Zucker für die
spirituelle: Spiritualität ist der Zucker, der dem Reispudding die
Süße verleiht. Spirituelles Verständnis versüßt das Leben.

Verlässt man sich auf die materialistische Seite, so entsteht
Leid. Diejenigen, die nur nach weltlichen Freuden trachten,
müssen auch darauf gefasst sein, Leid zu erleben. Nur wer sich
darauf einlassen will, sollte für weltliche Bedürfnisse beten. Die

weltliche Seite wird uns ständig zusetzen und quälen. Das bedeutet nicht, dass man dem weltlichen Leben völlig entsagen sollte. Amma möchte nur empfehlen, mit spiritueller Einsicht in der Welt zu leben. Dann wird man nicht durch Leid geschwächt. In dieser Welt gehört uns kein Angehöriger wirklich. Niemand, der behauptet, unsere Familie zu sein, ist es wirklich. Unsere einzige echte Familie ist Gott.

Alle anderen können sich jederzeit gegen uns wenden. Menschen lieben uns nur aufgrund ihres Wunsches nach eigenem Glück. Treten Krankheit, Leid und Härten ein, müssen wir sie allein tragen. Also ist es besser, uns nur an Gott zu binden. Bei weltlicher Verhaftung wird es schwierig sein, Befreiung zu erlangen. Welch endlose Zahl an Leben ein Mensch hinter sich bringen muss, um von Bindungen frei zu werden!

Es ist am besten, das Leben wie eine Pflicht zu leben. Dann werden wir nicht deprimiert sein, wenn sich andere gegen uns wenden oder uns verlassen. Wir brechen dann nicht zusammen, wenn plötzlich jemand gegen uns ist, den wir mehr als unser eigenes Leben geliebt haben. Es gibt keinen Grund, daran zu verzweifeln.

Haben wir uns eine Schnittwunde zugezogen, wird sie nicht heilen, wenn wir nur dasitzen und weinen. Tränen zu vergießen hilft ebenfalls nicht, wenn wir unseren Besitz oder unsere Angehörigen verlieren. Das bringt das Verlorene nicht zurück. Begreifen wir jedoch und akzeptieren, dass diejenigen, die heute bei uns sind, uns morgen vielleicht verlassen, können wir frei von Kummer zufrieden leben, gleich, wer sich gegen uns wendet oder uns verlässt. Das bedeutet nicht, dass wir niemanden lieben sollten. Im Gegenteil, wir sollten alle lieben – allerdings selbstlos, ohne Erwartungen. So vermeiden wir Leid.

Weltliches Leben bringt Leid mit sich. Trotzdem ist es mit Hilfe spiritueller Einsicht möglich glücklich zu leben. Springen wir ohne Vorbereitung in raues Meer, können wir von den Wellen übermannt werden oder sogar ertrinken. Wer gelernt hat, im Meer zu schwimmen, wird leicht mit den Wellen fertig, selbst mit großen. Erlauben wir, dass Spiritualität unsere Lebensgrundlage wird, können wir in ähnlicher Weise unerschrocken durchs Leben gehen, ganz gleich, wie schwierig die Umstände sein mögen. Unser Gemüt neigt einem Objekt zu und verspürt Abneigung gegen ein anderes. Manche meinen, nicht ohne Zigaretten auskommen zu können, während andere sich durch den Rauch gestört fühlen. Glück und Leid gehen vom Gemüt aus. Lernt man, es zu beherrschen und in die richtige Richtung zu lenken, wird das Leben stets glücklich sein. Dafür sind spirituelle Kenntnisse notwendig. Lebt man danach, gibt es kein Leid mehr.

Bemüht euch, ununterbrochen ein Mantra zu rezitieren. Sprecht nur über Gott. Legt allen Egoismus ab. Legt alles in Gottes Hand. Gelingt uns das, werden wir nicht leiden.

Wenn wir uns so leicht an irgendetwas in der Welt binden, warum dann nicht an Gott? Unsere Zunge weiß über alles zu reden, warum können wir sie dann nicht lehren, unser Mantra zu singen? Wenn uns das gelingt - und auch denen um uns herum - werden wir Frieden finden.

Die meisten sprechen mit jedem in der Umgebung über ihre Probleme. Dadurch werden diese jedoch nicht beseitigt. Außerdem macht es die Zuhörer ebenfalls unglücklich. Es entspricht einer kleinen Schlange, die versucht, eine größere zu schlucken.

Weltlich zu sein, heißt Gott zu vergessen, nichts außer dem eigenen Wohlergehen im Sinn zu haben und sich dafür auf materielle Objekte zu stützen, jedoch gezwungen zu sein, den größten Teil des Lebens für diese kurzen Freuden zu leiden. Auf diese Weise verlieren die Menschen ihren inneren Frieden und die Umgebung wird ebenfalls in Mitleidenschaft gezogen. Spiritualität bedeutet Selbstlosigkeit, Gottergebenheit und die

Einsicht, dass in Wirklichkeit alles Gott gehört. Wer auf diese Weise lebt, erfährt nicht nur selbst Seelenfrieden, sondern stiftet auch Frieden in den Herzen der mit ihm Lebenden.

Frage: Amma sagte, dass unsere Hingabe nicht aus Wünschen heraus erfolgen, sondern im Verständnis spiritueller Prinzipien wurzeln sollte. Warum?

Amma: Wirklicher Fortschritt gelingt nur durch Hingabe auf der Basis der wesentlichen Prinzipien. Es ist wichtig, richtige Lebensführung zu lernen. Hingabe vermittelt uns die Art und Weise. Im Leben eines echten Gläubigen gibt es nur Glückseligkeit. Wird unsere Hingabe jedoch nicht von der Kenntnis spiritueller Grundlagen begleitet, gerät das ganze Leben aus dem Takt. In einem solchen Leben finden wir kein Glück. Aus diesem Grunde sagt Amma, dass die Verehrung Gottes auf einem Verständnis der geistigen Grundlagen beruhen sollte. Außerdem empfiehlt es sich, um echte Hingabe zu bitten.

Hinter den Gebeten der meisten Menschen stehen heute persönliche Wünsche. Die Hingabe beruht nicht auf wirklichem Verstehen. Sie suchen den Tempel auf, wenn sie etwas möchten und geloben, Gott etwas zu geben, wenn sie erhalten, was sie sich wünschen. Das kann man nicht Hingabe nennen. Auf diese Weise kann kein Glück erreicht werden. Sie lieben Gott, wenn sie ihre Ziele erreichen und lehnen ihn ab, wenn sie scheitern. Der Glaube in ihrem Leben ist bruchstückhaft und vorübergehend.

In einem Dorf lebten zwei Paare, die seit zehn Jahren kinderlos waren. Ein Paar war darüber so betrübt, dass sie zu beten begannen. Jeden Tag baten sie um ein Kind. Eines Nachts träumte der Mann, dass ein himmlisches Wesen erschien und fragte: "Werdet ihr zufrieden sein, wenn ihr ein Kind bekommt?" Er antwortete: "Ohne Kind werde ich nie glücklich sein. Wenn ich eines bekäme, wäre ich zufrieden." Das Wesen segnete ihn und verschwand. Bald darauf wurde seine Frau schwanger. Beide waren hoch erfreut. Aber ihr Glück hielt nicht lange an, denn sie sorgten sich um ihr ungeborenes Kind. Ständig dachten sie: "Ob wohl die Gliedmaßen und Organe in Ordnung sind? Wird es gesund sein? Wird das Kind gut aussehen?" Zuvor beteten sie zu Gott, weil sie sich ein Kind wünschten, aber nun dachten sie keinen Augenblick an ihn. Alle Gedanken richteten sich auf das zukünftige Kind. Keinen Moment lang erlebten sie Frieden.

Das Baby wurde geboren. Es war ein gesunder Junge, und die Eltern waren sehr glücklich. Sie begannen, Geld für seine Bildung zu sparen. Als der Junge in die Schule kam, sorgten sich die Eltern um ihn. Würde irgendjemand ihm etwas zuleide tun? Was wäre, wenn er irgendwo hinfiele? Bis der Junge heim kam, fanden sie keine Ruhe. Mit zunehmendem Alter wurde er widerspenstig und frech. Er gehorchte seinen Eltern nicht und war in der Schule unaufmerksam. Nun dachten Vater und Mutter mit Besorgnis an die Zukunft des Sohnes. Aber mit den Jahren verschlimmerten sich seine schlechten Angewohnheiten.

Jeder beschwerte sich über sein Verhalten. Als der Junge ins College kam, begann er zu trinken. Er wollte ständig Geld von den Eltern. Das wurde zur täglichen Angewohnheit. Er schreckte nicht davor zurück, sie zu beschimpfen und sogar zu schlagen. Nun fürchteten sie jeden Tag seine Heimkehr. Nach und nach veräußerte der Sohn die Habe der Eltern. Als sie sich eines Tages weigerten, ihm Geld zu geben, bedrohte er sie mit einem Messer. Da sie um ihr Leben fürchteten und selber nichts mehr besaßen, liehen sie sich Geld für alles, was er wollte. Als sie ihre Schulden nicht mehr begleichen konnten, wendeten sich die Dorfbewohner gegen sie und gaben ihnen kein Geld mehr. Als die Eltern für ihn keinen Nutzen mehr brachten, verließ der Sohn sie auf Nimmerwiedersehen. Sie hatten nur für ihn gelebt und nun war er verschwunden, die Nachbarn waren gegen sie, und sie hatten alles verloren. Sie konnten nur noch weinen. Es gab nur noch Verzweiflung in ihrem Leben. Wenn es uns lediglich um weltliches Glück geht, sollten wir auch bereit sein, das Leid zu tragen, das es begleitet. Das andere Paar hatte ebenfalls zu Gott gebetet, jedoch nicht um ein Kind. Es ging ihnen um Gott allein. Ihre Hingabe beruhte auf echter Gottesliebe. Es belastete sie nicht, kein Kind zu haben. Ihr Gebet lautete: "Wir haben keine Kinder. Lieber Gott, lass uns daher jeden als Dein Kind sehen!" Ist es Gottes Wille, so werden wir Kinder haben. Warum sich darum sorgen? Um Gottergebenheit sollten wir beten. Das entsprach der Haltung des zweiten Paares. Sie verfügten über wirkliches spirituelles Verständnis. Sie hatten ein Bewusstsein für das Ewige und Sinn und Zweck des Lebens. Sie wiederholten ständig ihr Mantra. In ihrer Freizeit erzählten sie sich freudig Geschichten über den Herrn und sangen geistige Lieder zusammen mit Freunden und Familienangehörigen. Sie beteten täglich um die Fähigkeit, alle zu lieben und ihnen helfen zu können. Außerdem gaben sie einen Teil ihres Einkommens den Armen. Der Herr war erfreut über ihre selbstlose Hingabe. Und obwohl sie nicht darum baten, wurden sie mit einem Sohn gesegnet. Durch die Geburt des Kindes wurde ihre Hingabe an Gott nicht beeinträchtigt. Sie führten weiterhin ein Leben, das Gott gewidmet war. Sie erzählten ihrem Sohn spirituelle Geschichten und brachten ihm schon sehr früh bei, zu beten und geistige Lieder zu singen. Als Folge wurde der Junge gutherzig und erfreute sich allgemeiner Beliebtheit. Die Eltern waren liebevoll zum Kind, aber ohne übermäßige Anhänglichkeit. Sie richteten ihr Leben weiterhin voll und ganz auf Gott aus. Als sie alt wurden, erwarteten sie von niemandem, sich um sie zu kümmern. Ihr Leben drehte sich um Gott. Aber viele Menschen suchten das Paar auf und kümmerten sich mit Achtung und Liebe um sie, da sie sich von der unschuldigen Hingabe und selbstlosen Liebe für alle angezogen fühlten.

Aufgrund ihrer Uneigennützigkeit hatten sie Freude an ihrem Leben. Sie waren vor und nach der Geburt ihres Sohnes von Freude erfüllt. Und da sie beteten: "Herr, lass uns jeden als dein Kind sehen", erhielten sie viel mehr als einen Sohn: Viele Menschen liebten sie und kümmerten sich um sie.

Beide Paare besaßen Hingabe. Die von dem einen Paar beruhte jedoch auf Verlangen (*kamya bhakti*), während hinter der Hingabe des anderen Paares nur Liebe um der Liebe willen stand.

Für das erste Paar war der Sohn ihr ein und alles. Sie hatten geglaubt, er würde immer bei ihnen sein. Für sie war Gott nicht mehr, als ein Instrument zu Erfüllung ihrer Wünsche. Sobald sie hatten, was sie wollten, vergaßen sie den Herrn. Und als der Sohn sie verließ, wurden sie von Verzweiflung übermannt.

Das zweite Paar hingegen hatte begriffen, dass nur Gott in dieser illusionären Welt wahr und ewig ist. Ihnen war klar, dass niemand die Liebe zu einer anderen Person über das eigene Glück stellt. Ihnen war auch bewusst, dass zum Zeitpunkt des Todes weder ein Kind, noch Partner, Reichtum oder irgendetwas anderes sie begleiten würde. Deshalb bestand ihr einziges Ziel in der Verwirklichung des höheren Selbst - das einzige, was ewigen Bestand hat. Sie lebten in Einklang mit diesem Ziel. Ihre Hingabe und die der Familie wurzelten in wahrer Spiritualität (*tattva*). Es bekümmert sie nicht, wenn irgendjemand gegen sie war. Sie brachten auch Gegnern Liebe entgegen. Da sie ihr Leben in Gottes Hände gegeben hatten, waren sie glücklich.

Meine Kinder, hinter unserer Hingabe sollte allein das Verlangen nach Gott stehen. Dann wird Gott uns alles geben. Wir brauchen uns dann nicht darum zu sorgen, wer sich im Alter um uns kümmert. Keine aufrichtigen Gläubigen sind je an Hunger gestorben oder haben gelitten, weil sich niemand um sie kümmerte. Warum sollte man sich darum sorgen, was mit dem Körper nach dem Tod geschieht? Er fängt bald nach dem Tod an zu verwesen und wird entweder begraben oder verbrannt. Es besteht kein Grund, das Leben unnötig mit Sorgen über diese Dinge zu verschwenden.

Warum sich um die Zukunft sorgen? Selbst das, was gerade geschehen ist, entspricht einem ungültigen Scheck. Es bringt nichts, seine Kraft mit Grübelei darüber einzubüßen. Lebe den heutigen Tag mit großer Achtsamkeit und Wachheit und der nächste Tag wird dein Freund sein.

Hingabe ist wichtig. Aber zu beten und dann schlecht über andere zu sprechen ist keine Hingabe. Jemand mit echter Gottergebenheit hegt keine Eifersucht oder üble Gesinnung gegenüber anderen. Wir sollten uns darum bemühen, Gott in allen zu sehen – das ist Hingabe, ebenso gutes Handeln mit wacher Aufmerksamkeit. Amma versteht unter Hingabe die Fähigkeit, zwischen dem Ewigen und Vergänglichen zu unterscheiden. Dieses Vermögen ist unerlässlich.

Frage: Ist es nicht Gott, der sowohl unsere schlechten als auch guten Taten veranlasst?

Amma: Das trifft zu, wenn man wirklich über das Bewusstsein verfügt, dass Gott hinter allem Handeln steht. In diesem Fall sollte man ebenfalls fähig sein, die Folgen einer guten oder schlechten Handlung als von Gott gegeben zu betrachten.

Gott ist nicht für unsere Fehler verantwortlich, sondern wir selbst. Gott für die Probleme zu beschuldigen, die aus unserer Unwissenheit resultieren, entspräche der Bezichtigung des Benzins, wenn wir durch achtloses Fahren einen Zusammenstoß verursachen. Gott hat uns klare Anweisungen gegeben, wie wir in dieser Welt leben sollten. Wir können es nicht dem Herrn zur Last legen, wenn wir seinen Geboten nicht folgen.

Frage: In der *Bhagavad Gita* heißt es, dass wir handeln sollten, ohne nach den Früchten zu trachten. Wie können wir arbeiten, ohne Nutzen daraus ziehen zu wollen?

Amma: Der Herr hat das gesagt, um uns ein leidfreies Leben zu ermöglichen. Führt eure Handlungen mit großer Sorgfalt und Achtsamkeit aus und ohne von Sorge um die Resultate verzehrt zu werden. Die entsprechenden Resultate kommen von selbst. Lerne mit Konzentration. Es besteht keine Notwendigkeit, sich darum zu sorgen, ob man bestehen wird oder nicht. Bei einem Hausbau ist es wichtig, sich genau nach dem Plan zu richten, ohne sich damit zu quälen, ob das Gebäude stehen bleibt oder nicht. Handle gut, dann werden daraus zweifellos gute Ergebnisse entstehen. Verkauft man Reis von guter Qualität, ohne Steine darin, werden alle ihn kaufen. Das ist das erwünschte Resultat der Bemühungen, gutes Korn zu wählen, es dann vorzukochen, zu trocknen und von Spelzen zu befreien. Wird der Reis verfälscht, um mehr Profit zu machen, folgt dafür früher oder später die Strafe. Außerdem geht der innere Frieden verloren. Handle also mit Sorgfalt und Aufmerksamkeit und mit der Einstellung, alles Handeln Gott dar zu bringen. Man wird die Früchte seines Tuns in gerechter Weise erhalten – nicht mehr und nicht weniger, egal, ob man sich um die Ergebnisse vorher sorgt oder nicht. Warum also Gedanken darauf verschwenden? Wäre es nicht besser, stattdessen die Energie darauf zu verwenden, das, womit man beschäftigt ist, wirklich gut zu machen? Oder wäre es nicht besser, an Gott zu denken, statt diese Zeit zu vergeuden?

Frage: Wenn das Selbst alldurchdringend ist, sollte es dann nicht auch nach dem Tod im Körper vorhanden sein? Wieso tritt dann der Tod ein?

Amma: Das Durchbrennen einer Glühbirne bedeutet nicht, dass keine Elektrizität mehr vorhanden ist. Schaltet man einen Ventilator ab, spürt man keinen Luftzug mehr, aber die Luft ist trotzdem noch vorhanden. Oder wir blasen Luft in einen Ballon, binden ihn zu und lassen ihn in die Luft fliegen. Platzt der Ballon, existiert die Luft weiter. Ähnlich ist das Selbst überall vorhanden. Gott ist allgegenwärtig. Der Tod tritt nicht aufgrund der Abwesenheit des Selbst ein, sondern weil der Körper seinen Dienst versagt. Tod bedeutet die Zerstörung des Instruments (*upadhi)*. Es liegt keine Einbuße im Bereich des Selbst vor.

Frage: Ist die Selbstverwirklichung durch spirituelle Übungen, Lesen von Büchern und Anhören von Vorträgen allein möglich, d.h., ohne die Hilfe eines spirituellen Meisters?

Amma: Durch Bücherwissen allein wird man nicht zum Mechaniker. Eine Ausbildung bei einem erfahrenen Mechaniker ist notwendig. Man lernt durch Zuschauen. In ähnlicher Weise wird ein spiritueller Meister gebraucht, um die Hindernisse, die bei spirituellen Übungen auftauchen können, bewusst zu erkennen und zu überwinden.

Auf der Gebrauchsanweisung steht, wie eine Arznei zu nehmen ist, aber trotzdem sollte man sie nicht einnehmen, ohne zuvor einen Arzt zu konsultieren. Das Etikett gibt nur allgemeine Hinweise. Der Arzt entscheidet, wie die Medizin eingesetzt werden sollte, wobei er den Gesundheitszustand und Konstitution jedes Patienten berücksichtigt. Befolgt man die Anweisungen des Arztes nicht, ist es möglich, dass das Mittel mehr schadet als nützt. Genauso ist es möglich, sich über die Lektüre von Büchern und Anhören von Vorträgen Wissen über Spiritualität und geistige Übungen anzueignen, aber um gewisse Probleme, die eventuell auftauchen zu überwinden und das Ziel durch spirituelle Praktiken zu erreichen, benötigt man einen spirituellen Meister.

Setzt man eine junge Pflanze um, so kann sie besser wurzeln und sich an die neue Umgebung gewöhnen, wenn Erde vom alten Platz an der Wurzel belassen wird. Ohne etwas ursprüngliche Erde ist es für die Pflanze schwer, sich an die neue zu gewöhnen. Die Gegenwart eines Meisters wirkt wie die Erde vom Ausgangsort. Am Anfang fällt es dem geistigen Sucher schwer, die spirituellen Übungen regelmäßig auszuführen. Die Gegenwart eines Meisters verleiht die notwendige Kraft, um alle Hindernisse zu überwinden und fest im spirituellen Leben verwurzelt zu bleiben. Ein Apfelbaum braucht ein bestimmtes Klima, um gut zu gedeihen, außerdem Wasser und gelegentlich Dünger. Wird der Baum von Schädlingen befallen, müssen sie vernichtet werden. Ebenso schafft der Meister Umstände, die für die spirituellen Praktiken des Jüngers passend sind, und vermittelt Schutz gegen Hindernisse.

Er zeigt, welche Übungsart der Betreffende ausführen sollte und entscheidet, welcher Pfad am besten eingeschlagen wird: Üben von Unterscheidungskraft (zwischen dem Ewigen und dem Vergänglichen), selbstloses Dienen, Yoga, welche Art der Meditation, Mantra-Rezitation oder Gebet. Nicht alle verfügen über die körperliche Konstitution für Yoga, und manche sollten nicht längere Zeit meditieren. Was würde geschehen, wenn man 125 Leute in einen Bus für 25 hinein lassen würde? Einen kleinen Mixer kann man nicht verwenden wie eine große Mühle. Lässt man ihn zu lange laufen, überhitzt er und nimmt Schaden. Der Meister rät zur geeigneten spirituellen Praxis gemäß der Beschaffenheit von Körper, Gemüt und Intellekt.

Der Meister kennt die Beschaffenheit von Körper und Gemüt besser als ihr selbst. Die Anweisungen erfolgen gemäß der Eignung. Wenn ihr euch darüber hinweg setzt und spirituelle Übungen auf der Basis von Informationen von irgendwo her ohne angemessene Führung beginnt, besteht die Gefahr, das innere

Gleichgewicht zu verlieren. Bei exzessiver Meditation kann der Kopf zu heiß werden. Schlaflosigkeit kann die Folge sein. Der Meister richtet die Anweisungen nach dem Naturell jedes Einzelnen, auf welchen Körperbereich während der Meditation die Aufmerksamkeit gehalten werden sollte – z.b. Herz oder Punkt zwischen den Augenbrauen – und Länge der Meditation.

Wird man auf einer Reise von jemandem begleitet, der dort lebt, wo man hin möchte, und die Straßen dorthin kennt, gelangt man schnell ans Ziel. Ansonsten könnte eine Fahrt von einer Stunde zehn in Anspruch nehmen. Selbst mit einer Karte kann man sich in unbekanntem Gebiet verfahren. Vielleicht gerät man in eine unsichere Gegend. Aber mit einer Begleitung, die sich auskennt, braucht man nichts zu befürchten. Die Rolle eines spirituellen Meisters kann mit solch einer Führung verglichen werden. Der Meister kennt sich sehr gut auf den verschiedenen Wegen der spirituellen Reise aus. Hindernisse können bei den spirituellen Übungen jederzeit auftauchen und ohne die Hilfe eines Meisters ist es schwierig, die Praktiken fort zu setzen, wenn Probleme auftauchen.

Die Einweihung von einem Satguru ermöglicht schnellen Fortschritt. Joghurt erhält man nicht, indem Milch zu Milch gegeben wird, sondern durch eine kleine Gabe Joghurt. Dem entspricht die Mantraeinweihung durch einen Satguru. Dadurch wird die spirituelle Kraft des Suchers geweckt.

Frage: Ist Gehorsam gegenüber einem spirituellen Meister nicht Sklaverei?

Amma: Es ist schwierig, das Ego ausschließlich mit spirituellen Praktiken zu überwinden. Dazu ist es notwendig, bestimmte Maßnahmen durchführen, die von einem qualifizierten Meister vorgegeben werden. Die Verneigung vor einem Meister gilt nicht seiner individuellen Person, sondern den Prinzipien, die er verkörpert. Wir verbeugen uns vor dem angestrebten Ideal. Nur durch Demut können wir aufsteigen. In jedem Saatkorn ist ein Baum enthalten. Aber wenn die Saat in der Getreidekammer bleibt und behauptet, ein Baum zu sein, wird nur Futter für eine Maus daraus! Der wirkliche Inhalt der Saat zeigt sich erst, nachdem sie sich nach unten neigt und in die Erde geht.

Der Regenschirm wird durch Niederdrücken des Knopfes aufgespannt und schützt dann vor Regen und Sonne.

Wenn wir als Kinder unseren Eltern, Lehrern und den Älteren gehorchten, ihnen Achtung und Ehrerbietung erwiesen, entwickelten wir uns, nahmen Wissen auf und kultivierten positive Eigenschaften und Gewohnheiten. Ebenso erhebt sich ein Jünger durch Gehorsam gegenüber dem Meister in einen weiten Bewusstseinszustand und wird zum König der Könige.

Ein echter Meister verkörpert Entsagung. Wir entwickeln ein Verständnis für Wahrheit, Rechtschaffenheit, Selbstlosigkeit und Liebe, da er diese Eigenschaften vorlebt. Er ist das Leben dieser Qualitäten. Durch Gehorsam und Nachahmung kultivieren wir die Eigenschaften des Satgurus in uns selbst.

Wenn wir ein Flugzeug besteigen, werden wir aufgefordert, die Sicherheitsgurte anzulegen. Das geschieht aus Sicherheitsgründen und nicht, weil die Crew Überlegenheit demonstrieren will. Desgleichen gibt der Meister Anweisung zur Selbstbeherrschung und –beschränkung, sowie gewisse Regeln für die Weiterentwicklung des Jüngers. Es geschieht, um ihn vor möglichen Schwierigkeiten zu bewahren. Der Meister weiß, dass jeder mögliche Absturz eines Jüngers aufgrund des Egos nicht nur Gefahr für den Betreffenden selbst, sondern auch für andere heraufbeschwört.

Die Leute richten sich nach den Handzeichen der Verkehrspolizei. Dadurch werden zahllose Unfälle verhindert. Der *Satguru* schützt den Gottsucher vor Situationen, die aufgrund des Gefühls von "ich" und "mein" den spirituellen Ruin bedeuten könnten.

Der Meister vermittelt dem Betreffenden Lektionen, die nötig sind, um in Zukunft solche Situationen zu vermeiden. Auf einen spirituellen Meister zu hören, ist keine Sklaverei – weit davon entfernt. Ihm geht es nur um die Sicherheit und letztendliche Erlösung der Jünger. Er ist wirklich in der Lage, den Weg zu weisen. Ein echter Meister betrachtet diejenigen, die sich ihm anvertraut haben, niemals als untergeordnet, er fühlt ihnen gegenüber nur grenzenlose Liebe und möchte ihren Erfolg, selbst wenn das für ihn bedeutet, deshalb in der einen oder anderen Weise bewusst eine Niederlage einzustecken. Ein vollkommener Meister ist eine echte Mutter.

Frage: Besteht für diejenigen, die sich in Gottes Hand gegeben haben, die Notwendigkeit, sich zu bemühen?

Amma: Kinder, ohne Mühe gibt es im Leben keinen Erfolg. Dazusitzen, ohne sich einzubringen und zu behaupten, Gott kümmere sich um alles, ist reine Bequemlichkeit. Solche Leute argumentieren gern auf diese Weise, leben jedoch keine volle Gottergebenheit. Sobald eine Arbeit ansteht, erklären sie, Gott kümmere sich um alles. Aber sobald sie Hunger verspüren, unternehmen sie etwas, um ihre Bäuche zu füllen, selbst wenn sie nur durch Stehlen an Essen gelangen. Sie warten nicht geduldig darauf, dass Gott ihnen Nahrung zur Verfügung stellt! Geht es um Hunger und andere persönliche Angelegenheiten, beschränkt sich ihre Gottergebenheit auf bloße Worte.

Gott sorgt sich um jeden Aspekt unseres Lebens. Es bedeutet allerdings nicht, dass sich irgendwelche Resultate einstellen, wenn wir die Hände in den Schoß legen, obwohl die Umstände nach Handlung verlangen. Gott hat uns nicht Leben, Gesundheit und Verstand gegeben, um das Leben in Faulheit zu vergeuden! Wir sollten gewillt sein, in Einklang mit Gottes Anweisungen tätig zu werden.

Mit Feuer kann man das Haus anzünden und auch Essen kochen. Genauso kann mehr Schaden als Nutzen entstehen, wenn wir das von Gott Gegebene nicht richtig verwenden. Wann immer Bemühung erforderlich ist, sollte man entsprechend handeln und sein Tun Gott weihen. Nur dann erzielt man die entsprechenden Resultate.

Ein Jünger ging hinaus, um Nahrung zu betteln. Obwohl er den ganzen Tag unterwegs war, hatte er nichts erhalten. Müde und hungrig kehrte er am Abend zum Meister zurück. Er zürnte Gott, weil er nichts bekommen hatte. Er sagte zu seinem Meister: "Von nun an will ich mich nicht mehr auf Gott verlassen. Du sagst uns immer, dass wir alles erhalten, wenn wir uns Gott übergeben. Warum sollte ich Zuflucht zu einem Gott nehmen, der mir nicht einmal eine Mahlzeit geben kann? Es war ein Fehler, Gott zu vertrauen!"

Der Meister entgegnete: "Ich gebe dir 100.000 Rupien. Gibst du mir dafür deine Augen?"

Daraufhin der Jünger: "Aber ohne meine Augen wäre ich blind! Wer würde je seine Augen verkaufen, für welchen Preis auch immer?"

"Vergessen wir die Augen. Gibst du mir deine Zunge?"

"Wie sollte ich ohne meine Zunge sprechen?"

"Dann gib mir deinen Arm. Ist das nicht möglich, reicht auch ein Bein. Ich gebe dir 100.000 Rupien.

"Mein Körper ist mehr wert als Geld. Niemand würde einen Körperteil einbüßen wollen."

Angesichts der Haltung des Jüngers sagte der Meister: "Dein Körper ist in der Tat von unschätzbarem Wert. Aber Gott gab ihn dir, ohne etwas dafür zu verlangen. Trotzdem kritisierst du Gott. Er hat dir diesen unbezahlbaren Körper nicht gegeben, damit du untätig herumsitzt. Das Leben ist zum Handeln gedacht, und zwar mit großer Aufmerksamkeit und Bewusstheit."

Drei Männer erhielten etwas Saat. Der erste schloss sie in eine sichere Kiste ein. Der zweite aß sie, um seinen Hunger zu stellen. Der dritte pflanzte, wässerte und kultivierte sie.

Diejenigen, die untätig herum sitzen und behaupten, Gott kümmere sich um alles, entsprechen dem ersten Mann – die Saat ist für niemanden von Nutzen. Solche Menschen sind schlichtweg faul - eine Last für die Welt. Sie nutzen ihre von Gott gegebenen Instrumente, wie Körper, Fühlen und Denken nicht richtig.

Der Mann, der seine Saat aß, konnte damit seinen Hunger nur vorübergehend stillen. Das entspricht weltlichen Menschen. Ihr Ziel ist vorübergehendes Glück. Aber der Mann, der mit seiner Saat richtig umzugehen verstand, sie pflanzte und kultivierte, konnte sich und seiner Familie mit der Ernte zu essen geben. Die Saat von diesen Früchten konnte wieder gepflanzt werden, wodurch es möglich wurde, auch den Nachbarn zu geben, was sie brauchten. In ähnlicher Weise ist Verstehen des Wirklichen und richtiger Nutzung der von Gott gegeben Instrumente Voraussetzung für nützliche Lebensführung und Erreichen des wahren Ziels.

Meine Kinder, sich völlig Gott hin zu geben bedeutet, dieses von Gott gegebene Instrument einzusetzen, und zwar mit entsprechender Aufmerksamkeit und Umsicht. Ohne die geringsten Bemühungen untätig herumzusitzen ist eine große Sünde gegenüber Gott.

Was sagt Krishna in der *Gita*? "Arjuna, mit auf mich gerichtetem Geist solltest du kämpfen." Er sagte nicht: "Du kannst alles mir überlassen. Sitz einfach nur da und ich werde dich schützen." Machen wir jedoch einen Schritt auf Gott zu, wird uns Gott hundert entgegen kommen. Aber meistens bringen wir nicht so viel Gottergebenheit auf, um diesen einen Schritt zu unternehmen.

Vergesst nicht, Kinder, dass es Gott ist, der uns die Fähigkeit verleiht und die notwendigen Umstände schafft, die Bemühung aufzubringen. Aber auch der Erfolg des Strebens hängt von göttlicher Gnade ab. Daher ist es unsere Pflicht, uns anzustrengen und die Ergebnisse – wie sie auch sein mögen – Gott zu überlassen. Wir sollten wie ein Stück Holz in Gottes Händen sein. Zu verschiedenen Zeiten mag der Herr uns bearbeiten – ein Spielzeug aus uns fertigen oder uns als Brennholz verwenden. Unsere Hingabe an Gott sollte so vollkommen sein, dass wir sagen können: "Möge der Herr tun und lassen, wie ihm beliebt. Ich werde alles bereitwillig annehmen." Wenn wir diese Haltung einnehmen, wird alles Handeln richtig sein. Weder Sieg noch Niederlage werden uns dann berühren. Wir erfahren inneren Frieden und Zufriedenheit.

Meine Kinder, wir sollten uns um die Verbreitung spiritueller Prinzipien bemühen, indem wir sie in unserem eigenen Leben in die Praxis umsetzen. Nur darüber zu sprechen reicht nicht aus. Die Zeit, die mit Reden verschwendet wird, wäre ausreichend, die praktische Anwendung zu demonstrieren! Durchschnittsmenschen ahmen gern die Handlungsweise von Leuten mit Status und Position nach. Aus diesem Grunde ist es so wichtig, dass diejenigen, die sich hoher Stellungen erfreuen, darum bemühen, Vorbilder für andere zu sein.

Ein Minister stattete einmal dem schmutzigsten Dorf des Landes einen Besuch ab. Er verbrachte die Nacht als Gast des Bürgermeisters. Die Straßen waren mit Abfallhaufen gesäumt, und aus den offenen Gossen floss dreckiges, stehendes Abwasser. Im gesamten Gebiet herrschte ein schrecklicher Gestank.

Der Minister fragte den Bürgermeister nach der Ursache für die starke Verschmutzung des Ortes. Er antwortete: "Die Menschen hier sind unwissend. Sie haben keine Ahnung von Sauberkeit. Es ist ihnen einfach gleichgültig. Ich habe mich bemüht, sie zu belehren, aber sie hörten nicht zu. Ich habe sie gebeten, das Dorf zu säubern, sie tun es jedoch nicht. So habe ich schließlich aufgegeben." Der Bürgermeister fuhr fort, die Dorfbewohner zu beschuldigen. Der Minister hörte geduldig zu, ohne ein Wort zu sagen. Sie nahmen die Abendmahlzeit zu sich und gingen zu Bett. Als sich der Bürgermeister am nächsten Morgen erhob, konnte er den Minister nicht finden. Er suchte das ganze Haus ab, aber es gab kein Anzeichen von ihm. Er erkundigte sich bei den Dienern, aber niemand hatte ihn gesehen. Der Bürgermeister war beunruhigt. Er verließ das Haus und suchte den Minister. Er fand ihn schließlich dabei, ganz allein die Straße von Abfallhaufen zu reinigen. Der Minister schichtete Abfall auf einen großen Haufen und zündete ihn dann an. Der Bürgermeister fühlte sich beschämt, als er das sah. Er sagte sich: "Wie kann ich daneben stehen und nichts tun, wenn der Minister selbst auf diese Weise arbeitet? So schloss er sich ihm bei der Arbeit, das Dorf zu säubern, an. Als die Dorfbewohner auf die Straßen hinaus kamen, waren sie erstaunt über den Anblick der zwei Männer, die solche Dreckarbeit verrichteten. Sie hatten das Gefühl, nicht einfach nur zuschauen zu können, wie der Minister und der Bürgermeister das Dorf säuberten. So machten sie mit. In kurzer Zeit war das gesamte Dorf makellos sauber. Aller Abfall war weg geschafft und die verstopften Abwassergräben in Ordnung gebracht worden. Kein bisschen Unrat war mehr zu entdecken. Das Aussehen des Dorfes hatte sich völlig gewandelt.

Meine Kinder, es nimmt normalerweise weniger Zeit in Anspruch, etwas durch Handlung aufzuzeigen, als es mit Worten zu vermitteln. Wir sollten bereit sein, etwas zu unternehmen, und nicht darauf zu warten, dass uns jemand dabei unterstützt. Dann werden Leute mitmachen und helfen. Stehen wir lediglich abseits und beschuldigen und kritisieren andere, geschieht das vom Standpunkt unseres eigenen verunreinigten Denkens aus, was sich auf die Einstellung anderer entsprechend auswirkt. Folglich ist es notwendig zu handeln, Kinder, und nicht nur zu reden. Nur durch Taten können Veränderungen eintreten.

Frage: Es heißt, wir sollten Lob und Tadel gleichmütig gegenüberstehen. Aber es heißt auch, Vishnu sei erfreut gewesen, als die himmlischen Wesen seinem Lobpreis sangen. Bedeutet das nicht, dass der Herr vom Lob beeinflusst wurde?

Amma: Der Herr fühlt sich niemals durch Lob geschmeichelt. Er ist personifizierter Gleichmut. Er steht Lob oder Beschimpfung in gleicher Weise gegenüber. Selbst wenn man ihn mit Hundekot bewerfen würde, wäre die Antwort, Eiscreme zu geben. Von solcher Art ist seine Haltung. Das bedeutet Gleichmut.

Der Herr erteilte den *Devas* (Himmelswesen) eine Lektion. Um sie etwas auf die Folter zu spannen, hielt er die Augen noch eine Weile nach ihrer Ankunft geschlossen. Trotz wiederholter Rufe, gab es nicht das geringste Anzeichen, dass er sich ihrer Anwesenheit bewusst war. Schließlich beteten sie mit schmerzendem Herzen zu ihm. Erst dann öffnete er die Augen. Als Ergebnis ihres Betens vermochten sie den Herrn nun auch im Herzen wahr zu nehmen. Die Mantren wurden nicht ausgesprochen, um ihn zu loben oder ihre Wünsche erfüllt zu bekommen, sondern aus Hingabe beim Anblick des Herrn. Sie baten um die Offenbarung der wahren Natur des Selbst. Und Vishnu war erfreut über die Unschuld in den Herzen seiner Verehrer. Ausschließlich das, was vom Herzen kommt, bereitet dem Herrn Freude.

Frage: Wie sieht ein *Mahatma* die Welt?

Amma: Eine verliebte Frau besucht eine Theateraufführung, bei der der Mann, den sie liebt, mitspielt. Sie freut sich beim Zuschauen darüber, ihn spielen zu sehen. Sie verbindet den Charakter, den er verkörpert, mit ihm, sieht stets ihn hinter der gespielten

Rolle und ergötzt sich daran. In ähnlicher Weise ist alles, was ein *Mahatma* in der Welt sieht, jeweils eine Rolle, die Gott spielt. *Mahatmas* sehen Gott hinter der Welt und jeder Einzelperson.

Frage: Können wir unser Schicksal durch unsere eigenen Bemühungen verändern?

Amma: Wer sein Handeln Gott darbringt, kann sein Schicksal transzendieren. Bequemlichkeit sollte um jeden Preis vermieden werden. Tut euer Bestes ohne das Schicksal zu beschuldigen. Wer im Leben keine Anstrengungen unternimmt und dann dem Schicksal die Schuld zuschiebt, ist schlichtweg faul.

Zwei Freunde ließen sich ihr Horoskop anfertigen. In beiden war Tod durch Schlangenbiss verzeichnet. Von jenem Tag an wurde der eine von Furcht überwältigt. Er dachte ständig an Schlangen und den Tod. Er verlor schließlich den Verstand, wodurch seine Familie ebenfalls den inneren Frieden einbüßte. Sein Freund hingegen ließ sich nicht von negativen Gedanken erfassen. Vielmehr suchte er nach einer Lösung, d.h. wie er den Schlangenbiss vermeiden könne. Er gelangte zur Einsicht, dass es am besten sei, die Angelegenheit in Gottes Hände zu geben. Er hielt es für angemessen, darüber hinaus seine von Gott gegebene Intelligenz und Gesundheit einzusetzen. Er blieb auf seinem Zimmer und traf alle nötigen Vorkehrungen zur Vermeidung des Schicksals. Als der Zeitpunkt des Schlangenbisses gekommen war, befand er sich im Gebet vertieft. Etwas veranlasste ihn plötzlich aufzustehen. Dabei stieß sein Fuß gegen etwas Scharfes, das ihn verletzte. Es befand sich die Skulptur einer Schlange im Raum. Sein Fuß war gegen die scharfe Metallzunge dieser Schlange gestoßen. Die Verletzung geschah genau zu dem Zeitpunkt des vorher gesagten Schlangenbisses. Aber es handelte sich nicht um eine echte Schlange, und es gab kein Gift. Die Bemühung, die er einsetzte, um mit der Situation fertig zu werden, verbunden damit, sich in Gottes Hand zu geben, bewirkte dieses Ergebnis. Aber das Leben des anderen Mannes war schon vor dem Schlangenbiss ruiniert. Somit ist es am besten, Anstrengungen zu unternehmen, die wir Gott darbringen, und es zu unterlassen, das Schicksal zu beschuldigen. Dann werden wir alle Hindernisse überleben können.

Frage: Hätte Krishna die Einstellung Duryodhanas nicht ändern können, um dadurch den Krieg zu vermeiden?

Amma: Der Herr offenbarte seine kosmische Gestalt nicht nur den Pandavas, sondern ebenfalls den Kauravas. Arjuna war fähig, seine Größe zu erfassen, nicht jedoch Duryodhana. Er beging eine Sünde, indem er die Vision als Krishnas Magie abtat, Was auch immer ein *Mahatma* tut, bleibt ohne Nutzen, solange keine Bereitschaft zur Gottergebenheit vorhanden ist. Spirituelle Unterweisung kann nur gemäß der Eignung und dem Charakter des Gottsuchers erfolgen. Für Duryodhana war nur die Verwirklichung auf körperlicher Ebene von Bedeutung (was immer sein Körperbewusstsein geben konnte). Er war nicht offen für spirituelle Wahrheiten. Er glaubte nicht, dass Krishnas Worte seinem eigenen Wohl dienten. Er war der Ansicht, dass Krishna stets die Interessen der Pandavas vertrat. Krieg blieb als das einzige Mittel, um das Ego einer solch gegen die Rechtschaffenheit gerichteten Person wie Duryodhana zu zerstören.

Frage: Bringen Gebete etwas, solange der Geist nicht gereinigt wurde?

Amma: Meine Kinder, unterlasst Gedanken wie: "Ich habe in meinem Leben so viele Fehler gemacht. Ich kann nicht beten, da mein Inneres nicht rein genug ist. Ich beginne mit dem Beten, sobald ich rein genug werde." Entschließt man sich, schwimmen zu gehen, wenn alle Wellen abklingen, wird man nie zum Schwimmen kommen. Man lernt das Schwimmen auch nicht, wenn man lediglich am Ufer sitzt. Es unerlässlich, ins Wasser zu gehen.

Stellt euch vor, ein Arzt würde zu einem Patienten sagen: "Sie können erst zu mir kommen, wenn die Krankheit vorbei ist!" Gott reinigt unseren Geist. Deshalb wenden wir uns an ihn. Nur das Göttliche ist imstande, unser Innenleben zu läutern.

Es besteht keine Notwendigkeit, bekümmert der Lebensweise unserer Vergangenheit nach zu hängen. Die Vergangenheit entspricht einem ungültigen Scheck.

Bleistifte haben in der Regel einen Radiergummi, damit wir schnell ausradieren können, was wir gerade geschrieben haben. Das können wir jedoch nur einmal, denn wenn wir nochmals auf dieselbe Stelle schreiben und erneut ausradieren, zerreißt das Papier. Gott verzeiht uns die Fehler, die wir aus Unwissenheit begehen, aber wenn wir einen Fehler wiederholen, obwohl uns klar ist, dass es falsch ist, so begehen wir die schlimmste Art von Fehler. Davor sollten wir uns hüten.

Frage: Man kann bei vielen Menschen, die spirituelle Übungen ausführen, beobachten, dass sie nicht frei von Wut sind. Wie kann das überwunden werden?

Amma: Wut kann nicht allein durch Meditation oder Mantrasingen überwunden werden. Diejenigen, die ihre ganze Zeit in Zurückgezogenheit verbringen, um sich ganz ihren spirituellen Übungen zu widmen, sind wie ein Baum in der sengenden Hitze einer abgelegenen Wüste. Sie spenden der Welt keinen Schatten. Solche Menschen sollten sich in die Welt hinaus begeben und sich bei einem Leben unter den Menschen darum bemühen, Gott in jedem und in allem zu sehen. Schleudert man Steine verschiedener Form in einer Trommel, so verlieren sie durch die

Reibung aneinander ihre scharfen Kanten. Sie werden schön und rund. In ähnlicher Weise sollte ein Sucher sich in das Reibungsfeld der Welt hinaus begeben, sich dort dem Ringen aussetzen und dadurch innerlich reifen. Nur diejenigen, die inmitten der Widersprüchlichkeiten der Welt bestehen, können behaupten, dass sie erfolgreich waren.

Mut ist denen zu eigen, die Wut in Situationen beherrschen können, wo man einen Ausbruch erwarten könnte. Sagt ein Mensch, der in Abgeschiedenheit lebt: "Ich werde nicht ärgerlich", so heißt das nichts. Es ist kein Zeichen von Standkraft. Die negativen Neigungen verschwinden nicht unbedingt durch spirituelle Übungen in Zurückgezogenheit. Eine unterkühlte Kobra wird nicht die Haube spreizen und beißen. Das ändert sich jedoch, wenn sie durch die Sonne erwärmt wird. Ein Schakal sitzt im Wald und legt das Gelübde ab, von nun an beim Anblick eines Hundes nicht mehr zu heulen. Aber sobald er den Wald verlässt und der Blick auch nur auf den Schwanz eines Hundes fällt, löst sich der Vorsatz in Nichts auf. Wir sollten fähig sein, auch in den widrigsten Umständen die Beherrschung zu bewahren. Daran lässt sich der Erfolg der spirituellen Übungen messen. Auf einer bestimmten Stufe der Übungen des Aspiranten, gleicht er einem eingesperrten Kind, wodurch das Wutpotential oft etwas zunimmt. Durch Ausführung der Übungen in Gegenwart eines spirituellen Meisters kann diese Tendenz überwunden werden.

Frage: Stimmt es nicht, dass einige Heilige in Wut gerieten?

Amma: Die von ihnen gezeigte Verärgerung vernichtete das Ego der Menschen und war ein Ausdruck ihres Mitgefühls. Die "Wut" eines Weisen kann nicht mit der eines gewöhnlichen Menschen verglichen werden. Die Verärgerung eines Meisters zielt darauf ab, die Trägheit (*tamas*) im Jünger zu beseitigen. Frisst eine Kuh deine wertvollen Pflanzen und du sprichst sanft mit dem Tier: "Liebe

Kuh, bitte friss diese Pflanzen nicht, bitte geh woanders hin", wird sich die Kuh nicht rühren. Sie wird sich aber in Bewegung setzen, wenn sie mit entschlossener Strenge angeschrieen wird. Durch die gezeigte Strenge wird die Kuh, der es an Unterscheidungs- fähigkeit mangelt, von ihrem falschen Verhalten abgebracht. In ähnlicher Weise ist die Verärgerung eines vollkommenen Meisters ein äußeres Mittel und kein innerer Zustand. Dieser Ärger wirkt auf das Gemüt des Jüngers wie Seife. Ein verbranntes Seil oder Zitronenschale scheinen eine bestimmte Form aufzuweisen, die jedoch bei Berührung sofort zerbröselt. Bei der sogenannten "Wut" eines Weisen handelt es sich um eine bewusste Handlung, um anderen den rechten Weg zu weisen.

Gespräche mit Amma

Frage: Amma, wir besuchen Tempel und kommen zu Dir. Ist das ausreichend für unseren spirituellen Fortschritt, oder ist es notwendig, zu meditieren und ein Mantra zu wiederholen?

Amma: Kinder, denkt nicht, dass ihr allein durch Aufenthalte hier inneren Frieden erhaltet – selbst wenn ihr jahrelang kommt oder einen Tempel tausend Mal besucht. Es bringt nichts, Gott Vorwürfe zu machen, dass ihr vierzig Jahre lang einen Tempel aufgesucht habt und trotzdem keinen Fortschritt spürt. So lange das Herz nicht gereinigt ist, stellt sich kein Nutzen ein. Ein Ashrambesuch ist nutzlos, wenn man nur an die Dinge denkt, die nach der Heimkehr zu erledigen sind und ungeduldig den Zeitpunkt der Abreise erwartet. Rezitiert bei einem Tempelbesuch euer Mantra, singt die göttlichen Namen (*archana*), meditiert oder singt spirituelle Lieder. Nur dann wird es etwas bringen. Stimmt euer Herz auf das Reich Gottes ein. Niemand erreicht die Befreiung nur durch Bad und Tempelumrundung in Benares oder Tirupatti[22]. Würde allein schon ein Aufenthalt in Tirupatti Befreiung bewirken, so müssten alle Geschäftsleute dort erlöst werden, nicht wahr? Und hieße das nicht auch, dass jeder Mörder oder Räuber, der zufälligerweise dort lebt, befreit würde? Nur

---

[22] Indische Wallfahrtsorte. Tirupatti mit dem berühmten Venkeshvara (Vishnu)-Tempel zählt zu den bedeutendsten in Südindien.

durch Reinigung des Herzens werden irgendwelche Besuche Nutzen bringen. Aber das geschieht heutzutage nur selten.

Beton setzt sich nur richtig, wenn das verwendete Gestein (Kies) rein ist. Ebenso kann sich Gott nur in einem reinen Herzen nieder lassen. Nur durch Ausrichtung des Geistes auf das Göttliche, z.B. durch Singen eines Mantras, Meditation und Gebet tritt diese Reinigung ein.

Eine Fernsehstation sendet verschiedene Programme, aber wir müssen den Fernseher entsprechend einstellen, um sie zu empfangen. Warum anderen die Schuld geben, wenn wir nichts sehen, weil wir nicht den richtigen Kanal wählen? Die göttliche Gnade ist immer vorhanden, aber um sie zu empfangen, ist es unerlässlich, uns auf das Göttliche einzustimmen. Machen wir uns nicht die Mühe, bringt es nichts, Gott Vorwürfe zu machen. Solange wir nicht mit Gottes Reich in Resonanz stehen, wird es nur Misstöne der Unwissenheit in uns geben und keine göttliche Musik. Gott ist zweifellos barmherzig. Aber es ist notwendig, uns darum zu bemühen, unser Herz zu bilden.

Frage: Amma, ich habe im Leben weder Frieden noch Glück gefunden. Es gibt nur Leid. Immer wieder frage ich mich, warum ich weiter leben sollte.

Amma: Tochter, dein Ego verursacht deinen Kummer. Gott, der die Quelle von Frieden und Glück ist, wohnt in uns. Wir können ihn nur durch spirituelle Übungen und Aufgabe des Egos kennen lernen. Angenommen, du klagst, keinen weiteren Schritt in der Sonne machen zu können, weil dir die Hitze zu sehr zugesetzt hat— aber du hast die ganze Zeit einen Schirm unterm Arm getragen!

In solch einem Zustand befindest du dich. Hättest du den Schirm aufgespannt und über dich gehalten, hätte die Sonne dich nicht ermüdet. Spirituelle Kraft und Qualitäten sind im Inneren vorhanden, aber weil du dir dessen nicht bewusst bist, erfährst du

Leid. Man kann nicht dem Leben dafür die Schuld zuschieben. Es ist lediglich notwendig, Gott die Stelle des Egos einnehmen zu lassen. Man muss nirgendwo hingehen, um Frieden zu finden. Wahrheit und erhabene Ideale – das ist Gott. Das Ichgefühl lässt für solche Ideale jedoch keinen Raum. Mit Hilfe von Demut lässt sich das Ego auslöschen. Durch die innere Kraft wird uns Frieden zuteil. Erhitzen wir Metall in einem Feuer, können wir es in jede beliebige Form bringen. In ähnlicher Weise kann unsere wahre Natur in uns Gestalt annehmen, wenn wir unser Ego dem göttlichen Feuer darbringen.

Frage: Amma, ist es wirklich möglich, inneren Frieden durch spirituelle Übungen zu finden?

Amma: Durch spirituelle Praktiken allein lässt sich kein Frieden finden. Man muss außerdem auf das Ego verzichten. Nur dadurch wird es möglich, den entsprechenden Nutzen aus den Übungen zu ziehen und inneren Frieden zu gewinnen. Es mag vielleicht die Frage auftauchen: "Stellt sich denn bei jedem Gemütsruhe ein, der zu Gott betet oder singt?" Um innere Stärke zu gewinnen ist es außerdem erforderlich, die spirituellen Prinzipien zu verstehen. Nur wer ein gewisses Verständnis der geistigen Grundlagen durch Studium der Schriften und Anhören von spirituellen Vorträgen gewonnen hat und entsprechend ins Leben umsetzt, kann von den spirituellen Übungen profitieren. Es gibt die Geschichte eines Asketen, der einen Vogel zu Asche werden ließ, da dieser seine spirituellen Übungen störte. Er hatte viele asketische Übungen ausgeführt, trotzdem geriet er in Sekundenschnelle in Wut. Die Ausführung geistiger Übungen ohne grundlegendes spirituelles Verständnis und ohne die Lehren einer großen Seele (Mahatma) absorbiert zu haben, führen lediglich zu Arroganz und Wut.

Frage: Ich habe die meisten mir bekannten Gottheiten verehrt, darunter Shiva und Devi und viele Mantren rezitiert. Ich habe jedoch nicht das Gefühl, dass es mir irgendetwas gebracht hat.

Amma: Eine Frau war sehr durstig, aber es gab kein Wasser. Jemand riet: "Grabe hier und du wirst bald Wasser finden." So grub die Frau etwas an besagter Stelle, ohne auf Wasser zu stoßen, und begann deshalb, an einer anderen Stelle zu graben, mit dem gleichen Misserfolg. In dieser Weise grub sie noch erfolglos an vielen weiteren Stellen, bis sie schließlich erschöpft zusammenbrach. Ein Passant sah sie dort liegen und erkundigte sich, was geschehen sei. Sie antwortete: "Ich bin erschöpft vom Graben all der Löcher, um Wasser zu finden. Jetzt geht es mir schlechter als zuvor, denn zunächst war ich nur durstig, jetzt habe ich außerdem noch all meine Kraft durchs Graben vergeudet und fühle mich erschöpft." Der Passant entgegnete: "Mit etwas mehr Geduld beim ersten Loch, hätten Sie beim Weitergraben sicherlich mehr als genug Wasser gefunden. Stattdessen gruben Sie an vielen Stellen und wurden enttäuscht." Dasselbe Resultat ergibt sich durch das Beten zu verschiedenen Gottheiten. Es bringt einen nicht weiter. Betrachtet man beim Gebet jedoch all die Gottheiten als ein und denselben Gott, gibt es kein Problem. Es entsteht durch das ständige Wechseln der Ausrichtung von einer göttlichen Gestalt zur anderen.

Ein Mann kaufte einen Setzling einer bestimmten Mango-sorte, die nach drei Jahren Früchte bringen sollte. Er setzte die Pflanze ein und behandelte sie vorschriftsmäßig. Aber als der Baum gerade anfing zu blühen, riss er ihn aus und pflanzte einen anderen Setzling. Nur zwei Tage fehlten noch an den drei Jahren! Er brachte nicht die Geduld auf abzuwarten. Wie kann er dann Früchte ernten? In ähnlicher Weise hast du nicht die Geduld gehabt, lange genug zu warten, meine Tochter. Du hast dich an viele Orte begeben, verschiedene Mantren angewendet und über mehrere Gottheiten meditiert. Deshalb blieben die Bemühungen erfolglos. Außerdem ging es dir beim Beten um materiellen Wohlstand. Es war keine wirkliche Sehnsucht nach Gott vorhanden. Es ist keine echte Hingabe, wenn der Wunsch nach materiellem Nutzen dahinter steht. Tochter, deine Meditation drehte sich um die gewünschten Dinge und nicht um Gott. Deshalb bist du ständig zu den verschiedensten Orten gerannt. Du hast ein Mantra rezitiert, aber als sich nicht bald ein Resultat einstellte, wähltest du ein anderes; als das auch nichts brachte, wechseltest du es erneut. Und was ist bei alledem heraus gekommen? Nur Zeitverschwendung!

Meine Tochter, du wolltest nur das Gold im Königspalast. Dem König brachtest du keine Liebe entgegen. Hättest du den König geliebt, hättest du beides erhalten – das Gold und den König selbst. Hätte deine Liebe allein Gott gegolten, hättest du alles erhalten. Aber du hattest keine Liebe für Gott, sondern sehntest dich nur nach dem Gold. Hättest du deine geistigen Übungen ohne Verhaftung an irgend etwas ausgeführt, alle Wünsche aufgegeben, alles in Gottes Hände gelegt und alles als Seinen Willen betrachtet, wärest du mittlerweile die Königin aller drei Welten. Aber dir ging es nur um materielle Reichtümer. So wurdest du wie Duryodhana, der nur das Königreich wollte und Macht über seine Untertanen. Und was bekam er? Er und seine Leute verloren alles. Und die Pandavas? Für sie war der Herr die einzige Zuflucht. Aus diesem Grunde erhielten sie sowohl den Herrn, als auch das Königreich. Höre also auf, nach äußerem Glück zu trachten! Wenn dir Gott gehört, fällt dir alles andere zu. Übergib dich in echter Weise und führe deine spirituellen Übungen mit Geduld aus. Dann wirst du nicht nur die Früchte ernten, sondern auch weltlichen Wohlstand. Es ist sinnlos, sofort Resultate zu erwarten, wenn das Mantra nur eine kurze Zeit wiederholt wurde. Geduld und Gottergebenheit sind unerlässlich.

Frage: Amma, manche Leute sagen, dass Weinen um Gott beim Beten und Singen eine Schwäche sei. Sie fragen: "Geht dabei nicht Energie verloren, wie beim Sprechen?"

Amma: Durch die Hitze eines Feuers geht die Fruchtbarkeit eines Eies verloren, andererseits erfolgt das Schlüpfen durch die Brutwärme der Henne. Die Ergebnisse der zwei Wärmeanwendungen sind sehr unterschiedlich, nicht wahr? Nutzloses Reden nimmt Kraft, während Beten und dem Göttlichen gewidmetes Singen unseren Geist zentriert, wodurch wir an Stärke gewinnen. Wie könnte das also ein Zeichen der Schwäche sein? Während das Wachs einer Kerze schmilzt, wird die Flamme stärker. In vergleichbarer Weise bringt uns das Beten und Singen mit dahinschmelzendem Herzen der höchsten Wahrheit näher. Um Gott zu weinen stellt keine Schwäche dar.

Frage: Amma, geht durch unser Denken Kraft verloren?

Amma: Durch spirituelle Gedanken gewinnen wir an Stärke und kultivieren einen starken Geist. Gott repräsentiert alle guten Eigenschaften, wie z.B. Selbstaufopferung, Liebe und Mitgefühl. Verweilen unsere Gedanken bei Gott, werden die entsprechenden Tugenden in uns erwachen und unser Bewusstsein weitet sich. Denken wir jedoch an materielle Dinge, versinkt der Geist in Weltlichem und wandert zwischen weltlichen Objekten hin und her. Unsere Sinne reagieren auf die umher schweifenden Gedanken, ungute Eigenschaften bilden sich und der Geist zieht sich zusammen. Und wenn wir nicht erhalten, was wir wollen, werden wir noch schwächer, wütend und büßen unsere Kraft ein.

Durch jede Benutzung verliert ein Feuerzeug etwas von seiner Energie. Ähnlich verausgaben wir unsere Energie und schwächen unseren Geist, wenn wir über etwas sprechen, das unsere weltlichen Wünsche verstärkt. Andererseits entspricht das

Denken und Sprechen über spirituelle Dinge dem Aufladen einer Batterie. Also verlieren wir in einem Fall Energie, während wir im anderen welche gewinnen.

Frage: Es heißt, dass eine Frau während der Menstruation keinen Tempel besuchen oder eine Puja ausführen sollte. Stimmt das? Ist Gott nicht überall? Gott ist doch sicherlich nicht auf bestimmte Orte beschränkt.

Amma: Gott ist zwar stets allgegenwärtig, aber trotzdem sind bestimmte Dinge wie Reinheit oder Unreinheit zu berücksichtigen. Äußere Reinheit führt zu innerer Reinheit. Während ihrer Menstruation ist der Geist der Frau unruhig. Sie fühlt sich körperlich schlapp, wie das auch bei der Schwangerschaft der Fall ist. Während dieser Zeit ist Ruhe angezeigt. Während ihrer Periode ist eine Frau meistens nicht imstande Gebet oder *puja* mit richtiger Konzentration auszuführen. Fühlt sie sich jedoch kraftvoll und konzentriert, ist nichts gegen eine *puja* einzuwenden.

Während der Menstruation vollziehen sich im Körper der Frau viele Veränderungen. In dieser Zeit befinden sich bestimmte ungute Keime im Körper. Einer von Ammas amerikanischen Söhnen wollte das zunächst nicht glauben, als Amma es erwähnte. Aber nach seiner Rückkehr nach Amerika erfuhr er von einem wissenschaftlichen Experiment. Man hatte Frauen, die gerade ihre Regel hatten und einige, die sie zu der Zeit nicht hatten, gebeten, Blumen von ein und derselben Pflanze zu pflücken. Die Blüten von den Frauen mit Menstruation welkten schneller, als die von den anderen. Erst nachdem der Sohn von diesem Experiment hörte, glaubte er Amma.

Amma ist vielen Menschen begegnet. Sie spricht auch auf der Basis der Erfahrungen dieser Menschen. Heutzutage glauben die Menschen nur, was sie in den Zeitungen lesen. Selbst wenn jemand kommt und erzählt, er habe ein Baby ins Wasser fallen sehen, glauben sie es nicht, sondern sagen: "Erst wenn es in der Zeitung steht, glauben wir es."

Es ist empfehlenswert, während der monatlichen Periode weiter das Mantra zu rezitieren, aber es ist besser, keinen Tempel aufzusuchen. Amma hat damit die Reinheit der Tempelatmosphäre im Sinn. Bei einem Tempelbesuch hat man eine andere Haltung, als in einem Büro oder in einem Restaurant. Sinn und Zweck eines Tempels sind anders, und die Heiligkeit sollte bewahrt werden.

Wir können Gott mit dem Wind vergleichen, der gleichermaßen über Blumen und Exkrete weht. Für Gott gibt es keine Unterteilung in rein und unrein. Aber das gilt nicht für uns. Für unseren Fortschritt ist Beachtung dieser Unterscheidung notwendig.

Frage: Amma, warum leiden die Menschen weiterhin, auch wenn sie in Gott Zuflucht genommen haben? Warum kann Gott nicht die Wünsche aller erfüllen?

Amma: Heutzutage wenden sich die meisten nur Gott zu, um ihre Wünsche erfüllt zu bekommen. Darin liegt keine Liebe zu Gott, sondern nur zu weltlichen Gegenständen. Aufgrund des im Egoismus wurzelnden Verlangens ist wenig Mitgefühl für irgendjemanden vorhanden. Wie kann Gottes Gnade in das Herz einer Person gelangen, die kein Mitgefühl hat? Wie kann ein solcher Mensch von seinem Leiden frei werden? Wer zu Gott nur wegen Erfüllung der Wünsche betet, wird nicht vom Leiden befreit. Möchte man dies, muss man um Beendigung allen Verlangens und um mehr Glauben und Liebe Gott gegenüber zu beten. Dann wird Gott sich um alle Bedürfnisse kümmern. Unsere Liebe sollte nicht den trivialen Dingen des Königspalastes gelten, sondern dem König selbst. Gehört der König uns, schließt dies alle Schätze des Palastes mit ein. Wir sollten nicht um Arbeitsstelle, Haus oder

Baby beten, sondern um Gott selbst. Wenn wir Gott und seine Gnade gewonnen haben, liegen uns die drei Welten zu Füßen. Uns wird die Kraft zuteil, über diese drei Welten zu herrschen. Um das jedoch zu erreichen, müssen unsere Gedanken, Worte und Handlungen gut sein.

Meine Kinder, eure Gebete sollten sich ausschließlich um Gott drehen. Nur dann wird völlige Erfüllung möglich. Alles, was in Zucker fällt wird süß. Ähnlich wird Nähe zu Gott uns mit Glück erfüllen, da Gott Glückseligkeit ist. Fängt man die Bienenkönigin, folgen alle anderen Bienen. Nimmt man Zuflucht zu Gott, fallen einem alle geistigen und materiellen Reichtümer zu.

Glaube und Hingabe der Menschen, die sich nur wegen ihrer Wünsche an Gott wenden, wachsen nur, solange diese erfüllt werden. Geschieht das nicht, verlieren sie all ihr Gottvertrauen.

Wie könnten die Wünsche aller erfüllt werden? Ein Arzt wünscht sich viele Patienten. So betet er täglich darum. Würde er nicht den Glauben einbüßen, wenn keine Patienten kämen? Währenddessen beten die Patienten für ihre Gesundheit. Ein Beerdigungsinstitut und Sargverkäufer bitten darum, dass es täglich eine Leiche zu transportieren gibt. Und die anderen? Sie wünschen sich von Gott, niemals zu sterben! Wie sollten die Gebete beider Seiten erfüllt werden? Ein Rechtsanwalt möchte Gerichtsverhandlungen, alle anderen, dass sie niemals in welche verwickelt werden. Diese Welt ist voll solcher Gegensätze. Es wäre schwierig, die Wünsche aller zur selben Zeit zu erfüllen. Trotzdem ist es nicht so schwer, in dieser widersprüchlichen Welt in Frieden und Zufriedenheit zu leben, wenn wir die Grundlagen der Spiritualität verstehen und danach leben, das ist alles.

Die Kultivierung von Kokospalmen ist nicht schwer für jemanden, der Landbau gelernt hat. Etwaigen Krankheitsbefall wird er schnell erkennen und behandeln können. In vergleichbarer Weise weiß man, wie man trotz Schwierigkeiten auf dem

Lebensweg weitergeht, ohne den Mut zu verlieren, wenn man die spirituellen Grundprinzipien kennt und danach lebt.

Beim Kauf einer Maschine erhält man eine Betriebsanleitung. Ist man mit der Maschine nicht vertraut und setzt sie in Betrieb ohne zuvor die Anleitung zu lesen, kann sie beschädigt werden. Die Mahatmas und spirituelle Texte lehren uns, in dieser Welt richtig zu leben. Folgen wir ihren Lehren, erfahren wir Erfüllung in unserem Leben, ansonsten verschwenden wir unsere Leben.

Frage: Amma, es heißt, Gott sei der Ursprung allen Mitgefühls. Warum gibt er den Menschen dann schreckliche Krankheiten und lässt sie leiden?

Amma: Gott verursacht keine Krankheiten. Er straft auch niemanden. Der Egoismus der Menschen verursacht Krankheiten. Bedenke die zahllosen Übel, die der Mensch aus Eigensucht begeht! Das Leid entsteht als Folge davon.

Die Menschen schaffen eine künstliche Umwelt, um ihren Komfort zu erhöhen. Chemische Dünger werden eingesetzt, um mehr zu ernten. Chemie findet Anwendung, um das Wachstum zu beschleunigen und zu vergrößern. Früchte können uns mit solch künstlicher Behandlung nicht ihre natürliche Qualität liefern. Nicht nur Pflanzen und Tiere leiden an den Folgen, sondern ebenfalls Menschen, die diese vergiftete Nahrung zu sich nehmen. Rauschmittel verursachen ebenfalls Krankheiten. Manche, wie z.B. Alkohol und Haschisch zerstören bestimmte Elemente in den männlichen Keimzellen und schwächen sie. Viele Kinder, die durch solch geschädigtes Sperma gezeugt werden, leiden an schwacher Gesundheit und Missbildungen. Die heutige Luftverschmutzung ist eine weitere Ursache schlechter Gesundheit. Luft und Wasser werden durch toxische Abgase und Abfälle kontaminiert. Wir atmen die verschmutzte Luft und trinken verunreinigtes Wasser. Es gibt heute nichts Reines mehr. All das ist durch den Egoismus der Menschen entstanden. Nicht Gott, sondern das falsche Handeln, das Eigensucht und unnatürlichem Verhalten entspringt, verursacht eine Vielfalt an Krankheiten. Es ist sinnlos, Gott die Schuld zu geben. Durch steigenden Egoismus schaufeln sich die Menschen das eigene Grab – wo immer sie sich gerade befinden und fallen hinein. Aber sie bemerken es nicht. Diejenigen, die von allem das Doppelte möchten, ob nun Nahrung oder Reichtum, nehmen dies in Wirklichkeit anderen weg. Aufgrund ihrer Gier fehlt anderen das Lebensnotwendige. Selbstsüchtige Menschen erfahren weder im Leben noch nach dem Tod Frieden. Sie befinden sich während ihres Erdenlebens in der Hölle und in einer noch größeren nach dem Tod.[23]

Die Natur hat ihren Rhythmus und ihre Harmonie eingebüßt, weil sie vom Atem selbstsüchtiger Menschen durchdrungen wird, die ihre Aufrichtigkeit und Liebenswürdigkeit verloren haben. Heute gibt es entweder ein Übermaß an Regen oder an Sonne. Der Ackerbau ist von daher beeinträchtigt.

Die Menschheit hat die Pflicht, die Natur zu schützen, aber wen kümmert das noch? Unser gegenwärtiges Wohlergehen ist so, als würden wir in die Luft spucken, während wir auf dem Rücken liegen. Wenn wir weiterhin unser *Dharma* vernachlässigen und Mutter Natur Schaden zufügen, werden die Folgen zehn Mal so schlimm werden wie jetzt. Aber selbst dann werden die Menschen Gott beschuldigen, statt sich zu bessern!

Meine Kinder, wirkliches Wissen liegt im Erkennen des Selbst. Es lehrt uns die Anwendung der göttlichen Prinzipien in unserem Leben. Kaum jemand strebt noch die Erlangung dieser Weisheit an. Aber es ist dieses Wissen, das die Menschen

---

[23] Amma meint mit Hölle keinen ewigen Zustand, sondern einen zeitlich begrenzten, in dem man die Folgen seiner üblen Handlungen erleidet und abträgt.

so notwendig brauchen. Lerne das Jagen, bevor du auf die Jagd gehst und du wirst keine Pfeile verschwenden oder den wilden Tieren zum Opfer fallen. Begreift man, wie es das Leben zu leben gilt, wird es wirklich gehaltvoll.

Kennst du die Strecke schon vor Antritt einer Reise, wirst du nicht vom Weg abkommen und zwangsweise herumirren. Auch die Errichtung eines Hauses erfolgt in der richtigen Weise, wenn zuvor ein Bauplan erstellt wurde. In entsprechender Weise wird im Leben derjenigen Frieden herrschen, die über wahres inneres Verstehen verfügen. Aber selbstzentrierte Menschen interessieren sich dafür nicht, ebenfalls nicht für das Wohlergehen der Welt. Nur das eigene Glück ist ihnen wichtig – das sie allerdings nicht imstande sind zu erfahren.

Meine Kinder, Gott wirklich zu lieben bedeutet, Mitgefühl mit den Armen zu haben und sich für sie einzusetzen. Die ganze Welt kniet vor denen, die ohne Eigeninteresse leben. Sie haben es in Gottes Hände gelegt. Wenn wir beten, sollte nur Gott in unserem Herzen sein. Für irgendetwas anderes sollte kein Raum sein. Amma hat Leute beobachtet, die im Tempel beten und dann direkt in die nächste Bar gehen, um zu trinken. Sie hat ebenfalls Leute erlebt, die bei einem Besuch alle paar Minuten hinausgehen, um eine Zigarette zu rauchen. Sie sind nicht einmal imstande, solch bedeutungslose kleine Dinge aufzugeben. Wie können sie dann erwarten, Gott zu erreichen?

Frage: Die Menschen haben unterschiedliche Vorstellungen von Gott. Was ist Gott wirklich?

Amma: Es ist unmöglich, die Natur Gottes oder seine Attribute in Worte zu fassen. Gott muss erfahren werden. Lässt sich der Geschmack von Honig oder die Schönheit der Natur in Worten ausdrücken? Nur durch Schmecken und Sehen können wir Kenntnis von den Eigenschaften erhalten. Gott befindet sich jenseits aller Worte, jenseits aller Grenzen. Er ist überall und in jedem, in allen organischen und anorganischen Lebensformen. Man kann Gott weder eine bestimmte Gestalt zuordnen, noch ihn genau beschreiben. Brahman ist ein anderer Ausdruck für Gott und durchdringt allen Raum, den wir uns vorstellen können, sowie alles jenseits davon.

Frage: Aber benötigen wir nicht eine Vorstellung, um an Gott zu denken?

Amma: Gott ist jenseits aller Eigenschaften, daher ist es nicht möglich, ihn zu beschreiben. Aber um uns ein Gottesverständnis zu ermöglichen, sprechen wir von bestimmten Eigenschaften, die sich in selbstlosen *Mahatmas* wie Sri Krishna und Sri Rama widerspiegeln. Zu den göttlichen Qualitäten zählen Wahrhaftigkeit, Rechtschaffenheit, Selbstaufopferung, Liebe und Mitgefühl. Diese Eigenschaften sind mit Gott identisch. Entwickeln sich diese Eigenschaften in uns, erkennen wir die göttliche Natur. Diese Qualitäten können sich in uns jedoch nur widerspiegeln, wenn wir gewillt sind, unser Ego los zu lassen. Obwohl die Früchte und Blüten im Saatkorn (latent) enthalten sind, muss es in die Erde gebettet werden, und die Schale (das Ego) brechen, bevor Blüten und Früchte gedeihen können. Bricht die Schale und wächst das Saatkorn zu einem Baum heran, nützt er allen, und spendet sogar noch Schatten, wenn er gefällt wird.

Bei entsprechender Entsagung wir das Herz zu einem Spiegel. Man erkennt dann die Gestalt Gottes und erfährt Seine Schönheit. Die göttlichen Eigenschaften spiegeln sich dann in einem wider.

Frage: Und was ist nun mit der Aussage, dass Gott eigenschaftslos ist.

Amma: Gott hat keine Attribute. Aber der gewöhnliche Mensch benötigt ein *Upadhi* (ein Mittel, Instrument oder Symbol), um Gott zu erfassen. Nehmen wir einmal an, du wärst durstig und brauchst Wasser. Ein Behältnis dafür ist dann notwendig. Es ist sehr schwierig, ein Verständnis für Gott als *nirguna* (ohne Attribute) zu gewinnen. Den göttlichen Aspekt mit Eigenschaften können wir leichter absorbieren. So wie eine Leiter hilft, einen Baum zu besteigen, so trägt ein *Upadhi* dazu bei, das Ziel zu erreichen.

Ferner kann jemand, der auf keinen Baum steigen kann, trotzdem Mangos pflücken, wenn er einen langen Stock mit einem Haken daran hat. Ebenso benötigen wir ein Hilfsmittel, um die guten Eigenschaften in uns zu entwickeln. Durch solche Instrumente oder Symbole gelangt die göttliche Kraft zur Manifestation. In Wirklichkeit ist Gott eigenschaftslos. Nehmen wir einmal an, du bringst ein Stück Schokolade in eine bestimmte Form, dann ist diese sichtbar. Durch Wärmeeinwirkung schmilzt sie und die Form ist nicht mehr vorhanden.

Frage: Es heißt, Gott wohne in unseren Herzen. Stimmt das?

Amma: Wie können wir sagen, dass Gott, der Allmächtige und Alldurchdringende in etwas Bestimmtem wohnt? Stell dir vor zu versuchen, eine große Tasche in ein kleines Glas zu quetschen – der größte Teil würde draußen bleiben und das Glas verdecken. Taucht man einen Krug in einen Fluss, so befindet sich innen und außen Wasser. Ähnlich lässt sich Gott nicht auf etwas Bestimmtes beschränken. Er ist jenseits aller Formen. Wie soll es möglich sein, eine wirkliche Vorstellung von Gott zu haben, der sich jenseits aller Symbole und Begrenzungen befindet? Um uns zu helfen, Gott zu visualisieren, bezeichnen wir etwas Bestimmtes als Gottes Wohnstatt. Wer glaubt, Gott residiere im Herzen, für den ist das der Fall. Wer meint, er lebe in einem bestimmten Gebäude, für den ist das Realität. Es hängt alles von der Vorstellung der jeweiligen Person ab. Als Mira Gift gegeben wurde und sie es als Gottesgabe ansah, wirkte es nicht mehr als Gift. Für Prahlada war Gott überall – selbst in einer Säule und in einem Stückchen Stroh. Wer vollständig Gottes Allgegenwärtigkeit begreift, wird Seine Wirklichkeit erfahren.

Frage: Warum heißt es, dass Gott sich unter allen Lebewesen am deutlichsten im Menschen widerspiegelt?

Amma: Nur der Mensch verfügt über Unterscheidungskraft. Sieht eine Motte Feuer, hält sie es für Nahrung, fliegt hinein und findet ihr Ende. Aber ein Mensch setzt seine Unterscheidungskraft ein. Ihm war die Nützlichkeit von Feuer klar, und er lernte, damit Essen zu kochen und Licht bei Dunkelheit zu erzeugen. Für denjenigen, der unterscheiden kann, ist Feuer nützlich. Für die anderen ist es gefährlich. Feuer ist für den Menschen nützlich, für die Motte Tod bringend. So gibt es für alles im Universum einen positiven und einen negativen Aspekt. Wer die guten Seiten in allem erkennen kann, versteht in der Tat das göttliche Grundprinzip. Solche Wesen können der Welt nur Nutzen bringen.

Frage: Amma, was ist mit *Moksha* (Befreiung, Erlösung) gemeint?

Amma: Ewige Glückseligkeit ist als Befreiung bekannt und kann hier auf Erden erfahren werden. Himmel und Hölle existieren hier auf Erden. Wenn wir nur gut handeln, werden wir auch nach dem Tode glücklich sein.

Diejenigen, die im Bewusstsein des Selbst leben, erfahren in jedem Augenblick Glückseligkeit. Sie finden sie im eigenen Inneren, und es ist bei jeder ihrer Handlungen vorhanden. Sie sind voller Mut, tun nur Gutes und sorgen sich nicht um Leben oder Tod. Sie reagieren nicht betroffen, wenn irgendein Leid kommt oder jemand ihnen Schaden zufügt. Wo immer sie sich befinden, leben sie in Einklang mit der Wahrheit.

Sperrt man einen Entsagenden in ein Gefängnis, wird er selbst dort Freude finden. Solche Menschen sehen Gutes in den Handlungen aller. Ein Gefängnis kann sie nicht binden. Sie beschweren sich nie über jemanden. In jedem Augenblick leben sie im Bewusstsein des Selbst.

Solange ein Frosch sich im Kaulquappen-Stadium befindet, kann er nur im Wasser leben. Wenn der Schwanz abfällt, kann er sowohl im Wasser, als auch auf dem Land existieren. Keiner wird frei vom Zyklus von Geburt, Tod und Wiedergeburt (*samsara*), solange er nicht seinen Schwanz, d.h. sein Ego abgelegt hat. Wenn man ihn losgeworden ist, befindet man sich in Glückseligkeit, ob man im Körper bleibt oder ihn verlässt.

Ein Gummiball schwimmt, wenn er ins Wasser fällt. Auch an Land hat er kein Problem, er ist an nichts gebunden. Ebenso verfügen diejenigen, die im Bewusstsein des Selbst leben, über ein außergewöhnliches Naturell. Für sie gibt es keinen Unterschied zwischen Tag und Nacht. Ihre Glückseligkeit liegt in ihnen selbst und ist nicht mit irgendwelchen äußeren Gegenständen verbunden. Befreiung besteht in diesem losgelösten Bewusstseinszustand.

Sobald man in einen Körper hinein geboren wird, erfolgt zwangsläufig die Erfahrung von Glück und Leid, denn das liegt in der Natur des Lebens. Dieses Wechselspiel steht mit unseren Handlungen in Zusammenhang. Wasser ist von Natur aus kühl und Feuer heiß. Es liegt in der Natur eines Flusses zu fließen – er hört nicht irgendwann damit auf. In ähnlicher Weise liegen Glück und Leid in der Natur des Lebens. Hat man das einmal begriffen, kann man beides nehmen wie es kommt, ohne die gute Laune zu verlieren. Wer auf diese Weise lebt, bleibt von den Hindernissen aus dieser Welt unberührt. Sie verweilen stets im Zustand der Seligkeit und das bedeutet, befreit zu sein.

Zwei Reisende verbrachten die Nacht in einem Gasthaus neben einem See. Der eine fand den Aufenthalt dort unerträglich wegen des Gequakes der Frösche und dem Zirpen der Grillen. Als sein Gefährte bemerkte, wie sehr dieser sich gestört fühlte, sagte er: "Frösche und Grillen machen nun einmal nachts Lärm; das ist ihre Natur, wir können ihre angeborenen Eigenschaften nicht ändern. Lass dich doch dadurch nicht stören. Lass uns ins Bett gehen." Kurz darauf schlief er ein. Der andere Mann konnte jedoch keinen Schlaf finden. Er verließ das Gasthaus und sah sich nach einem ruhigeren Platz um. Aber er konnte nirgendwo schlafen, denn überall gab es irgendein störendes Geräusch. Sein Freund, der den Lärm mit der Einstellung ignorierte, dass Frösche quaken und Grillen zirpen, hatte keine Schlafprobleme. Desgleichen, wenn wir begreifen, dass alles was andere sagen mit deren Naturell zu tun hat, besteht kein Anlass, darüber unglücklich zu sein. Entwickeln wir diese Einstellung, können wir gutgelaunt mit Hindernissen fertig werden. Heutzutage erfahren die Menschen aufgrund ihrer inneren Konflikte keinen Seelenfrieden. Um sie zu vermeiden, ist Wissen über das Innenleben notwendig, d.h. spirituelle Erkenntnisse.

Für jemanden, der sich mit Ackerbau auskennt, ist es nicht schwierig, Bäume zu pflanzen und zu kultivieren oder einen kranken Baum zu behandeln. Macht man sich aber ohne Fachkenntnisse daran, Bäume zu setzen, werden neun von zehn vermutlich eingehen. In ähnlicher Weise wird unser Leben nicht verschwendet, wenn wir verstehen, worum es im Leben geht. Deshalb der Rat, sich spirituelle Erkenntnisse anzueignen. Dann seid ihr hier auf Erden und nach dem Tode frei (erlöst).

Kennt man bei einer Reise den Weg, geht keine Zeit verloren. Sonst braucht man viel länger, um ans Ziel zu gelangen. Verliert man den Weg und irrt umher, erlebt man keinen inneren Frieden, sondern ständige Sorge, ob das Ziel erreicht wird oder nicht. Es ist am besten, in voller Kenntnis der Route zu reisen, dann wird die Fahrt ruhig und angenehm verlaufen.

Vor langer Zeit wurde in den *Gurukulas* neben weltlichem Wissen auch spirituelle Weisheit vermittelt. Diejenigen, die spirituelle Ausbildung erhielten, litten nicht an inneren Konflikten oder einem Mangel an Seelenfrieden. Selbst die mit ihnen verbundenen Menschen erlebten Frieden. Sie kannten keine Gier und waren frei von Illusionen. Aber heute sieht die Situation ganz anders aus. Die Menschen haben gelernt, die Räumlichkeiten zu klimatisieren, aber sie wissen nicht, wie man 'frische Luft' ins eigene Gemütsleben bringt. Selbst in ihren Zimmern mit Klimaanlage können sie nicht schlafen. Sie brauchen Pillen, Alkohol oder Drogen, um ihre Probleme zu vergessen. Verfügt man über spirituelle Kenntnisse und Weisheit, besteht dafür keine Notwendigkeit. Im Gemüt wird stets Frieden herrschen, ob man sich nun in einer Hütte oder in einem Palast aufhält, da diese Weisheit Verständnis verleiht.

Um in beständigem Frieden zu verbleiben, ist notwendig zu erkennen, was ewig ist und was vergänglich. Einer Hausschlange wird Milch gegeben, obwohl sie beißen könnte. Man sollte nicht vergessen, dass eine Schlange gefüttert wird, denn es ist unvermeidlich, dass sie ihre wahre Natur zeigt. Verstehen wir die wirkliche Natur der Menschen, wenn wir mit ihnen zu tun haben, werden wir nicht irgendwann enttäuscht sein. Bei unserem Umgang mit der Welt sollten wir uns dessen bewusst sein.

Einem Bankmanager ist bewusst, dass ihm das anvertraute Geld nicht gehört. Es kümmert ihn daher nicht, große Geldsummen an andere weiter zu geben. Er weiß, dass es seine Aufgabe ist, das Geld zu verwalten. Viele wenden sich wegen eines Kredits an ihn. Sie offerieren ihm alles Mögliche und verhalten sich sehr liebenswürdig und höflich. Das ist keine wirkliche Liebe. Diese Menschen sind nicht seine wirklichen Freunde. Ihm ist klar, dass sie nicht zögern würden, falsch gegen ihn auszusagen und ihn somit ins Gefängnis zu schicken, wenn sie davon profitieren würden. So ist es um die Liebe der Menschen bestellt. Zeigen sie welche, dann nur um selbst Nutzen daraus zu ziehen. Wenn es zu ihrem Vorteil wäre, würden sie sogar unser Leben vernichten. Gott ist unsere einzig wahre Familie. Das Selbst ist unser einziger Freund. Begreifen wir diese Lebenswahrheit, werden wir keine Probleme haben und fähig sein, den Pfad zur Befreiung zu beschreiten. Freiheit von allen Bindungen – das ist Erlösung. Versieh alle Handlungen als eine Pflicht und ohne Befreiung zu erwarten. Lasst euren Geist einfach bei Gott verweilen.

Frage: Amma, was ist *Maya*?

Amma: Alles, was keinen dauerhaften Frieden verleiht, ist *Maya* (Illusion). Keines der Dinge, die wir über die Sinne wahrnehmen, kann uns Frieden schenken. Sie können uns lediglich Leid geben. Aus höherer Sicht gesehen existieren sie nicht einmal – ähnlich wie Träume.

Ein armer Mann gewann ein Vermögen in einer Lotterie. Dank seines neuen Reichtums heiratete er die schöne Prinzessin des Landes und erhielt außerdem das halbe Königreich. Eines Tages ritt er mit der Prinzessin hinaus auf einen Berg. Plötzlich erhob sich ein starker Wind, und Reiter und Pferde stürzten den Berg hinunter. Die Prinzessin und die Pferde wurden getötet. Dem Mann gelang es, sich am Ast eines Baumes fest zu halten und zu überleben. Unter ihm lag sicherer Boden. Er schloss die Augen und sprang. Als er die Augen öffnete, waren weder Berg, Prinzessin oder Pferde, noch Palast vorhanden! Es gab nur den Lehmboden seiner Hütte. Er hatte seit zwei Tagen gehungert und war vor Hunger und Erschöpfung zusammengebrochen und dann eingeschlafen. Beim Aufwachen wurde ihm klar, dass alles nur ein Traum gewesen war. Deshalb trauerte er dem Verlust der Prinzessin und des Königreiches nicht nach.

Während des Traumes erschien alles real. Erst beim Erwachen von dem Traum, in dem ihr euch jetzt befindet, werdet ihr die Wirklichkeit erkennen.

Diejenigen, die in der Nähe eines Friedhofes leben, fürchten sich nicht davor, durch diesen Bereich zu gehen. Für sie ist es nur ein Ort, an dem Leichen bestattet werden. Aber Gebietsfremde fürchten sich, den Friedhof zu durchqueren, da es für sie dort spukt. Wenn sie nachts dort gehen würden und über einen Stein stolperten, oder ein Blatt sähen, das sich im Wind bewegt, würden sie vor Angst zittern. Alles erschiene ihnen als Gespenst. Der Anblick einer Säule ließe sie in Ohnmacht fallen, da sie diese für einen Geist halten würden. In vergleichbarer Weise zerstören sich Menschen aufgrund ihrer falschen Projektionen auf alle Dinge.

Geht jemand durch einen Wald, in dem es Schlangen gibt, wird diese Person bei einem Dornstich vor Angst schreien, weil sie annimmt, eine Schlange habe sie gebissen. Es entwickeln sich sogar alle Symptome eines Bisses, bis der Arzt kommt und klarstellt, dass kein Schlangenbiss vorhanden ist. Viele Menschen haben diese Art von Erlebnis und büßen ihre Kraft durch Konzentration auf etwas ein, das gar nicht existiert. So leben die Menschen heutzutage aufgrund ihrer Unfähigkeit, die Wahrheit zu erkennen. Aus diesem Grunde sollten wir uns nicht an materielle Gegenstände binden. Wer an Dinge verhaftet ist, wird nur leiden. Somit nennt man dies alles *Maya* (Illusion). Wenn wir alles als essentiell göttlich betrachten, müssen wir kein Leid erfahren; es wird dann nur Freude geben.

Frage: Ist dieses Universum *Maya*?

Amma: Ja, das Universum ist in der Tat eine Illusion. Wer sich davon erfassen lässt, erfährt nur Hindernisse und Leid. Ist man fähig, zwischen dem Ewigen und Vergänglichen zu unterscheiden, kann man klar erkennen, dass es sich um eine Illusion handelt. Wir sagen, das Universum sei *Maya*. Aber wenn wir uns nur an das Positive im Leben halten, werden wir nicht dadurch gebunden. In dieser Weise können wir auf dem richtigen Weg voran schreiten.

Nehmen wir einmal an, du gehst auf einer schlüpfrigen Kante zwischen zwei Reisfeldern, rutscht aus und fällst in den Matsch. Für dich ist es Dreck, den du abwaschen möchtest. Geht jedoch ein Töpfer denselben Weg, sieht er etwas Nützliches darin, nämlich ausgezeichneten Ton, den er für seine Arbeit einsetzen kann. Für ihn handelt es sich nicht um Dreck.

Eine Frau, die in einem Wald Feuerholz sammelt, trifft auf einen Stein. Sie findet, dass er gerade die richtige Form zur Nutzung als Mahlstein hat. Jemand anders, der viel von Steinen versteht, sieht denselben Stein und erkennt in ihm eine besondere Qualität. Er verwendet ihn als Material für eine Tempelgottheit. Er bringt dieser Früchte und Edelsteine dar und verehrt sie. Aber für andere, die nicht das entsprechende Verständnis für die besondere Qualität haben, handelt es sich nur um einen gewöhnlicher Stein.

Mit Hilfe von Feuer können wir Essen kochen, aber dasselbe Feuer kann auch dein Haus nieder brennen. Mit einer Nadel kann man nähen, aber auch sein Auge verletzen. Einem Arzt dient ein Skalpell als Instrument bei einer Operation, um einem Patienten das Leben zu retten. Für einen Mörder ist es eine tödliche Waffe. Statt alles als Maya abzutun, ist es besser, den wahren Nutzen eines jeden Gegenstandes zu beachten und ihn entsprechend zu verwenden. Von der negativen Seite sollten wir uns abwenden. Die großen Heiligen sahen nur Gutes in allen Erscheinungen des Universums.

Diejenigen, die sich der Illusion von Maya voll bewusst sind, werden ihr nicht anheim fallen. Sie schützen die Welt. Die Menschen hingegen, die Maya nicht verstehen, zerstören nicht nur sich selbst, sondern werden auch zu einer Last für andere. Sie begehen eine Art Selbstmord. Akzeptiert man auf seinem Lebensweg ausschließlich den guten Aspekt, betrachtet man nichts als Illusion. Alles besitzt das Potential, uns zum Guten zu führen.

Ein Hund sieht die Spiegelung des Mondes in einem Teich und springt bellend hinein. Er sieht nicht zum echten Mond hinauf. Ein Kind springt in einen Brunnen, um den Mond zu fangen und ertrinkt. Beiden war die Realität nicht bewusst. Es existiert beides – das Ewige und das Vergängliche, aber man muss zwischen Beidem unterscheiden können. Welchen Nutzen bringt es zu versuchen, den Schatten einzufangen, während man das Eigentliche ignoriert? Den Schatten, d.h. Maya, gibt es nur solange das 'Ich'(Ego) existiert. Wenn es kein 'Ich' gibt, sind weder Universum noch Illusion vorhanden.

Aufgrund unseres begrenzten Wissens halten wir die Illusion für real. Steht die Sonne mittags im Zenith, ist kein Schatten zu sehen. Haben wir den Zenith der Erkenntnis (Erleuchtung) erreicht, sehen wir ausschließlich die Wirklichkeit.

Frage: Es heißt, dass wir die Existenz des Universums nur aufgrund von *Maya* (Illusion) erleben. Warum erscheint sie uns dann so vollkommen real?

Amma: Schöpfung kann es nur geben, wenn eine Ichvorstellung vorhanden ist. Ohne Ichgefühl existieren weder Schöpfung noch Lebewesen, sondern ausschließlich der ewige Brahman (Gott). Ein Kind wünscht sich so sehr eine Puppe, dass es stundenlang weint. Schließlich erhält sie eine und spielt eine Weile damit. Niemand anders darf sie nehmen. Im Bett hält sie die Puppe an sich gedrückt. Aber als sie schläft, gleitet die Puppe zu Boden, und das Kind bemerkt es nicht einmal.

Ein Mann versteckt sein Gold unter seinem Kissen und schläft mit dem Kopf auf dem Kissen ein. Aber während er schläft, kommt ein Dieb und stiehlt alles. Im Wachzustand konnte er an nichts anderes, als sein Gold denken und fand deshalb keinen Frieden. Aber im Schlaf vergaß er alles. Er war sich seiner selbst, seiner Familie oder seines Besitzes nicht bewusst. Es gab nur Seligkeit. Die Seligkeit des Tiefschlafs verleiht uns die Energie, die wir beim Erwachen spüren. Im Wachzustand kehren 'meine Puppe', 'meine Halskette' und 'meine Familie' wieder zurück. Mit dem Ichgefühl erscheint auch alles andere wieder.

Brahman existiert als Brahman – immer. Wir können Ihn aber nur erfahren, wenn unsere Gedanken abklingen.

Frage: Amma, wenn alle ein spirituelles Leben führten und *Sannyasis* würden, wie könnte dann die Welt überleben? Welchen Nutzen bringt *Sannyasa*?

Amma: Nicht jeder hat das Zeug zum *Sannyasi*. Von einer Million Menschen, die es versuchen, wird es nur einigen Wenigen gelingen. Es kann nicht jeder Arzt werden oder sich eine hohe Position sichern – das heißt jedoch nicht, dass man aufhören sollte, sich zu bemühen.

Amma ist nicht der Ansicht, dass jeder ein *Sannyasi* werden sollte. Versteht man jedoch das dahinter stehende Prinzip und lebt entsprechend, lässt sich Leiden vermeiden. Man wird dann über die Fähigkeit verfügen, jedes Hindernis mit innerem Abstand zu überwinden.

Ammas Rat besteht darin, unser Gefühl von ‚Ich' und ‚mein' aufzugeben. Von allem, was uns erstrebenswert erscheint, sollten wir ein Verständnis für die Rolle, die dies im Leben spielt, haben. Ferner sollten unsere Handlungen nicht in Erwartung irgendwelcher Früchte ausgeführt werden, denn das verursacht Leid.

Im Verlaufe einer Geldsammlung, suchte jemand ein Haus auf, wo er mindestens Tausend Rupien erwartete. Die Familie spendete jedoch nur Fünf! Er war so wütend darüber, dass er diesen Betrag nicht annehmen wollte. Ein Jahr später bestand die Wut immer noch; er nährte sie in seinem Innern. Da er nicht erhielt, was er erwartete, war er nicht bereit, das Angebotene anzunehmen. Aus Enttäuschung wies er es zurück. Ohne Erwartungshaltung wären ihm all der Ärger und das Leid erspart geblieben. Er wäre dann mit jedem kleinen Betrag zufrieden gewesen. Diese Art von Leiden auf unserem Lebensweg können wir vermeiden, wenn wir uns wie Bettler verhalten. Sie wissen, dass sie Bettler sind und sind nicht bekümmert, wenn nichts gegeben wird. Es entsteht kein Unmut, wenn sie an einem Ort nichts erhalten, denn vielleicht bekommen sie etwas am nächsten. Ein Bettler ist sich darüber im Klaren, dass es zum Wechselspiel seines Lebens gehört, möglicherweise eine ganze Handvoll oder auch gar nichts zu erhalten. Er gerät über niemanden in Wut. Ist man ein echter Bettler, betrachtet man alles als Gottes Willen. Alles, was Amma vermitteln möchte, ist: Binde dich an Gott. Ein wirklich vergeistigter Mensch kennt kein Leid.

Heutzutage sind die Menschen an äußere Dinge verhaftet. Sie gehen mit dem Gefühl durchs Leben, 'das ist meine Familie'; und für die Familie rackern sie sich tagein, tagaus ohne zu ruhen ab. Aber sie vergessen darüber, ihr *Dharma* herauszufinden und entsprechend zu leben. Sie verlieren Gott aus den Augen. Bei solcher Lebensweise findet man sowohl im Leben, als auch nach dem Tod keinen Frieden. Das heißt nicht, dass wir nicht arbeiten sollen, sondern unseren Tätigkeiten ohne Erwartungen und Wünsche nach zu kommen.

Glück ist nicht in äußeren Dingen zu finden, sondern im eigenen Inneren. Hat man eine große Menge der Lieblingsspeise verzehrt, hört der Appetit darauf auf. Weiter zu essen würde sogar, eine Aversion auslösen. Stellt jemand eine weitere Portion hin, würde man sie wegschieben. Täte man das, wenn die Süßspeise wirklich Glück vermittelte? Warum dann nicht mehr davon essen? Also liegt die Ursache im Gemüt: Hat es genug, mag es nichts mehr von der betreffenden Sache. Alles hängt vom Gemütszustand ab. Glück und Zufriedenheit sind nicht irgendwo außen zu finden, sondern im Inneren. Sucht also dort! Sucht man danach in der Außenwelt – in mitmenschlichen Beziehungen und äußeren Dingen – wird das Leben verschwendet. Das bedeutet nicht, untätig herumzusitzen. Wann immer möglich, tut etwas für andere. Helft den Bedürftigen. Wiederholt das Mantra. Richtet euer Leben auf das spirituelle Ziel aus.

Frage: Amma wie können wir weltliche *Vasanas* (latenten Neigungen) loswerden?

Amma: Vasanas lassen sich ebenso wenig einfach wegnehmen, wie eine Luftblase aus Wasser. Die Luftblase zerplatzt beim Versuch, sie heraus zu nehmen. Aufsteigende Blasen werden durch die Wellen im Wasser erzeugt. Wollen wir Luftblasen vermeiden, müssen wir darauf achten, Wellenbildung zu vermeiden. Durch positives Denken und Kontemplation können wir die Wellen reduzieren, die durch weltliche *vasanas* entstehen. In einem Geist, der durch positives Denken beruhigt wurde, gibt es keinen Raum für weltliche *vasanas*.

Frage: Es heißt, dass Dinge, die wir über die Sinne genießen, uns nicht glücklich machen können? Aber trotzdem sind es doch materielle Gegenstände, an denen ich mich erfreue, nicht wahr?

Amma: Glück kommt nicht von außen. Manche Menschen lieben Schokolade, aber ganz gleich, wie gut sie schmeckt, hat man zehn davon auf einmal verzehrt, wird man eine Abneigung dagegen verspüren. Die elfte wird einem nicht mehr schmecken wie die erste. Manche Leute mögen Schokolade überhaupt nicht, schon der Geruch verursacht ihnen Übelkeit. Die Schokolade ist immer die gleiche, ob Leute sie nun mögen, oder nicht. Wenn Schokolade uns wirklich glücklich machen könnte, dann müsste die Freude gleich bleiben, ganz gleich, wie viel wir davon verzehren. Und würde sie dann nicht allen Leuten Genuss vermitteln? Also ist es nicht die Schokolade als solche, sondern unser Gemüt, von der die Befriedigung abhängt. Die Menschen meinen, dass ihnen die äußeren Dinge Glück bringen und verbringen ihr ganzes Leben damit, die gewünschten Dinge zu bekommen. Aber am Ende sterben die Sinne, wir werden schwach und brechen zusammen.

Glück findet man innen, nicht außen. Nur wenn wir uns auf die innere Freude stützen, können wir beständige Seligkeit und Zufriedenheit genießen. Sowohl die materiellen Gegenstände als auch die Sinne, die sie wahrnehmen, sind Begrenzungen unterworfen. Es geht nicht darum, dem materiellen Aspekt des Lebens aus dem Weg zu gehen, sondern darum, dass wir den Nutzen der einzelnen Dinge verstehen und ihnen nur die Bedeutung beimessen, die ihnen in unserem Leben zusteht. Überflüssige Gedanken und Erwartungen sind das Problem.

Den meisten Menschen liegt nichts mehr am Herzen, als das eigene Wohlergehen. Niemandem bringen sie Liebe entgegen, die darüber hinausgeht. In Amerika kam ein Mann zu Amma, dessen Frau kürzlich gestorben war. Sie war sein Lebensinhalt gewesen. War sie fort, blieb er die ganze Nacht auf, da er nicht schlafen konnte. Er aß nicht, solange sie nichts gegessen hatte. Fuhr sie irgendwo hin, wartete er auf sie. Er verehrte seine Frau. Aber ihr gemeinsames Leben war nicht von langer Dauer. Sie erkrankte

plötzlich an einer leichten Krankheit, starb daran jedoch innerhalb einer Woche. Der Körper wurde in die Leichenhalle gebracht,
und viele Freunde und Verwandte trafen ein. Das Begräbnis
sollte erst stattfinden, nachdem jeder den Körper gesehen hatte.
Unterdessen wurde der Mann sehr hungrig. "Hoffentlich ist es
bald vorbei!" sagte er zu sich selbst, damit er essen konnte. Er
wartete weitere ein oder zwei Stunden. Aber es war noch nicht
abzusehen, dass das Begräbnis bald stattfinden würde. Er war
inzwischen so hungrig, dass er in ein nahe gelegenes Restaurant
ging und eine Mahlzeit bestellte. Er selbst erzählte die Geschichte
und sagte: "Amma, ich liebte meine Frau so sehr, dass ich gewillt
war, mein Leben für sie zu geben. Aber als ich hungrig war, vergaß
ich alles andere!"

Dies geschah in Amerika. Wollt ihr nun eine Geschichte
hören, die sich in Indien zutrug? Eine Frau, die in den Ashram
kam, erzählte sie. Ihr Mann wurde beim Fahrradfahren von einem
Auto getötet. Es war seine zweite Frau, die erste war einige Jahre
zuvor verstorben. Aus der ersten Ehe gab es zwei erwachsene
Kinder. Als die zweite Frau die Nachricht über den Tod ihres
Mannes erhielt, ging sie nicht als erstes, um ihren toten Mann zu
sehen oder ihn nach Hause zu bringen, sondern, um den Schlüssel
zum Safe des Mannes in ihren Besitz zu bringen.

Als sie den Schlüssel schließlich gefunden hatte, trafen einige
Leute mit der Leiche ein, ebenfalls die Kinder aus erster Ehe. Als
sie vom Tod ihres Vaters hörten, suchten auch sie nicht zuerst
ihren toten Vater auf, sondern gingen direkt zu dem Ort, wo er
den Safeschlüssel aufbewahrte. Sie wollten ihn an sich bringen,
bevor ihre Stiefmutter ihn findet, aber sie kamen zu spät. Die
Stiefmutter hatte ihn schon gefunden und versteckt. Die Kinder
waren mit viel Liebe aufgezogen worden. Wie war es jetzt um
ihre Liebe bestellt? Die Frau beteuerte oft, dass sie ihren Mann
mehr als ihr eigenes Leben liebte. Wo war ihre Liebe nun? Ihre

Gedanken drehten sich nur um das Geld. Meine Kinder, so ist die Welt. Die Menschen lieben andere nur aus egoistischen Motiven heraus.

Einige Männer schwören, ihre Frau zu töten, wenn sie mit einem anderen Mann spricht. Befindet der Vater sich auf dem Totenbett, hat es der Sohn sehr eilig, den Besitz aufzuteilen. In manchen Fällen schreckt der Sohn nicht einmal davor zurück, das Leben des Vaters zu beenden, wenn ein großes Erbe zu erwarten ist. Soll das Liebe sein? Das heißt nicht, dass wir aufgeben und untätig herum sitzen sollten, weil die Welt so ist, wie sie nun einmal ist. Es ist jedoch wichtig, keine Erwartungen zu hegen, wie "meine Frau oder mein Mann und meine Kinder, werden immer bei mir bleiben."

Seid euch eurer Verpflichtungen und eurer Lebensaufgabe (*dharma*) bewusst, und bemüht euch um eine entsprechende Lebensweise. Handelt ohne Erwartungen. Erwartet weder Liebe, noch Reichtum, Ruhm oder irgendetwas anderes. Wir sollten dabei nur im Sinn haben, uns innerlich zu reinigen. Bindet euch ausschließlich an Spirituelles, denn nur dann lässt sich wahres Glück erfahren. Tut man etwas in Erwartungshaltung gegenüber anderen, wird Leid der einzige Begleiter sein. Wer jedoch in Einklang mit spirituellen Prinzipien lebt, wird sowohl hier auf Erden, als auch nach dem Tod im Himmel sein. Man selbst und auch andere werden davon profitieren

Frage: Das Selbst ist formlos. Wie können wir dann seinen Einfluss erkennen?

Amma: Luft ist formlos. Füllst du welche in einen Ballon, kannst du damit spielen und ihn herum werfen. In ähnlicher Weise ist das Selbst formlos und all-durchdringend. Wir können Kenntnis vom Wirken mit Hilfe des *upadhi* (das Mittel, wodurch das Unbegrenzte sich in der Welt manifestiert und ausdrückt) erhalten.

Frage: Ist es für einen Menschen möglich, ununterbrochen im Zustand der Nicht-Dualität zu verharren? Ist das nicht ausschließlich im *Samadhi* möglich? Kehrt man nicht in die Welt der Dualität zurück, wenn man aus diesem Zustand 'erwacht'.

Amma: Aus eurer Sicht existiert dieser Mensch dann wieder im Zustand der Dualität, aber der Betreffende verbleibt weiterhin innerlich in der Nicht-Dualität und direkten Erfahrung der Wirklichkeit. Hat man einmal Reismehl mit Zucker vermischt, lässt es sich nicht mehr voneinander trennen, und nur die Süße bleibt. Ähnlich wird man zur Nicht-Dualität selbst, wenn man sie einmal direkt erfahren hat. Es gibt dann in deiner Welt keine Zweiheit mehr; alles was man tut, wird im Licht der Erfahrung der Nicht-Dualität gesehen. Ein voll erleuchtetes Wesen gleicht einer verbrannten Zitronenschale oder einem verkohltem Seil: Es scheint eine bestimmte Form vorhanden zu sein, aber sie verschwindet augenblicklich, sobald man sie berührt. Die Handlungen eines Erleuchteten scheinen denen von gewöhnlichen Menschen zu gleichen, aber in Wirklichkeit lebt er stets in der Freude des Selbst. Er (oder sie) ist in der Tat das Selbst.

Frage: Könnte Amma eine gewisse Beschreibung der Erfahrung der Nicht-Dualität geben?

Amma: Sie ist jenseits von Worten, so wie man den süßen Geschmack von Zucker nicht genau in Worte fassen kann. Dieser Zustand entzieht sich der Beschreibung. Hat man gegessen, spürt man den Nutzen hinterher, nicht wahr? Der Nutzen von Schlaf liegt in der Energie und dem Frieden, den man beim Erwachen verspürt. Der tiefe, unvergleichliche Friede, den *Samadhi* mit sich bringt, hält sogar an, wenn man diesen Zustand wieder verlässt.

Frage: Manche werden reich geboren. Sie wachsen im Überfluss auf. Andere erblicken das Licht der Welt in Hütten, wo es nicht einmal genügend für eine Mahlzeit gibt. Was ist die Ursache für solche Unterschiede?

Amma: Die Umstände der Wiedergeburt werden durch die Handlungen in Vorleben bestimmt. Manche Geburten erfolgen unter *kesari yoga*[24], das bedeutet, diese Menschen gedeihen überall gut. Sie tragen die Göttin des Wohlergehens in sich. Aufgrund der Vorleben kommen sie nun mit dieser Gottheit auf die Erde. In vorher gehenden Leben haben sie Gott mit Konzentration verehrt und anderen großzügig gegeben. Wer übel gehandelt hat, leidet jetzt.

Frage: Aber wir sind uns dessen nicht bewusst.

Amma: Kannst man sich an alles erinnern, was man als Kind getan hat? Vergessen Studenten bei den Prüfungen nicht oft, was sie am Vortag gelernt haben? In ähnlicher Weise ist alles vergessen worden. Mit dem inneren Auge der Weisheit können wir jedoch alles sehen.

Frage: Wie können wir dem Leid entgehen?

Amma: Wer Spiritualität wahrhaft absorbiert hat und rechtschaffen lebt, erfährt kein Leid. Was nützt es, da zu sitzen und zu weinen, wenn man sich in die Hand geschnitten hat. Es ist notwendig, Salbe auf die Wunde zu geben. Sitzt man untätig da und weint, kann sich die Wunde entzünden und möglicherweise sogar der Tod eintreten. Angenommen jemand beschimpft

---

[24] In der Astrologie ist *kesari yoga* eine besondere Stellung des Mondes und Jupiters zur Zeit der Geburt, die auf gutes Gedeihen und günstige Zukunft weisen.

einen. Reagiert man damit, weinend in der Ecke zu sitzen, ist man unglücklich, weil man die Beschimpfung angenommen hat. Geschieht das nicht, wird es das Problem des anderen und kein Eigenes. Es ist wesentlich, es nicht als eigenes Problem anzuerkennen. Wer in dieser Weise mit Unterscheidungskraft vorgeht, wird frei von Leiden.

Um auf die verletzte Hand zurück zu kommen: Welchen Nutzen hätte es, inne zu halten und zu analysieren, wie es geschehen ist – was für ein Messer die Wunde verursacht hat usw. – wenn man sich nicht um die Wunde kümmert?

Wird jemand von einer Schlange gebissen und unternimmt nichts weiter, als über die Schlange nach zu sinnen, tritt der Tod ein. Oder nehmen wir einmal an, jemand eilt nach einem Schlangenbiss nach Hause und schlägt dort in einer Enzyklopädie nach und versucht herauszufinden, welches Mittel zu nehmen ist. Die Person wird sterben, bevor sie festgestellt hat, dass sie ein Serum benötigt. Nach einem Schlangenbiss muss ein Serum so schnell wie möglich verabreicht werden.

Kommt Leid auf uns zu, sollten wir uns bemühen, es zu überwinden, statt durch Denken daran geschwächt zu werden. Bestimmte Weise der alten Zeit lernten die essentiellen Wahrheiten und wandten sie in ihrem Leben an. Wenn wir uns an ihre Worte halten und entsprechend der in den Schriften gegebenen Leitlinien leben, können wir ohne ins Wanken zu geraten jede Situation überstehen.

Spirituelle Kenntnisse sind sehr viel wichtiger fürs Leben als weltliche, da sie uns lehren, wie man in dieser Welt leben sollte. Solange wir diese Weisheit in unserem Leben nicht anwenden, geht unser Weg in Richtung Hölle – hier in diesem Leben und danach.

Gurukulas vermitteln den Menschen spirituelle Weisheit – wie wir in dieser Welt Frieden finden, und wie man ein Leben ohne Härten lebt. Die spirituellen Meister sind Ärzte des Gemüts.

Frage: Sind Psychiater nicht Ärzte des Gemüts?

Amma: Sie behandeln es erst, wenn das Gleichgewicht verloren geht. Ein spiritueller Meister lehrt uns rechte Lebensart, um Störungen des Gemüts von vornherein zu vermeiden. Darin bestehen Sinn und Zweck von *gurukulas*.

Frage: Es heißt, dass Wünsche Leid verursachen. Mit welcher Methode können wir sie beseitigen?

Amma: Würden wir einer Person, die uns Schaden zufügen möchte, bewusst erlauben, mit uns zusammen zu wohnen? Würden wir neben einem gefährlichen Verrückten schlafen wollen? Nein – denn wir wissen um seine geistige Instabilität, und dass er uns Leid zufügen könnte. Züchten wir eine Schlange, so wird ihre wahre Natur irgendwann zutage treten, ganz gleich, womit wir sie füttern. Niemand möchte einen tollwütigen Hund halten. Infiziert sich unser Hund mit Tollwut, zögern wir nicht, ihn einschläfern zu lassen, obwohl wir ihn sehr gern haben. Wir gehen solchen Kreaturen aus dem Weg, da uns klar ist, dass Umgang mit ihnen Leid bringt.

Befassen wir uns auf diese Weise mit dem inneren Wesen von allem und nehmen ausschließlich das Positive an, vermeiden wir Leid.

Wünsche können uns niemals zur Vollkommenheit führen. Menschen, die dies nicht begreifen, nähren ihre negativen Wünsche. So stehen sie vielen Problemen gegenüber und verursachen außerdem Anderen Leid. Würde man absichtlich Gift trinken? Selbst wenn du sehr hungrig wärst, würdest du kein

Essen anrühren, in das eine giftige Spinne gefallen ist. Ähnlich fühlt man sich nicht mehr zu Dingen hingezogen, sobald voll verstanden wurde, dass Wünsche nach materiellen Dingen Leid verursachen. Geht man entsprechend wachsam durchs Leben, ist es möglich, von Wünschen frei zu bleiben. Mit ausreichend Wachsamkeit, Unterscheidungskraft, Losgelöstheit, Betrachtung und Übung ist es nicht möglich.

Frage: Es heißt, dass derzeit zahlreiche *Mahatmas* mit göttlichen Kräften in Indien leben. Man ist der Ansicht, dass für sie nichts unmöglich ist. Warum greifen die *mahatmas* nicht rettend ein, wenn die Menschen an den Folgen von Überschwemmungen, Dürre und Erdbeben leiden oder deshalb sterben?

Amma: Meine Kinder, in der Welt eines *mahatmas* gibt es weder Geburt, noch Tod, Glück oder Leid. Widerfährt den Menschen Unglück, ist das auf ihr *prarabdha* (Folgen von Handlungen aus diesem und andren Leben) zurück zu führen. Sie erleiden die Früchte ihres Karmas, das abzutragen ist. Es stimmt zwar, dass die Menge des *prarabdhas* durch die Gnade eines *mahatmas* reduziert werden kann. Aber man muss fähig sein, solche Gnade aufzunehmen. Es gibt die *mahatmas*, aber die Menschen nutzen deren Anwesenheit nicht in der rechten Weise. Ein Pfeil kann nur ins Schwarze treffen, wenn der Bogen vor dem Schuss gespannt wird. Die *mahatmas* machen uns auf die richtige Lebensweise aufmerksam. Was bringt es, ihnen Vorwürfe zu machen, wenn wir ihrem Rat nicht folgen?

Es werden so viele Menschen hier auf Erden geboren. Also müssen sie auch alle sterben, nicht wahr? Aber der Tod existiert nur für den Körper, nicht für die Seele. Aus Erde entsteht er und geht wieder in sie ein. Der Ton sagt zum Töpfer: "Heute formst du Töpfe aus mir, aber eines Tages mache ich welche aus dir!" Jeder erntet die Früchte seines Karmas.

Meine Kinder, nur wo es ein Ichgefühl gibt, kann es Tod geben. Für diejenigen, die daran verhaftet sind, währt das Leben nur eine gewisse Anzahl von Jahren. Jenseits davon existiert eine Welt, wo es nur Glückseligkeit gibt. Um sie zu erreichen, müssen wir das uns gegebene Leben optimal nutzen.

Für die meisten Menschen empfiehlt es sich nicht, sich in die Tatsache der Irrealität der Welt zu vertiefen. Sie sollten das Hauptaugenmerk darauf legen, durch gutes Handeln positive Eigenschaften zu entwickeln. Dadurch erreichen sie den "Basar der Seligkeit" (Seligkeit in Hülle und Fülle) und bleiben für immer dort.

Frage: Warum hat Gott einen Planeten wie diesen mit Lebewesen darauf erschaffen?

Amma: Wir haben diese Schöpfung verursacht, nicht Gott.

Ein Mann bewachte einen Raum, in dem Gold und Silber gelagert waren. Aber in der Nacht schlief er unabsichtlich ein. Einige Diebe nutzten die Gelegenheit und stahlen alles in dem Lagerraum. Beim Erwachen entdeckte der Wächter den Raub. Furcht erfasste ihn und er jammerte: "Oh, nein! Was hab' ich getan! Ich werde meine Arbeit verlieren und meine Kinder nicht mehr ernähren können!" Solche Gedanken gab es nicht während des Schlafs. Gold, Diebe oder Arbeitgeber existierten in seinem Bewusstsein nicht. Erst beim Erwachen tauchte dies alles auf. Es war folglich alles von ihm selbst erzeugt.

Die Schöpfung entstand aufgrund von Unwissenheit. Wenn jemand einen Fehler macht, müssen alle anderen ihn dann nachmachen? Wird eine Person zum Dieb, folgt daraus, dass auch alle anderen stehlen sollten? Wie dem auch sei, wer stiehlt, wird bestraft.

Wir sollten uns bemühen, unsere Unwissenheit so bald wie möglich zu überwinden. Das Menschenleben ist eine Gabe, die für diesen Zweck gedacht ist. Was sollten wir als nächstes pflanzen, wenn eine Kardamompflanze dort wächst, wo wir Sesam gesät haben – Sesam oder Kardamom? Kardamom ist von sehr viel größerem Wert als Sesam.

Wenigstens von nun an lasst uns in unserem Geist Raum für das ewige Selbst schaffen. Dann werden bestimmte Umstände eintreten, die uns helfen, das Selbst zu erkennen. Wir erfreuen uns dann an Glückseligkeit und gehen voller Energie durchs Leben. Ansonsten werden wir immer arm bleiben, wenn wir weiterhin darauf bestehen, nur die billigere Saat zu säen.

Frage: Ist es richtig, in den Ashram einzutreten, wenn man Eltern hat, die eines Tages der Betreuung bedürfen? Ist das nicht egoistisch? Wer wird sich im Alter um sie kümmern?

Amma: Gibt es nicht viele kinderlose Menschen? Wer kümmert sich im Alter um sie? Ein junger Mann oder eine junge Frau treten in den Ashram ein, um sich um zahlreiche Leute zu kümmern. Worin liegt nun der Egoismus – das Leben den Eltern zu opfern oder es der ganzen Welt zu widmen? Ein junger Mensch muss seine Familie vielleicht verlassen, um in einem anderen Bundesstaat einen Abschluss in Medizin zu bekommen. Wenn er zurückkehrt, ist er fähig, sich um viele Menschen zu kümmern. Aber was geschieht, wenn er nicht zur Hochschule geht, weil er meint, er könne seine Eltern nicht allein lassen? Rückt der Todeszeitpunkt der Eltern heran, wird er sie sowieso nicht retten können. Aber nach seiner Rückkehr als Arzt wird er ihnen wenigstens bei Krankheit helfen können.

Die Menschen treten in den Ashram ein, um durch spirituelle Übungen die Kraft zu gewinnen, ihr Leben dem Dienst an der Welt zu widmen. Sie weisen nicht nur ihren Eltern, sondern der ganzen Welt den richtigen Weg – durch ihr Beispiel zeigen sie, wie man völlige Leidfreiheit erreicht. Aber um das tun zu können, sind innere Selbstbeherrschung und das Loslassen von allen Bindungen Voraussetzung. Gelingt dies, können sie später allen dienen und allen Liebe entgegen bringen.

Frage: Warum heißt es, dass man etwas nicht sagen sollte, wenn es Schmerzen verursacht, selbst wenn es der Wahrheit entspricht?

Amma: Es gibt zwei Themen, die in der Spiritualität erörtert werden: Wahrheit und Verschwiegenheit. Es gibt nichts Höheres als die Wahrheit; man sollte sich niemals von ihr abwenden. Aber nicht alle Wahrheiten dürfen offen ausgesprochen werden. Man muss die Umstände beachten und sehen, ob es notwendig ist, etwas zu sagen. Es mag Anlässe geben, wo man selbst die Wahrheit geheim halten muss. Nehmen wir das Beispiel einer Frau, die in einem schwachen Moment einen Irrtum begangen hat. Erfährt die Welt davon, wird ihre Zukunft ruiniert; vielleicht gerät sogar ihr Leben in Gefahr. Hält man ihren Ausrutscher geheim, gelingt es ihr vielleicht, ihn nicht zu wiederholen und ein positives Leben zu führen. In einem solchen Fall ist es am besten, die Wahrheit nicht zu enthüllen. Auf diese Weise kann das Leben eines Menschen gerettet und ihre Familie geschützt werden. Allerdings sollten die Gegebenheiten sorgfältig abgewogen werden, bevor man eine solche Entscheidung fällt.

Selbstverständlich sollte dies niemanden ermutigen, einen Fehler zu wiederholen. Wichtig ist, dass alle von dem Gesagten profitieren. Könnte etwas, was wir vielleicht sagen, jemandem Leid verursachen, so sollten wir schweigen, auch wenn es den Tatsachen entspricht.

Hier ein Beispiel: Ein Kind stirbt bei einem Autounfall, der hundert Kilometer von Zuhause entfernt geschah. Für die Mutter wird es ein fürchterlicher Verlust sein, da es ihr einziges Kind war. Ruft jemand an und übermittelt schlicht die Todesnachricht, könnte sie an Schock und gebrochenem Herzen sterben. So gibt man ihr die folgende Nachricht: "Ihr Kind war in einen kleinen Unfall verwickelt und befindet sich jetzt hier im Krankenhaus. Kommen sie bitte umgehend! Obwohl die Aussage nicht stimmt, wird ihr dadurch möglich, die Strecke der hundert Kilometer zu überstehen. Zumindest für die Fahrt bleibt ihr der extreme Kummer erspart. Sobald sie ankommt, wird sie die Tatsache herausfinden.

Bevor sie die volle Wahrheit erfuhr, hatte sie Zeit, zunächst einmal die Nachricht über den Unfall zu verarbeiten, wodurch der Schock vielleicht abgemildert wird. In diesem Fall mag es sein, dass vorläufiges Verschweigen das Leben der Mutter rettet. Das tote Kind ist sowieso verloren. Besteht ein Grund, in dessen Namen einen weiteren Menschen in den Tod zu schicken? Solche Situationen meint Amma und nicht, dass man lügen sollte.

Ein Mann mit schwachem Herzen zieht sich eine schwere Krankheit zu. Erführe er es unerwartet, könnte die Nachricht eine Herzattacke auslösen. Deshalb teilt ihm der Arzt die Nachricht nicht gleich mit, sondern sagt nur: "Nichts Ernsthaftes. Sie müssen sich nur ausruhen und diese Medizin nehmen." Das kann nicht als übliche Lüge eingestuft werden. Der Arzt sagt das nicht aus egoistischen Motiven heraus zu seinem eigenen Vorteil. Er hält eine Information zum Wohle eines anderen vorläufig zurück.

Amma fällt eine Geschichte ein: Ein reicher Man lebte in einem gewissen Ort. Er gab den größten Teil seines Gewinns an die Armen weiter. Viele Menschen suchten bei ihm Hilfe. Er verfügte über umfangreiche spirituelle Kenntnisse. Er sagte oft: "Ich kann nicht die ganze Zeit über spirituelle Übungen machen. Ich habe wenig Zeit für Japa und Meditation. Deshalb gebe ich den Gewinn meines Geschäfts an die Armen, damit sie davon profitieren. Den Armen zu helfen ist mein Gottesdienst. Das gibt mir die Freude und Zufriedenheit, die ich brauche. Mein Unternehmen gedeiht ebenfalls gut."

In einiger Entfernung lebte in einem anderen Dorf ein
äußerst armer Mann. Eines Tages machte er sich auf den Weg,
um den wohlhabenden um Hilfe zu bitten. Seine Familie hatte
seit Tagen nichts zu essen gehabt, und er brauchte dringend
irgendwelche Hilfe. Aber durch den Hunger war er so geschwächt,
dass er kaum laufen konnte. Nachdem er ein kleines Stück des
Weges zurückgelegt hatte, wurde ihm schwindlig und er brach
zusammen. In dieser Not dachte er: "O Herr, ich machte mich
in Hoffnung auf Hilfe auf den Weg, und sieh, hier liege ich nun
auf der Straße und werde vermutlich sterben." Er schaute zur Seite
und sein Blick fiel auf einen kleinen Wasserlauf neben der Straße.
Irgendwie gelang es ihm, sich zu erheben und zum Wasser zu
gelangen. Er trank davon und merkte, dass es außergewöhnlich
süß war. Er trank viel davon und fühlte sich erfrischt. Das Wasser
war wunderbar. Aus einem großen Blatt formte er eine Schale
und sammelte etwas Wasser darin. Er fühlte sich gestärkt und
ging langsam weiter. Die kleine Schale nahm er mit. Schließlich
erreichte er das Heim des reichen Mannes. Dort stellte er sich in
eine lange Schlange von Menschen, die gekommen waren, um
die Gaben zu empfangen, die ausgegeben wurden. Die meisten
hatten irgendetwas mitgebracht, was sie ihrerseits dem wohlhabenden Mann anboten. Unser Mann dachte: "Oh je! Ich bin der
einzige, der nichts dabei hat. Keine Ursache, ich werde ihm dies
wunderbare Wasser anbieten."

Als er an der Reihe war, bot er dem Reichen seine Blattschale
mit Wasser an. Dieser trank einen Schluck und sagte erfreut: "Wie
köstlich! Welch gesegnetes Wasser!" Das stimmte den Armen
sehr glücklich. Die Helfer in der Nähe wollten auch gerne das
Wasser probieren, aber der Reiche erlaubte es ihnen nicht und
sagte: "Dies Wasser ist sehr heilig." Er gab dem Armen alles, was
er brauchte und schickte ihn dann wieder fort. Die Anwesenden
äußerten dann: "Du zögerst nicht, alles was du hast, mit anderen

zu teilen. Warum erlaubst du uns dann nicht, das heilige Wasser zu probieren?" Die Antwort lautete: "Bitte verzeiht mir. Der Mann war erschöpft und trank das Wasser, das er am Wegesrand fand. Aufgrund seiner Erschöpfung schmeckte das Wasser für ihn süß. Er meinte, es wäre etwas Besonderes; deshalb brachte er es mit. Es war eigentlich kein Trinkwasser. Hätte ich das in seiner Anwesenheit gesagt, wäre es für den armen Mann sehr schmerzlich gewesen. Er wäre so betroffen gewesen, dass keine Gabe ihn hätte zufrieden stellen können. Um ihn nicht zu verletzen, habe ich das Wasser in seiner Gegenwart gepriesen.

Meine Kinder, es handelt sich um solche Situationen, bei denen wir die Wahrheit nicht aussprechen sollten, um zu vermeiden, jemanden zu verletzen. Ich wiederhole, dass es nicht heißt, dass wir Lügen erzählen sollten.

Ein spiritueller Mensch sollte niemals zum eigenen Nutzen lügen. Unsere Worte und Taten sollten nicht einer einzigen Person Leid verursachen. Von Beständigkeit, ohne je zu verblassen, ist nur eins –Liebe. Sie bringt Licht in unser Leben. Meine Kinder, diese Liebe ist Gott.

Frage: Warum benötigen wir einen äußeren Guru, wenn Gott und Guru sich in uns befinden?

Amma: In jedem Stein ist eine potentielle Skulptur enthalten. Sie kann jedoch erst Gestalt annehmen, wenn die unerwünschten Teile entfernt werden. In vergleichbarer Weise bringt der spirituelle Meister die wahre Natur des Jüngers hervor, der sich, in Täuschung gefangen, im Zustand tiefer Vergessenheit befindet. Solange wir unfähig sind, selbst daraus zu erwachen, ist ein äußerer Meister nötig, der diese Vergessenheit beseitigt.

Eine Schülerin lernte intensiv für eine Unterrichtsstunde. Aber als der Lehrer sie aufrief, war sie so angespannt, dass sie nichts mehr wusste. Eine Mitschülerin, die neben ihr saß, erinnerte sie an die erste Zeile eines Gedichts. Nun fiel ihr das gesamte Gedicht wieder ein und sie sagte es fehlerlos vor der Klasse auf. Ebenso ruht die Kenntnis der Wahrheit in uns. Die Worte des Meisters verfügen über die Kraft, sie zu erwecken.

Wenn man als Jünger spirituelle Praktiken in der Umgebung eines Meisters ausübt, löst sich das Unwirkliche auf und das wahre Wesen beginnt hindurch zu leuchten. Bringt man eine mit Wachs bedeckte Figur in die Nähe von Feuer, schmilzt das Wachs und sie wird sichtbar. Nur weil einige Ausnahmen die Wahrheit ohne einen spirituellen Meister verwirklichten, können wir daraus nicht ableiten, dass niemand einen bräuchte.

Gott und der spirituelle Meister befinden sich als Keim in uns. Ein geeignetes Klima ist notwendig, damit der Same zu einem Baum heran wächst. Er wird nicht einfach irgendwo gedeihen. In vergleichbarer Weise ist eine förderliche Umgebung nötig, damit die innewohnende Göttlichkeit in uns aufleuchtet. Der Meister erzeugt sie.

In Kaschmir gedeihen Apfelbäume gut, da das Klima dafür besonders günstig ist. Es ist zwar auch in Kerala möglich, Apfelbäume zu pflanzen, aber sie erfordern hier besonders sorgfältige Pflege. Trotzdem gehen die meisten gesetzten Bäumchen ein. Aufgrund des ungeeigneten Klimas in Kerala bringen selbst die überlebenden Bäume nur geringen Ertrag. So wie das Klima in Kaschmir geeignet für die Kultivierung von Apfelbäumen ist, so ist die Gegenwart eines selbstverwirklichten Meisters hilfsreich für das geistige Wachstum des Jüngers. Er schafft eine geeignete Atmosphäre für das Erwachen des inneren Gurus, der im Jünger ruht, damit dieser das eigene wahre Selbst verwirklichen kann.

Die Dinge praktisch anzugehen, ist in spirituellen Angelegenheiten ebenso wichtig, wie in weltlichen. Die Mutter hält die Milchflasche für das Baby und kleidet es an. Allmählich lernt das Kind dann, es selbst zu tun. Bis man fähig ist, Dinge selbst auszuführen, wird die Hilfe von anderen benötigt.

Wer bei einer Reise eine Landkarte zu Hilfe nimmt, kann trotzdem vom Weg abkommen. Mit einem Führer geschieht das jedoch nicht. Begleitet uns jemand, der den Weg kennt, wird die Tour ohne Komplikationen verlaufen. Obwohl das höchste Sein in uns allen vorhanden ist, brauchen wir trotzdem einen spirituellen Meister, solange wir im Körper-Bewusstsein gefangen sind. Sobald der Suchende die Identifikation mit den Instrumenten Körper und Gemüt aufgegeben hat, besteht für äußere Führung keine Notwendigkeit mehr, weil dann der innewohnende Gott und Guru erwacht sind.

Ein spiritueller Meister ist ein *tapasvi* (jemand der sich intensiver Enthaltsamkeit unterzogen hat). Vergleicht man einen gewöhnlichen Menschen mit einer Kerze, so entspricht im Vergleich dazu ein *tapasvi* einer Sonne.

Wie tief wir auch an manchen Stellen graben, wir werden nicht unbedingt Wasser finden. Graben wir dagegen neben einem Fluss, stoßen wir leicht auf Wasser. Wir müssen nicht erst tief graben. In ähnlicher Weise erleichtert die Anwesenheit eines echten Meisters die Aufgabe für den Jünger. Die Früchte der geistigen Übungen können ohne große Anstrengungen genossen werden. Die Wirkungskraft des *prarabdhas* (Früchte vergangener Handlungen) und das Ausmaß der Bemühungen, die aufgewendet werden müssen, werden verringert.

Die moderne Wissenschaft bestätigt, dass geistige Kraft bewahrt wird, wenn wir uns auf einen Punkt konzentrieren. Ist das der Fall, um wie vieles stärker wird die Kraft in einem Yogi sein, der Jahre mit Konzentration in Form von Meditation und Sadhana (spirituelle Übungen) verbracht hat! Das ist der Grund, warum es heißt, dass allein schon die Berührung eines *yogi*, spirituelle Kraft wie elektrischen Strom übermittelt. Ein vollkommener Meister kann nicht nur eine förderliche Atmosphäre für den spirituellen Fortschritt des Jüngers schaffen, sondern ebenfalls spirituelle Kraft übermitteln. Nur wer selbst die verschiedenen Stadien spiritueller Übung durchlaufen hat, kann einen Gottsucher richtig führen.

Durch Lesen können die Schüler die Theorie selbst meistern. Aber um in den praktischen Examen erfolgreich zu bestehen, benötigen sie die Hilfe eines Lehrers. Obwohl wir uns bis zu einem gewissen Grad spirituelles Wissen aus Büchern aneignen können, ist es für die Umsetzung ins Leben erforderlich, den Beistand eines inkarnierten Meisters zu suchen. Auf dem spirituellen Weg stößt der Aspirant auf zahllose Hindernisse und begegnet vielen Problemen. Werden diese nicht sachgemäß angegangen, besteht die Gefahr, das geistige Gleichgewicht zu verlieren. Für Ratschläge muss die körperliche und geistige Konstitution von des Aspiranten beachtet werden. Das ist nur einem Meister möglich. Ein Aufbaumittel ist dazu gedacht, den Körper zu stärken. Durch unsachgemäße Einnahme könnte mehr Schaden als Nutzen entstehen. Das Gleiche gilt für spirituelle Übungen. Deshalb ist Führung eines spirituellen Meisters für einen Sucher absolut notwendig.

Frage: Ist es möglich, das Ziel allein durch das Studium spiritueller Texte zu erreichen - ohne die Hilfe von *yamas* and *niyamas* (Gebote und Verbote auf dem spirituellen Weg), Meditation, selbstloses Helfen usw.?

Amma: Das Studium der Schriften befähigt uns, den Weg zu Gott zu verstehen. Wir können das Prinzip des Selbst erfassen lernen. Diese Kenntnisse allein können uns jedoch nicht ans Ziel bringen. Wir müssen den angegebenen Weg auch gehen.

Angenommen, jemand benötigt einen bestimmten Gegenstand. Der Betreffende zieht Erkundigungen ein und erfährt, dass das Gewünschte in einem weit entfernten Ort erhältlich ist. Durch eine Karte erfährt er den Weg dorthin und die genaue Lage des Ortes. Aber um den Gegenstand zu bekommen, muss er sich dort tatsächlich hinbegeben und ihn holen. Nehmen wir das Beispiel einer Person, die Medizin kaufen will. Die Apotheke befindet sich auf der anderen Seite des Sees. Sie besteigt ein Boot, das sie auf der anderen Seite nicht verlassen will. Sie bleibt sitzen, statt die Medizin in der Apotheke zu besorgen. In gleicher Weise verhalten sich die Menschen. Sie sind nicht bereit, einen bestimmten Punkt des Weges zu verlassen. Selbst nachdem sie das andere Ufer erreichen, wollen sie das Boot nicht verlassen! Blindes Festhalten am Weg, anstatt weiter zu gehen, verursacht lediglich Gebundenheit.

Möchten wir das Ziel erreichen, ist es unsere Pflicht, den in den Schriften beschriebenen Weg zu gehen und die vorgeschriebenen spirituellen Übungen und Disziplinen auszuführen. Es reicht nicht, nur darüber zu lesen. Es ist ebenfalls notwendig, die Bereitschaft zu entwickeln, sich vor allem zu verneigen. Derzeit ist das Ego mit seiner Haltung vorherrschend. Aber es ist unerlässlich zu lernen, sich zu verbeugen. Reift eine Reispflanze, biegt sie sich automatisch nach unten. Das Gleiche gilt für die Staude von Koskosnüssen, die von der Kokospalme herabhängt. Diese Beispiele lehren uns, dass wir automatisch demütig werden, wenn wir vollkommene Weisheit lernen.

Das Studium der Schriften kann mit dem Errichten einer Mauer um einen Obstgarten herum verglichen werden, während die Ausübung spiritueller Praktiken dem Anbau der Obstbäume darin entspricht. Die Mauer bietet den Bäumen Schutz. Aber um Früchte zu erhalten, müssen wir Bäume anpflanzen und kultivieren. Das ist unumgänglich.

Das Studium der Schriften lässt sich auch mit dem Errichten von Schutzmauern um unseren Garten herum vergleichen, während die spirituellen Übungen dem Bau eines Hauses darin entsprechen. Das Haus schützt uns vor Regen und Sonne. Folglich reicht das Studium der Schriften allein nicht aus. Es ist unerlässlich, die Gebote und Verbote auf dem spirituellen Weg zu beachten, zu meditieren, ein Mantra zu wiederholen und andere Übungen auszuführen.

Wenn die höchste Liebe für Gott im Sucher erwacht ist, sind die verschiedenen Einschränkungen und Regeln nicht mehr wesentlich. Angesichts göttlicher Liebe lösen sich alle Einschränkungen und Barrieren auf. Für einen wahren Gläubigen, der über diese Liebe verfügt, gibt es nur Gott. Im ganzen Universum sieht er nichts anderes als Gott. So wie eine Motte ins Feuer fliegt und in die Flammen eingeht, wird ein solcher Mensch durch seine Liebe zu Gott in seinem Wesen ebenfalls göttlich. Der Gläubige, das Universum selbst – alles ist Gott. Welche Regeln und Einschränkungen könnten für eine solche Seele gelten?

Es ist möglich, durch Meditation enorme Kraft zu gewinnen. So wie alles Wasser im Tank durch einen einzigen Hahn fließen kann, so fließt die höchste Kraft durch einen *tapasvi*. Der Weise sitzt nicht einfach nur da und behauptet ein Weiser zu sein. Aufgrund seines Mitgefühls profitiert die ganze Welt von der durch ihn fließenden Kraft.

Frage: Warum legt Amma so viel Wert auf selbstloses Dienen?

Amma: Meditation und Studium der Schriften sind wie die zwei Seiten einer Münze. Die Gravur entspricht dem selbstlosen Dienen, wodurch die Münze ihren wahren Wert erhält.

Wer gerade das Medizin-Studium absolviert hat, ist noch nicht kompetent genug für die Behandlung von Patienten. Bevor man damit beginnt, ist es unerlässlich eine Zeitlang ein Praktikum im Krankenhaus zu versehen. Die Erfahrungen dieser Zeit vermitteln Neulingen die notwendigen praktischen Kenntnisse, um das Gelernte anzuwenden. Es reicht nicht, wenn das Erlernte nur Kopfwissen bleibt. Es muss in die Praxis umgesetzt werden. Ganz gleich, wie viel Studium der Schriften man betrieben hat und über welche Ebene spiritueller Kenntnisse man verfügt, unser Geist muss genügend darin geschult werden, herausfordernde Situationen zu meistern. Das geschieht am besten durch *Karma-Yoga*. Wenn man in die Welt hinausgeht und unter verschiedensten Bedingungen arbeitet, kann man seine Reaktionen auf die diversen Umstände beobachten. Tauchen die entsprechenden Umstände auf, zeigen sich die *vasanas*. Wenn sie eines nach dem anderen an die Oberfläche kommen, können wir sie ausmerzen. Selbstloses Dienen stärkt unser Innenleben, so dass es möglich wird, jeglicher Lebenssituation zu begegnen.

Unser Mitgefühl und unsere selbstlosen Handlungen führen uns zu tieferen Wahrheiten. Durch uneigennütziges Tun können wir das Ego, welches das Selbst verbirgt, auslöschen. Losgelöstes selbstloses Handeln führt zur Erlösung. Es ist nicht nur Arbeit, sondern *karma yoga*. Krishna teilte Arjuna mit: "In allen drei Welten gibt es nichts, was ich tun oder erreichen müsste, trotzdem bin ich unentwegt beschäftigt."

Krishna handelte gelassen und uneigennützig. Er riet Arjuna diesem Weg zu folgen.

Ein Gläubiger benötigt für ein bestimmtes Ritual einen ebenmäßigen, runden Stein. Auf der Suche danach steigt er schließlich einen Berg hinauf, in der Hoffnung, auf dem Gipfel einen zu finden. Als er schließlich oben ankommt und mit großer Enttäuschung feststellt, dass es dort oben keine schönen, glatten Steine gibt, ergreift er enttäuscht einen Felsbrocken und schleudert ihn den Berg hinunter. Als er wieder hinabsteigt und unten ankommt, entdeckt der Sucher auf dem Boden einen wunderschönen, ebenmäßigen, runden Stein in perfekter Form – genau die Art, die er die ganze Zeit über gesucht hatte! Dann erkennt er, dass es der Stein war, den er vom Berg hinab geworfen hatte! Auf dem

Weg stieß er gegen die anderen rauen Steine und verlor auf diese Weise alle scharfen Kanten. Oben auf dem Gipfel wäre er nie poliert und verändert worden.

Ebenso verlieren wir die rauen, scharfen Kanten unseres Egos und entwickeln eine innere Haltung der Anbetung, wenn wir von der Bergesspitze, d.h. von der Ebene des Egos hinunter gehen ins Tal der Demut.

Wir gewinnen nichts durch weitere Kultivierung des Egos, durch Bescheidenheit hingegen alles.

Eine selbstlose, wunschlose Haltung hilft uns, das Ego zu überwinden. Aus diesem Grunde wird uneigennützigem Handeln so viel Bedeutung beigemessen.

Solange das Ego existiert, ist die Führung eines spirituellen Meisters notwendig. Für einen Jünger, der in Einklang mit dem Willen des Meisters lebt, wird jegliche Aktivität zu einer Möglichkeit, die scharfen Egokanten zu beseitigen. Im *satguru* ist keinerlei Eigeninteresse vorhanden. Er lebt für den Jünger, der voll und ganz Zuflucht in ihm suchen sollte. So wie der Patient sich widerstandslos hinlegt und dem Arzt erlaubt zu operieren, sollte der Jünger sich ganz dem Willen des Meisters anvertrauen.

Amma sagt nicht, dass Handeln allein zum Ziel führt. *Karma* [Handeln], *jnana* [Wissen] und *bhakti* [Hingabe] sind alle wesentlich. Entsprechen Hingabe und Tun den zwei Flügeln eines Vogels, so bildet Wissen den Schwanz. Alle drei sind notwendig, damit der Vogel in die Lüfte aufsteigen kann.

Um fähig zu sein, den verschiedenen Lebenssituationen mit Geistesgegenwart und innerer Ruhe entgegen zu treten, müssen wir zunächst unseren Geist schulen. Betätigung bietet dafür den idealen Boden. Die Arbeit wird zu *karma yoga*, d.h. spiritueller Übung, wenn der Sucher auf das Ziel ausgerichtet ist. Für den spirituellen Aspiranten wird jede Handlung zu spiritueller Übung. Jüngern bietet sich darüber die Möglichkeit, dem Meister zu dienen [*guru seva*]; für den (Gott und Guru) verehrenden Gläubigen ist es eine Form des Gottesdienstes. Der Meister sollte nicht als Person betrachtet werden, sondern als Verkörperung aller göttlichen Eigenschaften. Er repräsentiert das Licht und gleicht Moschus – in einem Augenblick mit Form und Duft versehen und im nächsten verdunstend. Der Meister hat zwar einen Körper, ist aber trotzdem (in Wirklichkeit) formlos – jenseits aller Formen und Eigenschaften. Er lebt für die Jünger, niemals für sich selbst. Jede Handlung, die ein Jünger in diesem Verständnis ausführt, ist *karma yoga*, das zur Befreiung führt. Wer dem Meister auf diese Weise dient, erreicht den Zustand des höchsten Bewusstseins.

Frage: Was ist die wichtigste Voraussetzung für spirituellen Fortschritt?

Amma: Wenn eine Blume noch eine Knospe ist, können wir weder ihre Schönheit, noch ihren Duft erleben. Sie muss zunächst einmal blühen. Es würde nichts bringen, die Knospe mit Gewalt zu öffnen. Wir müssen geduldig warten, bis sie sich von selbst entfaltet. Erst dann können wir uns der Schönheit und des Duftes der Blüte erfreuen. Geduld ist hierfür notwendig.

Jeder Stein trägt latent ein Bildnis in sich. Entfernt der Bildhauer alles Überflüssige, tritt es hervor – und zwar weil der Stein sich dem Bildhauer überlässt und lange Zeit geduldig vor ihm liegt.

Ein Stein, der unten am Berg Sabarimala[25] liegt, beschwert sich gegenüber einem Bildnis des Herrn, das in einem Tempel verehrt wird: "Du bist ein Stein wie ich und wirst von allen verehrt, während man auf mir herumtrampelt. Ist das gerecht? Das

---

[25] Ein heiliger Berg in Kerala, auf dessen Gipfel ein heiliger Tempel steht.

Bildnis antwortet: "Jetzt siehst du nur die Verehrung von allen. Aber bevor ich hierher kam, hat ein Bildhauer hundert Tausende von Malen an mir herum gemeißelt. Während der ganzen Zeit habe ich geduldig und ohne Widerstand vor ihm gelegen. Als Ergebnis bin ich nun hier und werde von Millionen verehrt." Die Geduld des Steines verwandelte ihn in einen Altarstein.

Viele kennen die Geschichte von Kunti und Gandhari. Sie illustriert den Nutzen von Geduld und den Schaden von Ungeduld. Als Kunti ein Kind gebar, war die derzeit schwangere Gandhari betroffen. Sie ersehnte sich sehr ein Kind und wünschte ihrem die Erstgeburt und damit den Königsthron. In äußerster Ungeduld schlug sie so heftig auf ihren Bauch, dass eine Fehlgeburt erfolgte und sie eine Fleischmasse zur Welt brachte. Gemäß den Anweisungen Vyasas wurde es in hundert Stücke geschnitten und in ebenso viele Urnen getan. Laut der Geschichte wurden nach entsprechender Zeit aus den Urnen hundert Söhne geboren. Das war der Ursprung der Kauravas, die Millionen von Menschen ins Verderben führten. Gandhari verfügte nicht über Geduld, was in viel Leid und Zerstörung mündete. Dagegen ist siegreich, was aus Geduld entsteht. Im spirituellen Leben ist Geduld von essentieller Bedeutung.

Wir sollten stets die Haltung eines Anfängers, bzw. unschuldigen Kindes einnehmen. Nur dann ist die notwendige Geduld und Aufmerksamkeit für wirkliches Lernen vorhanden. In jedem von uns wohnt ein Kind. Aber es schläft derzeit, das ist alles. Es muss geweckt werden. Der jetzt vorhandene Ichsinn wurde vom Ego erzeugt. Unsere unschuldige Natur wird auf natürliche Weise hervorkommen, wenn das schlafende Kind erwacht. Dann verspüren wir den Wunsch, von allem zu lernen. Geduld, Bewusstheit und Aufmerksamkeit folgen dann von selbst. Diese Eigenschaften erblühen in uns, sobald das innere Kind erwacht. Für das alte, vom Ego erzeugte Ich bleibt dann kein Raum mehr.

Jede Situation wird zur Gelegenheit etwas zu lernen, wenn wir die Haltung eines Anfängers einnehmen. Was immer wir benötigen, werden wir erhalten. Gelingt es uns, diese Haltung durchs ganze Leben hindurch bis zum Ende aufrecht zu erhalten, verlieren wir nichts, sondern gewinnen alles.

Die meisten kennen heutzutage nur das Lachen, das die Zähne zeigt. Wahres Lachen entspringt jedoch dem Herzen. Nur mit einem unschuldigen Herzen können wir echte Freude erleben und geben. Dafür müssen wir das Herz des unschuldigen Kindes in uns erwecken. Das Kind muss genährt werden. Es gibt die Redensart "Wirst du ein Niemand, wirst du zum Helden." Hierbei geht es um das Verschwinden des vom Ego erzeugten Ichs.

Frage. Amma scheint *bhakti* (Hingabe) mehr Bedeutung beizumessen, als allen anderen Wegen. Warum?

Amma: Kinder, meint ihr mit Hingabe nur die Wiederholung eines Mantras und das Singen hingebungsvoller Lieder? Wahre Hingabe beinhaltet die Unterscheidung zwischen dem Ewigen und dem Vergänglichen. Es bedeutet, sich dem Unendlichen zu geben. Amma rät zur praktischen Seite davon.

Die hier lebenden Kinder lesen viele Bücher und stellen Amma Fragen. In der Regel erfolgen die Antworten gemäß *Vedanta*. Aber wenn Amma zur Allgemeinheit spricht, legt sie das Hauptgewicht auf Hingabe, da neunzig Prozent der Menschen keine Intellektuellen sind. Sie verfügten über keine geisteswissenschaftlichen Kenntnisse, bevor sie hierher kamen. Es ist unmöglich, ihnen in einem Tag oder bei einem *Darshan* die spirituellen Grundlagen zu vermitteln. Daher ist es ratsamer, ihnen Ratschläge zu geben, die ihnen als Richtschnur für ihr Leben dienen können. Amma empfiehlt ebenfalls, spirituelle Bücher zu lesen. *Advaita* (Nicht-Dualität) stellt das Fundament von allem dar. Amma lehrt praxis-orientierte Hingabe, die in *Advaita* wurzelt.

Die meisten Menschen, die hierher kommen, verfügen nicht über spirituelle Kenntnisse. Sie sind nur mit Tempelbesuchen vertraut. Nur ungefähr zehn Prozent legen vielleicht Wert auf Wissen und Nachsinnen und folgen dem Advaita-Pfad. Es wäre nicht richtig, die anderen zu vernachlässigen. Brauchen sie nicht ebenfalls Auftrieb? Deshalb richtet Amma ihre Ratschläge nach dem jeweiligen Entwicklungsniveau.

Die Gebete und das Singen von Lobliedern im Ashram entsprechen nicht oberflächlichem Gebet. Es handelt sich um spirituelle Übungen, die das innewohnende wahre Sein (das Selbst) erwecken und um einen Prozess, das persönliche Bewusstsein auf das kosmische einzustimmen - die Ebenen von Körper, Fühlen und Denken auf das kosmische Selbst auszurichten.

Es besteht keine Notwendigkeit, nach einem über dem Himmel thronenden Gott zu suchen. Gott ist das all-durchdringende kosmische Bewusstsein. Trotzdem raten wir zur Meditation über eine Gestalt, um die notwendige Konzentration zu erreichen. Um eine Betonplatte herzustellen, müssen wir zuvor einen Holzrahmen anfertigen, um den Beton hinein zu gießen. Wenn er fest geworden ist, können wir den Rahmen entfernen. Diesen Vorgang können wir mit der Verehrung einer göttlichen Gestalt vergleichen. Sie ist notwendig, bis die (spirituellen) Prinzipien sich gut gesetzt haben. Sobald der Geist fest im kosmischen Selbst verankert ist, besteht keine weitere Notwendigkeit für solche Hilfsmittel.

Nur die Demütigen können Gottes Gnade aufnehmen. Es besteht kein Raum für Ego in jemandem, der in allem die göttliche Gegenwart wahrnimmt. Deshalb ist Bescheidenheit die vorrangig zu entwickelnde Eigenschaft. Gebete und hingebungsvolles Singen im Ashram zielen darauf ab. Jeder Blick, jedes Wort, alle Handlungen sollten von Demut gekennzeichnet sein.

Nimmt ein Zimmermann einen Meißel in die Hand, um seine Arbeit aufzunehmen, berührt er ihn mit Ehrfurcht und verneigt sich, um Segen herab zu rufen. Es handelt sich nur um ein Werkzeug für seine Arbeit, trotzdem verbeugt er sich. Ein Harmonium nehmen wir erst zur Hand, wenn wir es ehrfurchtsvoll berührt und uns davor verneigt haben. Es entspricht unserer Kultur, vor der Benutzung von Gegenständen unsere Ehrerbietung zu zeigen. Warum tun wir das? Es geschieht in der Absicht, Gott in allem wahr zu nehmen. Unsere Vorfahren beabsichtigten damit, einen Zustand der Egolosigkeit zu erzeugen. Ähnlich ist auch Gebet ein Ausdruck von Demut - ein Weg, das Ego zu beseitigen.

Manche mögen vielleicht die Frage stellen, ob nicht stilles Gebet möglich sei. Für manche mag schweigendes Lesen besser sein, für andere jedoch lautes. Es gibt Leute, die den Inhalt nur bei lautem Lesen aufnehmen. Es wäre nicht gut, jemanden, der beim Lernen laut liest, aufzufordern: "Lies nicht so laut, du solltest schweigend lesen, so wie ich!" Manche können sich durch lautes Beten besser konzentrieren, andere ziehen stilles Gebet vor. Ebenso sind für unterschiedliche Leute verschiedene Wege notwendig. Alle Wege führen zur höchsten Stille.

Viele sagen: "Amma, wenn ich mit geschlossenen Augen meditiere, steigen ständig viele Gedanken in mir auf, aber beim *Bhajan*-Singen (Loblieder) und Beten kann ich mich voll konzentrieren." Sinn und Zweck spiritueller Übungen ist geistige Konzentration. Wenn wir sagen: "Ich bin weder der Körper, noch Gemüt oder Intellekt", und damit dem *"neti, neti"*-Weg folgen (nicht dieses, nicht jenes), wenden wir eine andere Möglichkeit an, um das höchste Wesen zu erreichen. Das Ziel von Gebet und *bhajans* ist ein und dasselbe.

Gibt es irgendeine Religion, in der Hingabe und Gebet nicht ihren Platz haben? Beides finden wir im Buddhismus, christlichen

Glauben und Islam. Diese Religionen kennen ebenfalls alle die Meister-Schüler-Beziehung. Wir finden sie sogar auf dem nicht-dualistischen Weg. Also gibt es selbst hier die Dualität dieser Beziehung. Bedeutet Hingabe zum Meister nicht Hingabe als solche?

Durch unsere Gebete versuchen wir, göttliche Eigenschaften aufzunehmen; wir bemühen uns um die Verwirklichung des Absoluten (Letztendlichen). Gebet bedeutet nicht Schwäche, sondern einen kraftvollen Schritt auf Gott zu.

Frage: Kann Meditation schaden? Manche sagen, dass ihr Kopf dabei heiß wird.

Amma: Es ist immer am besten, Meditation direkt durch einen Meister zu lernen, Meditation wirkt wie ein Tonikum. Beim Kauf liegt eine Gebrauchsanweisung bei. Ignoriert man sie und trinkt alles auf einmal aus, kann es eventuell schädlich wirken. In vergleichbarer Weise sollte man sich fürs Meditieren an die Anweisungen eines spirituellen Meisters halten. Er schätzt zunächst die körperliche und geistige Disposition ein und verordnet dann die am besten geeignete Art der spirituellen Übung. Manche können problemlos beliebig lange meditieren. Aber das gilt nicht für alle. Einige Leute meditieren in einer plötzlichen enthusiastischen Phase sehr lange und folgen dabei keinerlei Regeln oder Anweisungen. Sie kümmern sich nicht einmal um Schlaf. Die Ausführung der Übungen basiert auf keinerlei Kenntnis spiritueller Texte oder den Anweisungen eines Adepten. Sie handeln aus einem Ansturm von Enthusiasmus heraus. Sie können nicht genügend Schlaf finden und der Kopf wird heiß. Das ist eine Folge davon, mehr zu meditieren, als der Körper verkraften kann. Jeder verfügt über eine bestimmte Kapazität, die vom jeweiligen körperlichen und geistigen Zustand abhängt. Quetschen sich fünfhundert Menschen in ein Fahrzeug mit hundert Sitzen, so verliert es seine volle Fahrtüchtigkeit. Füllt man doppelt soviel wie angegeben in eine kleine Mühle, so überhitzt der Motor und brennt vielleicht sogar durch. Ebenso kann der Kopf heiß werden und viele andere Probleme können auftauchen, wenn man in einem Ansturm von Enthusiasmus ohne gesundes Maß stundenlang Japa und Meditation ausführt. Aus diesem Grunde wird empfohlen, seine Übungen unter der Leitung eines *satgurus* auszuführen.

Manche Leute sagen: "Alles ist in mir. Ich selbst bin Gott." Aber es sind lediglich Worte und keine Erfahrung. Die Kapazität aller Instrumente ist begrenzt. Eine Zehn-Watt-Birne kann nicht das Licht einer Hundert-Watt-Birne geben. Ein Generator liefert Strom, wird er jedoch überlastet, brennt er durch. Die Grenze des Maßes der spirituellen Übungen, die wir verkraften können, richtet sich nach der körperlichen und geistigen Verfassung. Es sollte darauf geachtet werden, dieses Maß nicht zu überschreiten.

Ein nagelneues Auto sollte am Anfang nicht zu hochtourig gefahren werden. Im Interesse langer Lebensdauer und gleichmäßiger Funktion darf der Motor nicht überlastet werden. Das gleiche gilt für den spirituellen Sucher bei seinen Übungen. Japa und Meditation sollten nicht im Übermaß und unter Schlafverzicht ausgeführt werden. Es ist wichtig, ein ausgewogenes Verhältnis für körperliche Arbeit, das Studium von Schriften, Meditation und Japa zu finden. Es gibt Menschen, die zu geistigem Ungleichgewicht oder Selbsttäuschung neigen. Bei zu viel Meditation überhitzt ihr Körper und verschlimmert ihren geistigen Zustand. Sie sollten hauptsächlich körperlich arbeiten. Dadurch wird das Ungleichgewicht günstig beeinflusst. Wenn solche Menschen beschäftigt sind, wandern die Gedanken weniger herum und können allmählich unter Kontrolle gebracht werden. Erlaubt man ihnen, ohne körperliche Tätigkeit nur zu sitzen, wird sich ihr Zustand verschlechtern. Sie können täglich 10 –15 Minuten meditieren –allerdings unter der Voraussetzung, dass sie sich nicht unter Spannung befinden. Das ist genug für sie.

So gibt es viele verschiedene Menschentypen. Jeder sollte persönliche Anweisungen erhalten. Lernt man spirituelle Übungen, wie z.B. Meditation, nur aus Büchern, erfährt man nicht, welche speziellen Einschränkungen für einen persönlich gelten, wodurch Probleme entstehen können.

Angenommen, man besucht ein Haus mit einem bissigen Hund davor. Man ruft den Besitzer von außen und wartet, bis der Hund angebunden ist, so dass er einem nichts tun kann. Erst dann geht man hinein. Fehlt es an Geduld und öffnet man einfach das Tor und versucht hinein zu gehen, ist die Wahrscheinlichkeit sehr groß, dass der Hund beisst. Vergleichsweise kann es gefährlich sein, spirituelle Übungen ohne den Rat einer Person mit den entsprechenden Kenntnissen und Erfahrungen auszuführen.

Eine Person befindet sich auf einer Reise durch einen Wald, in dem viele Gefahren lauern, unter anderem gibt es wilde Tiere. Der Reisende benötigt die Hilfe eines Führers, der den Weg kennt. Ist es nicht am besten, jemanden zur Seite zu haben, der sagen kann: Vorsicht, direkt vor uns ist es gefährlich. Sei achtsam! Geh nicht hier entlang, sondern dort!

Es bringt nichts, Gott zu beschuldigen, wenn wir die erhaltenen weisen Richtlinien nicht befolgen und an den Folgen davon leiden. Schieben wir Gott die Schuld für unsere mangelnde Aufmerksamkeit in die Schuhe, ähnelt das dem Auto fahrenden Trunkenbold. Er verlor die Kontrolle über das Fahrzeug und stieß mit einem anderen zusammen! Als die Polizei ihn festnahm, protestierte er und sagte: "Sir, ich kann nichts für den Zusammenstoß! Es ist sicherlich das Benzin schuld!" Wir tun desgleichen, wenn wir Gott für auftretende Gefahren verantwortlich machen, die durch mangelnde Vorsicht verursacht wurden.

Alles hat sein eigenes *dharma* – die ureigenen Codes, Regeln und innewohnende Natur. Wir sollten in Einklang damit leben. Der Meditation liegt ebenfalls eine eigene Methodik zugrunde. Die Meister haben die Regeln und Methoden für alle Arten spiritueller Praxis festgelegt. Gemäß der jeweiligen körperlichen und geistigen Disposition sollte eine passende Art der spirituellen Praktik gewählt werden. Ein und dieselbe Methode ist nicht für jeden geeignet.

Jeder kann sich theoretisches Buchwissen aneignen. Aber um Prüfungen in praktischer Anwendung zu bestehen, braucht man die Hilfe eines Fachmannes, da es schwierig ist, die praktische Seite eines Fachgebietes allein zu bewältigen. Ebenso benötigt ein geistig Suchender einen kompetenten Meister, der ihn auf dem spirituellen Pfad führen kann.

Frage: Wenn Nicht-Dualität die höchste Wahrheit ist, welche Notwendigkeit besteht dann für Devi Bhava?

Amma: Amma ist nicht auf eine göttliche Stimmung (*bhava*) begrenzt. Sie ist jenseits aller *bhavas*. Ist *advaita* nicht eine Erfahrung? Wenn es keine Zweiheit mehr gibt, ist alle Existenz nichts anderes als die Essenz des Selbst – alles ist Gott. Das ist Ammas Botschaft über ihren Devi Bhava. Für Amma existieren keine Unterschiede. Sie erfährt alles als das eine Selbst. Sie ist für die Welt gekommen. Ihr Leben gilt der Welt.

Welche Rolle ein Schauspieler auch spielen mag, er weiß, wer er wirklich ist. Daran ändert sich auch mit wechselnden Rollen nichts. Ebenso ist es gleich, welche Rolle Amma spielt, sie ist sich stets ihres Selbst bewusst und ist durch nichts gebunden. Die Devi-Bhava-Rolle beruht nicht auf Ammas Initiative, sondern entsprach den Wünschen von Gläubigen, die sich dann diesem *Bhava* hingaben. Sie erfreuen sich daran.

Amma besucht viele Orte in Nordindien. Dort kommen viele Krishna-Verehrer. Sie setzen eine Krone mit Pfauenfedern auf Ammas Kopf, geben eine Flöte in ihre Hände und kleiden sie in gelbe Seide, überreichen ihr Butter und führen *arati* aus. Da es ihnen Freude bereitet, lässt Amma es zu. Sie würde niemals sagen: "Ich vertrete Vedanta und kann dies daher nicht akzeptieren!"

Gott ist einerseits form- und eigenschaftslos, verfügt aber andererseits gleichzeitig über Gestalt und Eigenschaften. Gott ist das Bewusstsein, das überall vorhanden ist und alles durchdringt. Aus diesem Grunde lässt sich Gott in jedem *Bhava* finden.

Amma selbst legte in der Anfangszeit keine besondere Kleidung an. Die Verehrer brachten die Kleidungsstücke und Ornamente eines nach dem anderen. Um sie glücklich und zufrieden zu stimmen, begann Amma, die Dinge zu tragen, und es wurde ein Ritual daraus.

In einem Tempel befindet sich immer das Bildnis einer Gottheit. Aber ihr wird während des täglichen *diepa-aradhana*[26] mehr gehuldigt. In dieser Zeit legt man ihr besondere Kleidung und Schmuck an. Dies vermittelt den Gläubigen mehr Freude und Konzentration. Viele Menschen suchen täglich einen Tempel auf, aber bei Tempelfesten ist der Andrang um vieles größer. Das ganze Dorf feiert. In ähnlicher Weise empfinden Leute, die täglich zu Amma kommen Devi Bhava als ein besonderes Fest.

Gott bedarf nicht des Tempelgottesdienstes. Er schenkt den Gläubigen Zufriedenheit und Freude. Ebenso trägt Amma all diese besonderen Kleidungsstücke um ihrer Kinder willen, um deren "Kostüme" zu beseitigen und sie allmählich zur Erfahrung ihrer wirklichen Natur zu erheben.

---

[26] Buchstäblich: Verehrung mit Licht oder Lichtgottesdienst. Dabei werden vor der Gottheit kreisende Bewegungen mit einer Lampe mit brennendem Kampfer ausgeführt.

Kleidung ist für alle in der Welt zum grundlegenden Bestandteil des Lebens geworden. Die Leute tragen verschiedene Frisuren, bringen Tupfer auf der Stirn an und kleiden sich nach unterschiedlicher Mode. Das Leben ist ohnedem nicht möglich, da es zum festen Bestandteil geworden ist. Verschiedene Arten der Kleidung haben ihre jeweilige Bedeutung: die Uniform eines Polizisten, die Robe eines Anwalts und die Kutte eines Mönches lösen unterschiedliche Reaktionen in uns aus.

Ein Mann fällte in einem Wald illegal Nutzholz. Ein Polizist ohne Uniform näherte sich ihm und versuchte, ihn davon abzuhalten. Aber der Mann ignorierte ihn. Der Polizist ging dann fort und kehrte in seiner Uniform zurück. Als der Mann in der Ferne die Uniform erblickte, machte er sich aus dem Staub. Solche Bedeutung kommt einer Uniform zu.

Es fand eine große Party statt. Alle Gäste trugen teure Kleidung und Schmuck. Als einer der Gäste in Alltagskleidung erschien, verweigerte der Portier den Einlass. Nachdem er sich zu Hause umgezogen hatte und in Gesellschaftsanzug erschien, wurde er eingelassen. Als er am Tisch Platz genommen hatte, zog er sein Jackett aus und platzierte es vor eine Schüssel, dann nahm er seinen Hut ab und legte ihn neben einen Teller und seinen Schlips neben eine Teetasse. Die anderen Gäste hielten ihn für verrückt. Er wandte sich ihnen mit den Worten zu: "Als ich hier in meiner Alltagskleidung erschien, verwehrte man mir den Eintritt. Als ich in diesem Anzug kam, wurde ich sofort eingelassen. Daraus schließe ich, dass nicht ich, sondern meine Kleidung zu dieser Party eingeladen wurde."

So ist die Welt heutzutage. Die Menschen setzten ihr Vertrauen in äußere Erscheinung. Sie versuchen, durch ihre Kleidung anziehend zu wirken. Nur wenige schauen auf innere Schönheit. Sinn und Zweck von Ammas Devi-Bhava-Kleidung besteht darin, den Menschen zu helfen, über äußere Erscheinungsbilder hinaus zu wachsen und die wahre Natur zu erkennen.

Steckt ein Dorn im Fuß, nimmt man einen anderen, um ihn zu entfernen. Diejenigen, die Vedanta betreiben und über *advaita* sprechen, laufen nicht ohne Kleidung herum. Sie tragen Kleidung, essen und schlafen wie alle anderen. Ihnen ist bewusst, dass dies für die Existenz des Körpers notwendig ist, und sie halten sich an die landesüblichen Gepflogenheiten.

Die *mahatmas* inkarnieren sich gemäß den Bedürfnissen der jeweiligen Zeit. Sri Rama und Sri Krishna kamen in verschiedenen Zeitaltern. Was immer sie taten, entsprach der Notwendigkeit der Zeit, in der sie lebten. Es wäre sinnlos zu meinen, Krishna müsse genau wie Rama sein. Jede göttliche Inkarnation ist einmalig.

Ein Arzt hat normalerweise viele Patienten. Aber er verschreibt nicht jedem dieselbe Medizin. Erst nach der Anamnese kann er feststellen, welche Behandlungsart der betreffende Patient benötigt. Für manche reicht es, Medizin zu schlucken, während andere Injektionen brauchen. Ebenso variieren auf dem spirituellen Pfad die individuellen Bedürfnisse. Es ist notwendig, sich auf die Ebene der jeweiligen Person zu begeben, um ihr spirituell weiter zu helfen.

Ein und dieselbe Bonbonart befindet sich in Papier unterschiedlicher Farbe. Äußerlich erscheinen die Bonbons verschieden. Ähnlich wohnt ein und dasselbe Bewusstsein in allem. Es ist unmöglich, den Menschen dieses Grundprinzip zu vermitteln, ohne erst auf ihre Ebene hinab zu gehen. Aber anstatt dort mit ihnen zu verharren, besteht das Ziel darin, sie zum all-einen Bewusstsein zu führen. Darauf sind Ammas Bemühungen ausgerichtet.

Man kann nicht mit jedem über *advaita* sprechen. Nicht jeder ist fähig, das Formlose und Eigenschaftslose zu begreifen. Es gibt nur wenige, die den *advaita-Weg* gehen können, wenn er ihnen erklärt wurde. Sie wurden mit den inneren Neigungen geboren, die dafür notwendig sind. Die meisten sind nicht fähig, *advaita* in tiefergehender Weise zu verstehen.

Manche mögen Radha-Krishna [Krishna als der Liebste der *gopi* Radha] am meisten, andere fühlen sich mehr zu Yashoda-Krishna [Krishna als das Kind Yashodas] hingezogen; wiederum andere verehren Murali-Krishna [der Flöte spielende Krishna]. Alle haben ihre persönliche Vorliebe, die ihnen Freude schenkt. Die Menschen erfahren auch Amma in unterschiedlicher Weise. Sie sagt nicht, dass jeder die innere Freude über einen bestimmten Aspekt finden müsse.

Amma nimmt bestimmte *bhavas* an, um sich auf die Ebene der Menschen zu begeben und ihnen dann die allen *bhavas* zugrunde liegende Einheit bewusst zu machen. Ammas Verhalten richtet sich nach den Eigenarten der Menschen. Sie möchte die Menschen mit allen zur Verfügung stehenden Mitteln zur Wahrheit führen. Vernünftig ist allein das, was der Erhebung dient. Das ist alles, was Amma wünscht. Ein Anerkennungs-Zertifikat von der Welt benötigt sie nicht.

Eine Person steht auf dem Balkon, schaut nach unten und sieht jemanden hilflos im Dreck liegen. Von ihrem Standort aus ist es nicht möglich, durch Handausstrecken zu helfen. Es ist notwendig, nach unten zu gehen, die Hände zu ergreifen und die Person hoch zu ziehen. Ebenso ist es nötig, sich auf die Ebene der Menschen zu begeben, um sie spirituell zu heben.

Um zur Hauptstrasse zu gelangen, müssen wir über bestimmte Nebenstraßen gehen. Haben wir sie erreicht, gibt es keinen Mangel an Express-Bussen, um schnell ans Ziel zu kommen. Aber in der einen oder anderen Weise müssen wir die Hauptstasse erreichen. Dafür brauchen wir ein Fahrrad oder eine Riksha. In ähnlicher Weise ist es notwendig, Menschen mit verschiedenen Methoden, die engen Gassen der Gebundenheit entlang zu führen, um ihnen zu helfen, die Hauptstrasse *Vedanta* zu erreichen.

Frage: Amma, stimmt es, dass wir Glückseligkeit erst genießen können, wenn wir die Welt als unwirklich ansehen und ihr entsagen?

Amma: Amma meint nicht, dass wir die Welt als völlig irreal betrachten sollten. Die Bezeichnung "unwirklich" bedeutet in diesem Zusammenhang, dass sie ständigem Wandel unterlegen ist. Machen wir uns davon abhängig, erfahren wir nur Leid. Darauf möchte Amma aufmerksam machen. Auch der Körper verändert sich. Seid nicht zu verhaftet daran. In allen Körperzellen vollziehen sich ständige Veränderungen. Das Leben durchläuft verschiedene Stadien – Kleinkindphase, Kindheit, Jugend, Reife, Alter. Betrachtet deshalb nicht den Körper als Realität und widmet ihm nicht euer ganzes Leben. Versucht, auf eurem Lebensweg die Natur von allem zu verstehen. Dann erübrigt es sich zu leiden. Stellt euch vor, ihr besitzt einen wertvollen Diamanten. Man kann ein schönes Schmückstück daraus fertigen lassen. Isst du ihn stattdessen, stirbst du möglicherweise daran. Ebenso gibt es für alles im Leben einen beabsichtigten Nutzen. Versteht man dies, gibt es keinen Grund für Leid. Deshalb ist es ratsam, sich spirituelle Kenntnisse anzueignen. Ist es nicht besser, vor einem etwaigen Fall zu lernen, wie man ihn vermeiden kann, statt erst dann, wenn wir gefallen sind, nach einer Lösung zu suchen? Kenntnisse über spirituelle Grundlagen ist das allerwichtigste Wissen, das wir uns aneignen können.

Ein Hund kaut an einem Knochen. Er mag den Blutgeschmack und nagt weiter. Erst als ihm schließlich der Gaumen schmerzt, wird ihm klar, dass es sein eigenes Blut war, das aus den verletzten Stellen in seinem Maul strömt. Dem entspricht unsere Suche nach Glück in äußeren Dingen. Wir verlieren dadurch all unsere Stärke. In Wirklichkeit kann es nicht außen gefunden werden, sondern nur in unserem Inneren. Das sollte uns auf unserem Lebensweg bewusst sein.

Frage: Die überwiegende Mehrheit der Menschen von heute interessiert sich ausschließlich für weltliche Angelegenheiten, kaum jemand dafür, sich nach innen zu wenden. Welche Botschaft hat Amma für die Gesellschaft?

Amma: Wir sollen nicht wie ein Hund leben, der sein eigenes Spiegelbild anbellt, da er es für einen echten Hund hält. Es ist wichtig, sich nach innen zu wenden und nicht Schatten nachzulaufen. Amma hat folgende Botschaft, die sich aus der Begegnung mit einigen Millionen spirituellen und weltlichen Menschen ergab: Es ist unmöglich, Frieden zu erfahren, solange man sich nicht davon frei macht, von dieser Welt übermäßig in den Bann gezogen zu werden.

Frage: Ist es möglich, Glückseligkeit während des Erdenlebens zu erleben?

Amma: Selbstverständlich. Glückseligkeit ist nicht etwas, was man nach dem Tode erlangt, sondern im Körper während man in dieser Welt lebt.

Wie Körper und Geist, so sind Spiritualität und Weltlichkeit zwei Lebensaspekte. Sie existieren nicht völlig getrennt voneinander. Spiritualität ist die Wissenschaft, die uns lehrt, wie man glücklich und zufrieden in der materiellen Welt leben kann.

Es gibt zwei Bildungsarten. Die eine befähigt dazu, eine geeignete Arbeitsstelle zu finden, die andere zeigt, wie man ein zufriedenes, friedfertiges Leben führen kann. Das ist Spiritualität, geistiges Wissen.

Hat man eine gute Landkarte, braucht man sich auf der Reise zu einem unbekannten Ort nicht zu sorgen. Ebenso kann keine Krise uns übermannen, wenn spirituelle Prinzipien als Wegweiser fürs Leben angewendet werden. Dadurch lernt man, alle Situationen einzuschätzen und damit umzugehen. Spiritualität ist die Wissenschaft praktischer Lebensführung. Sie lehrt uns, die Natur der Welt zu erkennen, das Leben zu verstehen und in der bestmöglichen Weise ein ausgefülltes Leben zu führen.

Wir gehen ins Wasser, um erfrischt und sauber wieder heraus zu kommen. Wir haben nicht vor, immer darin zu bleiben. In vergleichbarer Weise dient die Lebensweise des Haushälters dazu, Hindernisse auf dem Weg zu Gott zu beseitigen. Sind wir diese Lebensart einmal eingegangen, ist es wichtig, dass wir uns des wahren Sinns des Lebens bewusst sein und voran gehen. Unser Leben sollte nicht dort enden, wo es angefangen hat. Wir haben die Aufgabe, uns von allen Anhaftungen zu befreien und Gott zu verwirklichen.

Die Einstellung "mein" ist die Ursache allen Gebundenseins. Familienleben sollte als eine Gelegenheit gesehen werden, uns von dieser Haltung zu befreien. Ihr sagt: "meine Frau oder mein Mann, meine Kinder, meine Eltern usw. Aber gehören sie wirklich euch? Wäre das der Fall, würden sie für immer bei euch sein. Nur wenn wir in diesem Bewusstsein leben, können wir spirituell wirklich erwachen. Das bedeutet nicht, dass wir unsere Verpflichtungen aufgeben können. Wir sollten mit Freude allen Lebensaufgaben als unsere Pflicht nachkommen. Allerdings gilt es, darauf zu achten, dass wir keine Anhaftung entstehen lassen.

Es gibt einen Unterschied zwischen jemandem, der für ein Einstellungsgespräch erscheint und einer Person, die gerade eine Arbeitsstelle beginnt, die bereits fest ausgemacht ist. Derjenige, dem das Einstellungsgespräch bevorsteht, wird sich darüber sorgen, welche Art von Fragen gestellt wird, ob sie zufriedenstellend beantwortet werden können und ob man die Stelle erhält. Der Bewerber steht unter Spannung. Ganz anders sieht es für die andere Person aus, die gerade die neue Stelle antritt, da sie für die Arbeit ausgewählt wurde und daher eine bestimmte Freude verspürt. Ebenso werden wir eine gewisse Freude fühlen, wenn wir die Grundlagen der Spiritualität verstanden haben, weil wir dann wie die Person, die angestellt wurde, keinen Grund mehr haben, uns zu sorgen.

Nehmen wir einmal an, du brauchst etwas Geld und denkst daran, eine befreundete Person um Hilfe zu bitten. Dir ist klar, dass es vielleicht gegeben wird, eine Absage aber ebenso gut möglich ist.

Reagiert sie großzügig und möchte helfen, mag es sein, dass mehr als erwartet gegeben wird. Aber es kann auch geschehen, dass sie sich abwendet und tut, als ob sie dich nicht kenne. Ist man sich der Möglichkeiten vorher bewusst, ist man weder überrascht, noch enttäuscht – ganz gleich, wie die Reaktion ausfällt.

Ein guter Schwimmer genießt es, inmitten der Meereswellen zu schwimmen. Wer nicht schwimmen gelernt hat, würde darin ertrinken. Ebenso kann derjenige, der die Grundprinzipien der Spiritualität begriffen hat, jeden Augenblick im Leben in Freude verbringen. Alle Situationen können dann mit einem Lächeln gemeistert werden, nichts kann einen erschüttern. Betrachtet das Leben Sri Krishnas. Selbst als seine Familienangehörigen und Sippe, die Yadavas, einander bekämpften, verschwand das Lächeln nicht von seinen Lippen. Es verging auch nicht bei den Diskussionen mit den Kauravas in seiner Eigenschaft als Gesandter der Pandavas. Als er als Arjunas Wagenlenker fungierte, umspielte ein wunderbares Lächeln seine Lippen. Dasselbe Lächeln zeigte er, als Gandhari ihn verfluchte. Das gesamte Leben Krishnas war ein großes Lächeln. Lassen wir eine spirituelle Lebensführung zu, erfahren wir wahre Freude.

Das Leben sollte wie eine Vergnügungsreise sein. Sehen wir etwas Schönes, ein hübsches Haus oder eine Blume am Wegesrand, betrachten wir dies und erfreuen uns daran. Wir genießen die Anblicke, aber verharren nicht, sondern setzen den Weg fort. Wenn es an der Zeit ist heim zu kehren, lassen wir die Dinge hinter uns, ganz gleich wie schön sie sind, da es für uns nichts Wichtigeres gibt, als heim zu kehren. Desgleichen sollten wir unser wirkliches Zuhause, zu dem wir zurückkehren müssen, nicht vergessen – ganz egal in welchen Lebensumständen wir uns befinden. Niemals dürfen wir zulassen, das Ziel aus den Augen zu verlieren, ganz gleich, wie viel schönen Dingen wir auf unserem Lebensweg begegnen. Es gibt nur einen Ort, den wir unser eigen nennen und wo wir uns ausruhen können, und das ist unser Ursprung – unser Selbst.

Ein Vater hatte vier Kinder. Als er alt wurde, drängten ihn seine erwachsenen Söhne und Töchter, seinen Besitz unter ihnen aufzuteilen. Sie wollten sich jeder ein eigenes Haus darauf errichten. "Wir werden uns um dich kümmern. Wir sind zu viert, also kannst du bei jedem drei Monate im Jahr wohnen. Das wird auch für dich gut sein." Der Vater freute sich über dieses Angebot von allen vieren. So wurde das Land aufgeteilt. Das Haus der Familie und umgebende Grundstück ging an den ältesten Sohn. Die anderen erhielten ihre jeweiligen Anteile, auf denen sie ein Haus errichteten. Der Vater blieb zunächst im Haus des ältesten Sohnes. Die ersten Tage wurde er liebevoll und mir Respekt behandelt. Aber schon bald verflog der Enthusiasmus der Familie, sich um den alten Mann zu kümmern. Im Verlaufe der Zeit verfinsterten sich die Gesichter des Sohnes und der Schwiegertochter. Es war schwierig für den Vater, aber er hielt irgendwie einen Monat lang durch. Dann hatte er das Gefühl, dass sie nahe daran waren, ihn hinaus zu werfen. Er zog nun zum zweitältesten Kind, einer Tochter. Sie und ihr Mann zeigten ebenfalls ein wenig anfängliche

Begeisterung; aber das änderte sich bald und nach nur fünfzehn Tagen wurde er hinaus geworfen. Im Haus des dritten Kindes blieb er nur zehn Tage, da sie ihn dort überhaupt nicht duldeten. Beim Jüngsten stellte er fest, dass man schon nach fünf Tagen vorhatte, ihn hinaus zu befördern. So ging er fort und verbrachte den Rest seines Lebens damit herum zu wandern, da er keine Unterkunft hatte.

Als der Vater das Eigentum unter seinen vier Kindern aufteilte, hegte er die Hoffnung, dass sie sich für den Rest seines Lebens um ihn kümmern würden. Aber das war nur ein Traum. Nach nur zwei Monaten wurde er von seiner gesamten Familie im Stich gelassen.

Es ist wesentlich, die Natur menschlicher Liebe zu begreifen. Erwarten wir, dass bestimmte Menschen sich um uns kümmern, führt das nur zu Kummer. Deshalb sollten wir freudig und ohne Erwartung unseren Pflichten nachkommen; und wenn die richtige Zeit gekommen ist, gilt es, uns dem wahren Weg zuzuwenden - dem spirituellen Pfad.

Das bedeutet nicht, unsere Verpflichtungen aufzugeben. Es ist wichtig, unser *dharma* zu erfüllen. So haben Eltern z.B. die Pflicht, sich um ihre Kinder zu kümmern. Aber wenn sie erwachsen und eigenständig sind, ist es am besten, die Verhaftung aufzugeben und nicht zu erwarten, dass sich die Kinder um einen kümmern. Wir sollten unser wirkliches Lebensziel nicht aus den Augen verlieren, sondern ihm entgegen streben. Es ist nicht gut, uns ausschließlich auf Kinder und Enkel zu konzentrieren und uns dadurch zu begrenzen.

Der auf einem trockenen Zweig sitzende Vogel ist stets wachsam, bereit, jederzeit davon zu fliegen, da er weiß, dass er jeden Moment brechen kann. Ebenso sollten wir bei unserem Leben in der Welt stets achtsam sein, wenn wir den verschiedenen Aktivitäten nachkommen und bereit sein, in die Welt des Selbst aufzusteigen, in dem Bewusstsein, dass in dieser Welt nichts von Dauer ist. Dann kann uns nichts binden oder Kummer bereiten.

Frage: Amma, du sagst häufig, dass Gott uns hundert Schritte entgegen kommt, wenn wir einen auf ihn zu gehen. Heißt dies, dass Gott weit entfernt ist?

Amma: Nein. Es bedeutet, dass alle anderen guten Eigenschaften sich auf natürliche Weise in einem entwickeln, wenn man sich bemüht, eine einzige zu kultivieren.

Eine Frau erhielt einmal einen wunderschönen kristallenen Kronleuchter als ersten Preis in einem Kunstwettbewerb. Sie hängte ihn ins Wohnzimmer. Während sie dessen Schönheit bewunderte, fiel ihr auf, dass der Wandanstrich begann abzublättern. So entschloss sie sich, die ganze Wand neu zu streichen. Als sie fertig war, sah sie, dass die Fenstervorhänge dreckig waren und machte sich sofort ans Waschen. Nun entdeckte sie, dass der Teppich auf dem Fußboden abgetreten war. Sie wechselte ihn gegen einen neuen aus. Schließlich sah der Raum wie neu aus. Es nahm seinen Anfang mit dem Aufhängen eines neuen Leuchters und endete damit, dass der ganze Raum verschönert und gesäubert wurde – sich völlig veränderte. In ähnlicher Weise werden viele gute Dinge im Leben folgen, wenn man beginnt, eine gute Sache regelmäßig zu tun. Es wirkt wie eine Neugeburt. Gott ist der Ursprung aller guten Eigenschaften. Eignet wir uns welche davon an, werden andere Tugenden folgen. Nur auf solche Weise ist Transformation möglich.

Schüler oder Studenten erhalten oft Zusatzpunkte (Gnadenpunkte), damit sie die Prüfung bestehen können. Obwohl jeder in Frage kommt, werden sie nur an diejenigen gegeben, die eine Mindestanzahl an Punkten zusammen gebracht haben. Bemühung vonseiten des Schülers ist also notwendig. Ebenso fließt uns ständig Gottes Gnade zu. Aber um davon zu profitieren, müssen wir eigene Mühe eingeben. Verfügen wir nicht über die notwendige Empfänglichkeit, können wir selbst dann keinen Nutzen daraus ziehen, wenn Gott uns seine Gnade zuströmen lässt. Was bringt es, sich über mangelndes Sonnenlicht zu beklagen, wenn wir selbst alle Türen und Fensterklappen unseres Zimmers geschlossen haben? Das Sonnenlicht strahlt überall. Um es zu erfahren, müssen wir lediglich die Türen und Fenster öffnen. In vergleichbarer Weise lässt uns Gott ständig seine Gnade zukommen, aber wir müssen die Türen unseres Herzens öffnen, um sie zu empfangen. Das bedeutet, dass wir unserer eigenen inneren Gnade bedürfen, um die göttliche empfangen zu können. Gott ist unendlich mitfühlend. Wir sind es, denen es an Barmherzigkeit uns selbst gegenüber mangelt, und das hindert uns am Empfang göttlicher Gnade.

Wenn uns jemand ein Geschenk reicht und wir verhalten uns arrogant, wird der Betreffende seine Hand zurücknehmen und denken: "Welch ein dickes Ego! Ich glaube, ich gebe diesem Menschen mein Geschenk doch nicht, ich schenke es lieber jemand anderem." Das bedeutet, dass wir uns selbst die notwendige Gnade versagt haben, um das Geschenk zu erhalten. Unser Ego war die Ursache. Wir konnten das Dargebotene nicht bekommen, weil in unserem Bewusstsein nicht ausreichend Gnade uns selbst gegenüber vorhanden war.

Bei bestimmten Anlässen sagt uns unsere Unterscheidungskraft, etwas zu tun. Aber unser Gemüt stellt sich dagegen. Die Einsicht meint: "Sei demütig", das Ego jedoch: "Nein! Diesen Leuten gegenüber zeige ich keine Bescheidenheit. Das Ergebnis ist: Vieles, was wir hätten haben können, ist für uns verloren. Was wir hätten erreichen können, bleibt uns versagt.

Um Gottes Gnade zu erhalten, benötigen wir zunächst unsere eigene. Deshalb sagt Amma immer: "Meine Kinder, bewahrt stets die Haltung eines Anfängers!" Solche Einstellung schützt davor, dass sich das Ego breit macht.

Man mag vielleicht die Frage einwenden: "Bleibe ich immer ein Anfänger, bedeutet das nicht, dass ich niemals Fortschritte mache?" Keinesfalls. Die Haltung eines Anfängers beinhaltet, völlige Offenheit zu bewahren, sowie Aufmerksamkeit und Aufnahmefähigkeit. Nur auf diese Weise kann Weisheit und Wissen aufgenommen werden.

Man mag sich vielleicht fragen, wie man in der Gesellschaft funktionieren und seiner Arbeit nachkommen kann, wenn man sich immer unschuldig und kindlich verhält. Dies ist nicht mit Schwäche gleich zu setzen – weit davon entfernt. Verlangt es die Situation, muss man ebenfalls Stärke und Durchsetzungsvermögen aufbringen. Trotzdem sollte man soweit wie möglich, offen und empfänglich wie ein Kind sein.

Alles hat sein eigenes *dharma*, und dementsprechend gilt es zu handeln. Frisst eine Kuh eine wertvolle Pflanze und wir bitten sie höflich weg zu gehen: "Meine liebe Kuh, würdest du bitte woanders hingehen?" wird sie sich natürlich nicht von der Stelle rühren. Sie wird sich jedoch in Bewegung setzen, wenn wir schreien: He, Kuh! Verschwinde! Wir können das nicht als Egoismus bezeichnen, da wir eine Rolle spielen, um die Ignoranz eines anderen Wesens zu korrigieren, und das ist nicht falsch. Aber tief innerlich sollten wir uns immer als Anfänger fühlen.

Heutzutage sind zwar die Körper der Menschen gewachsen, aber dem Innenleben fehlt es an Weite. Damit es das ganze Universum umspannen kann, sollte man zunächst wie ein Kind werden – nur ein Kind kann wachsen. Leider sind die Gemüter heute von Selbstsucht erfüllt. Deshalb sollten wir uns bemühen, unser Ego zu vernichten. Das bedeutet, sich vollkommen auf andere einzustellen. Nehmen wir einmal an, zwei Autos kommen auf einer engen Straße aufeinander zu. Lehnen beide Fahrer es ab auszuweichen, kann keiner weiter kommen. Ist wenigsten einer von ihnen bereit, etwas zurück zu setzen, ermöglicht dies beiden die Weiterfahrt.

In diesem Fall kommt das Nachgeben der beiden Fahrer zugute. Aus diesem Grunde gibt es die Redensart, dass Nachgeben voranbringe. Es fördert sowohl den Nachgebenden, als auch denjenigen, der diese Geste empfängt. Wir sollten stets die praktische Seite im Auge haben. Das Ego steht dem Fortschritt im Wege.

Gott ist immer barmherzig. Er schenkt uns ständig seine Gnade – mehr als wir aufgrund unseres Verhaltens verdienen würden. Gott ist nicht nur ein Richter, der uns für unsere guten Taten belohnt und die schlechten bestraft – er ist das Mitgefühl selbst, eine Quelle unendlicher Gnade. Er vergibt unsere Fehler und überschüttet uns mit seiner Gnade. Gott kann uns jedoch nur retten, wenn wir wenigstens etwas Mühe einsetzen. Tun wir das nicht, können wir die göttliche Gnade nicht aufnehmen. Gott ist ein Ozean der Barmherzigkeit. Deshalb können wir für unsere Fehler nicht Gott beschuldigen.

Als Prinzessin Rukmini verheiratet werden sollte, konnte Krishna sie in seinen Wagen heben und mitnehmen, weil sie ihm die Arme entgegen streckte.[27] Es muss also unsererseits eine Bemühung, bzw. ein entschiedenes Hinwenden erfolgen.

Bei einem Vorstellungsgespräch kann es vorkommen, dass Kandidaten nicht alle Fragen richtig beantworten, aber trotzdem genommen werden. Das Verständnis des Interviewers ist dafür ausschlaggebend. Es entspricht göttlicher Gnade. Andererseits werden Kandidaten oft nicht ausgewählt, auch wenn sie alle

---

[27] Prinzessin Rukmini von Vidarbha liebte Krishna und wollte ihn als Mann. Sie sandte einen Botschafter an Krishna mit der Bitte, sie an dem Tag zu holen, an dem sie König Sisupala zur Frau gegeben werden sollte. Krishna erschien zur Feier und entführte sie in seiner Kutsche. Jeder, der ihn daran hindern wollte, wurde in die Flucht geschlagen.

Fragen perfekt beantworten, alle notwendigen Qualifikationen haben und viele Empfehlungsschreiben. Die göttliche Gnade, die durch den Personalchef wirkt, stand dann nicht zur Verfügung. Das zeigt uns, dass außer Bemühung noch göttliche Gnade notwendig ist.

Wir sind keine isolierten Inseln. Unsere Leben sind wie Kettenglieder miteinander verbunden. Wir gehören zur Lebenskette. Ob wir uns dessen bewusst sind oder nicht, jede Handlung hat eine Auswirkung auf andere.

Es ist nicht richtig zu glauben, dass wir erst gut werden, wenn alle anderen sich geändert haben. Wir sollten gewillt sein uns zu wandeln, auch wenn niemand anders es tut. Mit der Besserung zu warten, bis alle um uns herum es getan haben, entspricht der Hoffnung, ins Wasser zu gehen, wenn alle Wellen des Meeres abgeklungen sind. Anstatt auf Besserung anderer zu warten, sollten wir uns um unsere eigene Transformation bemühen. Dann werden wir ebenfalls in anderen Veränderungen bemerken. Wir sollten auf jeden Gedanken und jede Handlung achten.

Unser Leben sollte von Mitgefühl erfüllt sein, mit der Bereitschaft, den Armen zu helfen. Niemand ist fehlerlos. Sobald wir einen Fehler in jemandem entdecken, sollten wir sofort in uns selbst hineinschauen. Dann werden wir erkennen, dass der Mangel in uns selbst liegt.

Selbst wenn jemand ärgerlich wird, sollten wir verstehen, dass es sich um ein *samskara* handelt (die Gesamtheit der Impressionen und tief verwurzelten Tendenzen, die in zahllosen Leben entstanden sind). Dann wird es uns möglich sein, der wütenden Person zu vergeben, dann werden wir die Stärke haben zu vergeben. Eine solche Haltung wirkt positiv auf unsere Gedanken, Worte und Handlungen. Unsere guten Handlungen ziehen die göttliche Gnade auf uns. So wie gute Handlungen gute Früchte bringen, so ergeben sich aus schlechten ausschließlich ungute Folgen. Üble

Handlungen verursachen Leid. Deshalb sollten wir stets darauf achten, dass wir positiv handeln. Dann wird die göttliche Gnade uns erreichen. Haben wir sie erhalten, gibt es keinerlei Grund, uns über ein leidvolles Leben zu beschweren.

Das Leben lässt sich mit dem Pendel einer Uhr vergleichen: Es bewegt sich ständig zwischen den Gegensätzen Leid und Glück hin und her. Um fähig zu sein, das Leid ebenso wie das Glück anzunehmen, ist spirituelles Verständnis notwendig. Auf diese Weise können wir leicht die Wucht des Ausschlagens in beide Richtungen auffangen, weil wir die wahre Natur der Dinge verstehen. Meditation ist die Methode, die wir dafür einsetzen.

Selbst einer üblen Person wohnt die Möglichkeit inne, gut zu werden. Es gibt kein Menschenwesen, das nicht über zumindest eine göttliche Eigenschaft verfügt. Mit Geduld kann die Göttlichkeit im Menschen erweckt werden. Wir sollten uns um die entsprechende Haltung bemühen. Sehen wir das Gute in allem, wird uns göttliche Gnade erfüllen. Diese Gnade ist die Quelle allen Erfolges im Leben.

Wenden wir uns alle von einer Person ab und denken nur an die begangenen Fehler, was für eine Zukunft steht dem Betreffenden dann offen? Sehen wir hingegen das wenige Gute, das noch in jemandem vorhanden ist und ermutigen die Person, diese Eigenschaft zu kultivieren, so tragen wir damit zur Weiterentwicklung bei. Vielleicht resultiert daraus sogar das Entstehen von Größe. Sri Rama war gewillt, sich vor Königin Kaikeyi zu verneigen, die seine Verbannung in den Wald verursacht hat. Jesus Christus wusch Judas Füße, obwohl er wusste, dass dieser ihn betrügen würde. Als die Frau, die den Propheten Mohammed einmal mit Dreck beworfen hatte, krank wurde, kam er ungefragt, um sich um sie zu kümmern. So sehen die Beispiele aus, die große Seelen uns geben. Die leichteste Art und Weise zu beständigem Frieden und Glück im Leben besteht darin, dem Weg zu folgen, den sie uns aufgezeigt haben.

Göttlichkeit schlummert in jedem. Bemühung zur Erweckung von Göttlichkeit in anderen erweckt die eigene.

Es gab einmal einen Meister, der gerne in ein bestimmtes Dorf ziehen wollte. Er schickte zwei seiner Jünger hin, um heraus zu finden, wie die Leute waren, die dort lebten. Der erste kehrte nach seinem Besuch dort bald zurück und sagte zum Meister: 'Alle Leute dort sind von der übelsten Sorte - Räuber, Mörder, Prostituierte. Nirgendwo anders wird man solch verruchte Menschen antreffen.'

Als der zweite Jünger zurückkam, berichtete er: "Die Dorfbewohner sind recht gute Leute. Niemals zuvor bin ich solch gutherzigen Menschen begegnet." Der Meister war erstaunt über solch entgegengesetzte Meinungen über ein und dasselbe Dorf." Als er nach Erklärungen fragte, antwortete der erste: "Im ersten Haus, das ich betrat, wurde ich von einem Mörder begrüßt, im zweiten lebte ein Räuber und im dritten sah ich eine Prostituierte. Ich war so entmutigt, dass ich keine weiteren Häuser mehr aufsuchte. Ich verließ den Ort schnellstens und kehrte hierher zurück. Wie kann ich etwas Gutes über ein Dorf sagen, in den solch schlechte Menschen wohnen?"

Der Meister wandte sich an den zweiten Jünger, und bat ihn zu beschreiben, was er gesehen habe. Er antwortete: "Ich ging in dieselben Häuser wie er. Im ersten traf ich einen Räuber. Als ich eintraf war er damit beschäftigt, den Armen zu essen zu geben. Es ist seine Gewohnheit, die Hungernden im Dorf ausfindig zu machen und ihnen Nahrung zu bringen. Als ich diese gute Seite ihn ihm sah, war ich hoch erfreut.

Im zweiten Haus wohnte ein Mörder. Als ich eintraf, kümmerte er sich um einen Armen, der auf der Straße lag. Es erstaunte mich, bei ihm Mitgefühl zu sehen. Sein Herz war nicht völlig hart.

Als ich dies sah, wurde mir warm ums Herz. Das dritte Haus, das ich aufsuchte, gehörte einer Prostituierten. Es lebten vier Kinder in dem Haus. Als ich mich erkundigte, erfuhr ich, dass es Waisen waren, die sie unter ihre Fittiche genommen hatte und aufzog. Als ich diese wunderbaren Eigenschaften in denjenigen sah, die als die übelsten Charaktere im Dorf gelten, konnte ich mir kaum eine Vorstellung davon machen, wie edel die anderen sein müssten! So war ich durch den Besuch in den ersten drei Häusern sehr von den Menschen in dem Dorf beeindruckt.

Den Menschen den Rücken zu kehren und zu behaupten, überall gäbe es nur Übel, entspricht der Art und Weise der Bequemen. Wenn wir, anstatt über das Übel der anderen zu sprechen, alles daran setzen würden, das Gute in uns selbst zu wecken, dann könnten wir anderen Licht spenden. Das ist die leichteste Methode, um sowohl in sich und damit auch in der Gesellschaft positive Veränderungen zu bewirken. Statt die umgebende Dunkelheit zu beschuldigen, entzündet lieber im Inneren das eigene kleine Licht. Fühlt euch nicht eingeschüchtert durch den Gedanken, mit diesem kleinen inneren Licht die Dunkelheit der Welt zu vertreiben. Wer einfach sein Licht entzündet und vorwärts geht, wird es bei jedem Schritt auf dem Weg leuchten lassen. Die Umgebung wird davon profitieren.

Nun, meine Kinder, lasst uns den Docht der Liebe in uns entfachen und vorwärts schreiten. Gehen wir jeden Schritt voran mit positiver Einstellung und einem Lächeln, werden uns alle guten Eigenschaften zufallen und unser Sein erfüllen. Dann kann Gott uns nicht fern bleiben. Er wird uns in Seine Arme nehmen und uns halten. Jeder Augenblick unseres Lebens wird dann von Harmonie und Frieden erfüllt sein.

Glossar

Advaita – Nicht-Dualismus (Einheit, wörtlich: keine Zweiheit). Die Philosophie, die lehrt, dass die höchste Realität 'das Eine ohne ein Zweites' ist.

Ahimsa – Gewaltlosigkeit. Keinem Lebewesen in Gedanken, Worten oder Taten schaden.

Arati –Lichtritual mit brennendem Kampfer; außerdem wird eine Glocke vor einer Tempelgottheit oder einer heiligen Person zum Schluss der *puja* (Gottesdienst) geläutet. Kampfer verbrennt ohne Rückstand, was die völlige Vernichtung des Egos symbolisiert.

Ardhanarisvara – Halb männliche und halb weibliche Gottheit, die die Einheit von Shiva und Shakti – Gott und Göttin – symbolisiert.

Arjuna – Der dritte der fünf Pandava-Brüder. Ein hervorragender Bogenschütze und einer der Helden der *Mahabharata*. Er war Krishnas Freund und Jünger. Es ist Arjuna, an den Krishna die *Bhagavad Gita* richtet.

Ashram – 'Ort des Strebens' Ein Ort, wo spirituelle Sucher wohnen oder den sie besuchen, um ein spirituelles Leben zu führen und spirituelle Praktiken auszuüben. Meistens lebt dort ein Meister, Heiliger oder Asket, der die Suchenden lenkt und leitet.

Asura – Dämon.

Atman – Das wahre Selbst. Die essentielle Natur unseres wahren Seins. Zu den grundlegenden Lehren des *Sanatana Dharma* gehört: Wir sind nicht unser physischer Körper, Gefühle, Denken, Intellekt oder unsere Persönlichkeit, sondern unser ewiges, reines, makelloses Sein.

Bhagavad Gita – 'Lied des Glückseligen' *Bhagavad* = des Herrn; *gita* = Lied, insbesondere mit dem lehrreichem Inhalt. Die Lehren, die Krishna zu Beginn des Mahabharata-Krieges Arjuna auf dem Kurukshetra-Schlachtfeld erteilte. Sie ist ein praktischer Ratgeber für das tägliche Leben und enthält die Essenz vedischer Weisheit.

Bhajan – hingebungsvoller Gesang.

Bhakti – Hingabe und Liebe.

Bhava – Göttliche Stimmung oder Haltung.

Bhava darshan – Bei diesem Anlass empfängt Amma die Gläubigen in der Stimmung der göttlichen Mutter

Bhishma – Der Großvater der Pandavas and Kauravas. Obwohl er während des Mahabharata-Krieges auf der Seite der Kauravas kämpfte, war er ein Vertreter der Rechtschaffenheit (*dharma*) und sympathisierte mit den Pandavas. Nach Krishna ist er die bedeutendste Gestalt in der *Mahabharata*.

Brahma – Der göttliche Schöpferaspekt.

Brahmachari – Ein zölibatär lebender Jünger, der spirituelle Disziplin praktiziert und in der Regel von einem spirituellen Meister unterwiesen wird.

Brahmacharya – 'Sich in Gott bewegen'. Zölibat und Disziplin der Sinne und des Gemüts.

Brahman – Die absolute Realität, das höchste Sein; die Gesamtheit; das All-Umfassende und All-Durchdringende, das All-Eine und Unteilbare.

Darshan – Audienz mit oder der Anblick einer heiligen Person oder Gottes.

Deva – Himmlisches Wesen

Devi Bhava – 'Die göttliche Stimmung Devis.' Der Zustand, in dem Amma ihre Einheit und Identität mit der göttlichen Mutter offenbart.

Dharma – Auf Sanskrit bedeutet *dharma* 'das, was aufrecht erhält (die Schöpfung).' Am häufigsten steht dieser Ausdruck für das, was die Harmonie im Universum aufrechterhält. *Dharma* hat viele Bedeutungen, u.a. göttliches Gesetz, der Existenz zugrunde liegende Gesetzmäßigkeit, Rechtschaffenheit, Religion, Pflicht, Aufgabe, Tugendhaftigkeit, Gerechtigkeit, Güte und Wahrhaftigkeit. *Dharma* beinhaltet die inneren Prinzipien von Religion. Eine bekannte Definition von *dharma*: Es führt zur spirituellen Erhebung und zum allgemeinen Wohlergehen aller Geschöpfe. Das Gegenteil von *dharma* ist *adharma*.

Gopi – Die *gopis* waren Kuhhirtinnen und Milchmädchen, die in Brindavan lebten. Sie waren Krishnas engste Anhänger und den Konflikt zwischen den Pandavas und Kauravas und den großen Kurukshetra-Krieg. Die *Mahabharata* – das längste Epos in Gedichtsform in der ganzen Welt – wurde ungefähr 3200 vor Christus von dem Weisen Vyasa verfasst.

Mahatma – große Seele.

Mantra - Heilige Formel oder Gebet, das ständig wiederholt wird. Dadurch werden die ruhenden spirituellen Kräfte erweckt, was dazu beiträgt, das Ziel zu erreichen. Am effektivsten ist es, wenn es von einem spirituellen Meister durch Einweihung gegeben wurde.

Manu – Er gilt als der Vater der Menschheit und Herrscher der Erde. In den Schriften ist die Rede von vierzehn aufeinanderfolgenden Manus. *Manusmriti* ist ein Gesetzbuch nach Manu und wird dem Svayambhuva Manu zugeschrieben – dem ersten der vierzehn Manus. Die Aussage über den Schutz der Frau, die in diesem Buch zitiert wird, ist im *Manusmriti* enthalten.

Maya – "Illusion". Die göttliche Kraft oder der Schleier, der die Wirklichkeit verbirgt und den Eindruck der Vielheit/Vielfältigkeit erweckt, wodurch die Täuschung der Trennung entsteht. Da *maya* Wirklichkeit verschleiert, täuscht sie uns, macht uns glauben, dass Vollkommenheit und Ganzheit außerhalb von uns selbst zu finden sind.

Moksha –Befreiung.

Nirguna – ohne Eigenschaften.

Pada puja – Die Verehrung der Füße Gottes, des Gurus oder eines Heiligen. So wie die Füße den Körper tragen, stützt das Guru-Prinzip die höchste Wahrheit. Daher repräsentieren die Füße des Gurus die höchste Wahrheit.

Pandavas – Die fünf Brüder Yudhisthira, Bhishma, Arjuna, Nakula and Sahadeva. Sie waren die Söhne König Pandus und sind die Helden des Epos *Mahabharata*.

Parabhakti – Die höchste Form der Hingabe, bei der es keine Wünsche mehr gibt und Einheit mit der geliebten, all-durchdringenden Gottheit erfahren wird.

Paramatman –Das höchste Sein; Brahman.

Prarabdha – "Verpflichtungen, Belastungen." Die Früchte vergangener Handlungen in diesem und anderen Leben, die in diesem Leben zum Tragen kommen.

Puja – Ritual der Verehrung, zeremonieller Gottesdienst.

Purana –Es gibt achtzehn Haupt-*Puranen* und achtzehn Neben-*Puranen*. Diese alten Texte enthalten Geschichten über Gottheiten und deren Inkarnationen.

Purna – Voll, Vollständig, Vollkommen, ganz.

Purnavatar – Herabkunft des namenlosen, formlosen, unveränderlichen Göttlichen auf der Erde in menschlicher Gestalt. Sinn und Zweck einer göttlichen Inkarnation besteht darin, *dharma* wieder herzustellen, bzw. zu erhalten, sowie Erhebung der Menschheit, indem sie auf ihr höheres Selbst aufmerksam gemacht wird.

Rama – "Geber von Freude." Das göttliche Heldenepos *Ramayana*. Er war eine Inkarnation Vishnus und gilt als eine Verkörperung von *dharma* und Tugend.

Rasa-lila – "Ekstatisches Spiel." Bezieht sich auf den Tanz Krishnas mit den *gopis* in Brindavan, als er vor jeder einzelnen *gopi* erschien und mit allen gleichzeitig tanzte.

Ravana –Der Dämonenkönig von Sri Lanka, der Bösewicht im *Ramayana*.

Rishi – *Rsi* = wissen, erkennen. Selbstverwirklichter Seher; bezieht sich in der Regel auf die sieben Rishis des alten Indiens –selbstverwirklichte Seelen, die die höchste Wahrheit wahrnehmen ("sehen") konnten, und ihren Erkenntnissen durch das Verfassen der Veden Ausdruck verliehen.

Samadhi – *Sam* = mit; *adhi* = der Herr. Einheit mit Gott; Zustand tiefer Konzentration, in der alle Gedanken verschwinden. Der Geist kommt in einen Zustand völliger Stille, in der nur reines Bewusstsein verbleibt, solange man sich im höchsten Geistselbst (*atman*) befindet.

Samskara – Die Gesamtheit der Eindrücke aus diesem und anderen Leben, die in uns vorhanden sind. Unser Leben, Naturell, Handlungen, Geisteshaltung usw. werden dadurch beeinflusst. Weitere Bedeutung: allen innewohnende Güte und Verfeinerungen des Charakters; mentale Disposition, gute Eigenschaften, die in der Vergangenheit kultiviert wurden.

Sanatana Dharma – "Die ewige Religion," die traditionelle Bezeichnung für den Hinduismus.

Sannyasi – Ein Mönch oder eine Nonne mit offiziell abgelegtem Gelübde der Entsagung. Ein *sannyasi* trägt traditionsgemäß ein orange-farbenes Gewand, das das Verbrennen des Körperbewusstseins repräsentiert.

Satguru – Ein selbstverwirklichter spiritueller Meister.

Satsang – *Sat* = Wahrheit, Sein; *sanga* = Gemeinschaft/Zusammensein mit. Aufenthalt in der Gegenwart eines Weisen; auch spirituelle Vorträge von einem Weisen oder Gelehrten.

Shakti – Kraft. Shakti ist ein Name der Mutter des Universums, dem dynamischen Aspekt Brahmans.

Shiva – "Der Glücksverheißende, der Gnadenvolle, der Gute." Eine Ausdrucksform des höchsten Seins; das männliche Prinzip; der statische Aspekt Brahmans. Ferner der Aspekt der Dreifaltigkeit, der mit der Zerstörung des Universums, der Vernichtung dessen, was unwirklich ist, in Zusammenhang gebracht wird.

Sita – Ramas Gemahlin. In Indien wird sie als die ideale Verkörperung des Weiblichen betrachtet.

Tamas –Dunkelheit; Trägheit; Apathie; Unwissenheit. *Tamas* ist eine der drei *gunas* oder grundlegenden (Ur-)Eigenschaften der Natur.

Tapas – "Hitze." Selbst-Disziplin, Askese, Bußübungen, Selbstaufopferung; spirituelle Übungen, die die geistigen Unreinheiten "verbrennen".

Tapasvi – Jemand, der Tapas oder Askese, bzw. Bußübungen betreibt.

Tattva – Prinzip.

Upadhi –Ein Mittel oder Instrument.

Vasana – Von "vas" =lebendig sein, verbleiben. Vasanas sind die latenten Neigungen oder subtilen Wünsche in uns, die dazu tendieren, sich in Handlungen und Gewohnheiten zu zeigen. Vasanas resultieren aus den Erfahrungseindrücken (*samskaras*) im Unterbewusstsein.

Veda/Veden – "Wissen, Weisheit"; die alten heiligen Schriften des Hinduismus. Eine Sammlung heiliger Texte auf Sanskrit in vier Teilen: *Rig, Yajur, Sama* and *Atharva*. Sie zählen zu den ältesten Schriften in der Welt. Die *Veden* gelten als direkte Offenbarung der höchsten Wahrheit, die von den *Rishis* [verwirklichte Seher] ca. 5000 v.Chr. gesehen, bzw. erfahren wurden.

Vedanta – "Veda-ende." Die Philosophie der *Upanishaden,* der Schlussteil der *Veden,* der die höchste Wahrheit als "das Eine ohne ein Zweites" bezeichnet.

Yoga – "Vereinigung" Eine Serie von Methoden, durch die man die Einheit mit dem Göttlichen erreichen kann; ein Pfad, der zur Selbstverwirklichung führt.

Yogi – Eine Person, die regelmäßig Yoga ausführt, oder mit dem höchsten Sein vereint ist.